中公新書 2310

鈴木正崇著

山岳信仰

日本文化の根底を探る

中央公論新社刊

まえがき

日本の風土の根幹をなすのは山であり、国土の七割から八割は丘陵や山地からなっている。秀麗な山容、荒々しい岩山、雄大な連なりなど朝な夕なに望む山は、人びとの生活の根源をなす水源地であり、河川や湧水は田畑を潤し農作物を育んで日々の暮らしを支えるとともに、森林や動植物、さらには鉱物などの資源をもたらす豊饒《ほうじょう》の源泉であった。しかし、時に山は噴火、山崩れ、洪水などによって人びとを死の淵《ふち》に追いやることもある。まさに山は畏怖《いふ》すべき大自然であり、神仏の居所、降臨の地、神霊の顕現など多様に意味づけられて、人びとの暮らしとともにあった。これが山岳信仰の中核である。

一方、日本では、山で修行して特別な霊力を身につけた者が、里に下って人びとの精神的な救済にあたる修験道《しゅげんどう》が成立した。山岳修行の実践によって身体に宿る力を験力《げんりき》という。修験の語は、平安時代中期の文献では験《げん》の獲得を意味したが、平安時代後期には吉野《よしの》と熊野《くまの》を結ぶ大峯山《おおみねさん》で修行する峰入《みねい》りの形式が整備され、鎌倉・室町時代を通じて儀礼・組織・思想が整えられて教団化への道を歩み、「修験道」として体系化された。修験道は山への独自の意味づけを通して、仏教、特に密教と古来の山の神霊の信仰を習合させ、さらに神仙《しんせん》思想を中核とする道教《どうきょう》の思想や技法、陰陽道《おんみょうどう》の知識なども加えた混淆《こんこう》した信仰形態をつくりだした。しかし、その中心には古代から変わることのない思考と実践がどこかに受け継がれていると考える人びともいる。

修験道の影響により日本各地には修験の霊山《れいざん》が成立して修行場となった。江戸時代には一般庶民も講《こう》を組織して山に登る信仰登拝《とはい》が隆盛をきわめ、山麓《さんろく》には多くの信仰集落が生まれ経済的に繁栄した。しかし、明治初期の神仏分離政策によって神仏混淆の修験道は解体され、神社と寺院は明確に分離されて、時には対立を引き起こし、多くの貴重な建築物や仏像・宝物が失われた。明治以降は、講の登拝は近代登山に代わり、信仰の意識は次第に薄れてゆく。

本書は、日本文化の根底にある山岳信仰を概観し、各地の個性ある山々の信仰を取り上げ、日本人にとって山とは何かを探究するものである。序章では山岳信仰の歴史的経緯をたどり、その特徴について解説し、山岳信仰を基盤に日本で独自に発展を遂げた修験道を概観する。第一章から第三章では、三大霊場とされる出羽三山《でわさんざん》（山形県）、大峯山（奈良県）、英彦山《ひこさん》（福岡県・大分県）について詳述する。出羽三山では峰入《みねい》り、特に羽黒山《はぐろさん》の秋峰《あきのみね》（秋の峰入り）の十界修行《じっかいしゅぎょう》とよばれる死と再生のコスモロジーの内容を検討する。大峯山は修験道の揺籃《ようらん》の地で、吉野・熊野という古代以来の聖地を背景に独自の自然観を長く伝えると同時に、現在の修験教団の生きた修行場である。その実態から自然とともに生きる信仰の実践を考察する。英彦山は山中に聖地と信仰集落を発展させ、大陸文化の影響の下で、独自の峰入り修行を発展させたが、神仏分離で瓦解して現在は神社として活動している。

第四章は日本人の山岳信仰としては最も有名で海外にも広く知られる富士山（山梨県・静岡県）である。秀麗な山容を持ち、古代から崇《あが》められてきたが、時には噴火を繰り返す恐ろしい火山でもある。平成二五年（二〇一三）六月にユネスコの世界遺産に登録されたが、信仰のみならず美術や文学など芸術の題材としても評価された。第五章は、富士山、白山《はくさん》と並び日本三名山といわれる立山《たてやま》（富山県）を取り上げる。山には森と池と滝が巧みに配置されているが、火山地形のために荒涼たる風景が広がり地獄と見なされる一方で、弥陀ヶ原《みだがはら》や浄土山《じょうどさん》など極楽に見立てられる天空の浄土である。その盛衰を述べ、信仰を広めるために描かれて絵解きされた立山曼荼羅《まんだら》にどのように山岳信仰が表象されたかを考える。第六章では立山と同様に死者の魂の赴く山として名高い下北半島の恐山《おそれざん》（青森県）を取り上げる。盲目の巫女《みこ》イタコは数少なくなったとはいえ、平成二三年三月に発生した東日本大震災後も活躍し、被災者たちは恐山での口寄《くちよ》せであの世の死者との対話に涙した。人びとの心情は急激に変わることなく穏やかに変化する。

第七章は木曽御嶽山《きそおんたけさん》（長野県・岐阜県）である。平成二六年（二〇一四）九月に突如噴火して、多くの痛ましい犠牲者を出し、火山列島に生きる日本人にあらためて火山の恐ろしさを知らしめた。一方で、木曽御嶽山は山岳信仰の対象として多くの熱心な信者を集めてきた。夏になると登拝道には白装束の行者《ぎょうじゃ》や講社の人びとが列をなして登拝し、山中では御座《おざ》と呼ばれる儀礼によって、神霊が中座《なかざ》に降臨して神がかりによる託宣が下される。優れた行者は、死後も霊神として山麓に祀《まつ》られて人びとを守護し続けると信じられている。第八章は四国の石鎚山《いしづちさん》（愛媛県）で、山麓や各地で組織されて活発に活動する講集団に注目した。毎年の山開きには多くの講が山上に集まって、鎖禅定《くさりぜんじょう》の試練を経て神仏と対面する。四国は八十八ヶ所霊場の遍路で名高い生きた信仰の地であるが、石鎚山とも深いつながりがある。

以上、第一章から第八章まで八つの霊山を取り上げて、それぞれの山岳信仰の歴史と実態を明らかにする。人間は自然とどのように対峙《たいじ》し交感しあうのか、自然とのいのちの共有をどのように自覚するのか。山をめぐる想像力を根底にすえる山岳信仰のあり方を通じて、現代人の生き方について考えてみたい。

目次

恐山
岩木山
早池峯山
鳥海山
出羽三山
羽黒山
月山
湯殿山
二荒山（日光山）
戸隠山
三峯山
武州御嶽山
高尾山
立山
相模大山
白山
伊豆山
箱根山
木曽御嶽山
秋葉山
富士山
比叡山
七面山（身延山）
三徳山
箕面山
三輪山
伯耆大山
金峯山（吉野山）
後山
大峯山
熊野三山
高野山
葛城山
石鎚山
六郷満山
求菩提山
英彦山
宝満山
阿蘇山
霧島山

山岳信仰

「『知』は覚知にあらず、覚知は小量なり。了知の知にあらず、了知は造作《ぞうさ》なり、かかるがゆゑに、『知』は『不触事』なり」(「坐禅箴」)

「古仏云、『山是山《さんぜさん》、水是水《すいぜすい》』。この道取《どうしゅ》は、やまこれやまといふにあらず、山これやまといふなり」(「山水経」)

「いはゆる有時《ゆうじ》は、時すでにこれ有《ゆう》なり、有はみな時なり」(「有時」)

道元『正法眼蔵』

序章　山岳信仰とは何か

山への畏敬と神聖化

日本の国土の四分の三は山であるという。石川啄木が「ふるさとの山に向ひて　言ふことなし　ふるさとの山はありがたきかな」と故郷の岩手山《いわてさん》を詠《よ》んだように、山を心の中の原風景として持ち続ける人も多い。日々の暮らしの中に山は溶け込んでいた。秀麗な山、険しい山、峨々《がが》たる山、穏やかな山、雄大な山、噴煙をあげる山、なだらかな山など、日本の山はそれぞれに個性豊かで強い印象を残す。

日本列島で生活する人びとの精神文化を育んできたのは変化に富む山であり、思想や哲学、祭や芸能、演劇や音楽、美術や工芸などの多彩な展開に大きな役割を果たしてきた。その中核にあったのが山を崇拝対象とする山岳信仰で、山に対して畏敬の念を抱き、神聖視して崇拝し儀礼を執行する信仰形態をいう。山を祀《まつ》り、登拝《とはい》して祈願し、祭祀《さいし》芸能を奉納した。人びとは、神霊が降臨する山、神霊が鎮まる山、仏菩薩《ぶつぼさつ》の居ます山、神霊の顕現としての山、霊山、霊場、聖地とされた山との共感を通じて、日々の生活を見つめ直し、新たな生き方を発見した。山は蘇《よみがえ》りの場として機能してきたのである。

日本各地の山の名称を見ると仏教の影響が大きかったことがわかる。薬師岳《やくしだけ》、観音岳《かんのんだけ》、地《じ》蔵岳《ぞうだけ》、阿弥陀岳《あみだだけ》、普賢岳《ふげんだけ》、文殊岳《もんじゅだけ》、釈迦ヶ岳《しゃかがたけ》、八経ヶ岳《はっきょうがたけ》、大日岳《だいにちだけ》、毘沙門山《びしゃもんやま》、虚空蔵山《こくうぞうさん》、弥山《みせん》、妙高山《みょうこうさん》、不動山《ふどうやま》、浄土山《じょうどさん》、金剛山《こんごうさん》、蔵王山《ざおうさん》、求菩提山《くぼてさん》、迦葉山《かしょうざん》、至仏山《しぶつさん》、大菩薩嶺《だいぼさつれい》、妙法山《みょうほうざん》、法華峰《ほっけみね》など仏菩薩の名や仏教用語が使われている所が数多い。もちろん、神山《かみやま》、荒神山《こうじんやま》、稲荷山《いなりやま》、神明山《しんめいやま》、妙見山《みょうけんざん》、八幡山《はちまんやま》、龍神山《りゅうじんやま》、皆神山《みなかみやま》、明神ヶ岳《みょうじんがたけ》など神も祀られている。鳳凰山《ほうおうざん》や仙人岳《せんにんだけ》には神仙思想の影響がある。月山《がっさん》、日山《ひやま》、朝日岳《あさひだけ》、日光山《にっこうさん》、星居山《ほしのこやま》、光ヶ峰《ひかりがみね》は自然現象に由来する名称である。各寺院には宗派を問わず、〇〇山という山号が付けられていて仏教と山との密接な関係を知ることができる。

神仏習合の思想

山の信仰と仏教の融合には、山で霊力を獲得する修行を行って、里に下って加持祈禱《かじきとう》をして民衆の日々の悩みに対処してきた修験道《しゅげんどう》の影響が大きかった。修験者は山伏《やまぶし》や法印《ほういん》と呼ばれ、半僧半俗の在家者が主体で、民衆の生活の中に深く入り込んだ。修験道は密教を取り込んで、神仏習合によって仏教の土着化を図った。

仏教が伝来した時に、日本の神は迷える衆生《しゅじょう》で仏の救済を必要とするとされた。その後、神は仏法を守護する護法神ともなった。神に敬意を表して菩薩号を授ける場合もあり、八幡《はちまん》神《じん》が八幡大菩薩と称され、僧形の神像で表されたのはその典型である。神像の生成も仏像の影響によることが大きい。そして、平安時代中期に神仏習合が展開して神と仏を同体とする本地垂迹《ほんじすいじゃく》の思想が生まれた。本地垂迹とは、仏菩薩が日本に神として仮に姿を現して民衆を救済するという思想で、本地を仏菩薩、垂迹を神とする。神は日本では「権《かり》に現れた」ので「権現《ごんげん》」という尊称を付けた。化身《けしん》、権化《ごんげ》ともいえる。これによって土地の神々は仏菩薩と個別的に結びついて神仏習合の論理が徹底化された。修験はこの思想に基づいて山岳修行を体系化し、山の神々は湯殿山《ゆどのさん》大権現、鳥海山《ちょうかいさん》大権現、箱根山《はこねやま》大権現、白山《はくさん》大権現、戸隠《とがくし》山《やま》大権現などと尊称され、本地には薬師《やくし》や観音《かんのん》、釈迦《しゃか》などの仏菩薩があてられた。日本各地には権現山が数多くある。明治の神仏分離以前は仏教寺院には鎮守社《ちんじゅしゃ》が鎮座し、神社には神《じん》宮寺《ぐうじ》があり、神社のご神体《しんたい》が仏像であることも通常であった。

農耕民の山の神

日本では山が人間の生活の場と隔絶せず、ほどよい距離にあったことで多彩な信仰形態を生みだした。山を歩けばいたる所で小祠《しょうし》や小堂、神社や寺院に出会う。水分《みくまり》神社や山口《やまぐち》神社、里宮《さとみや》と山宮《やまみや》、奥宮《おくのみや》・中宮《なかのみやちゅうぐう》・口之宮《くちのみや》など、山の要所に社が祀られ、山岳寺院も各所にある。大樹、巨岩、湧水、湖沼、洞窟、温泉、滝、川などを拝んでいたのが、祠《ほこら》や社やお堂を建てて祀るようになった。拝所は自然の風景の中に溶け込んで、そこにあることが当然であるような、出会いと驚きの感動をもたらす場所にある。カミやホトケとの交流は自然のいのちとの交感にほかならない。

山は日々の暮らしと結びついて長く人びとの生活を支えてきた。山麓《さんろく》の農民にとっては、何よりも水分《みくまり》の山であり、農業の根幹にある水の源として崇拝してきた。旱魃《かんばつ》に際しては山中の泉に種水をもらいに行き、山上で火を焚《た》いて雨乞いをした。熊野《くまの》を歩いていて、土地の人から山を「水蔵《みずくら》」と呼ぶという話を聞いたことがある。一般的な考え方ではないが、山の信仰の本質を言い当てている。降り積もる雪が水を地中に蓄えさせ湧水となって平野に潤いをもたらす。大雪は豊作の予兆と語られている。豊富な湧水は生産力を高める。鳥海山東方の遊佐《ゆざ》の海岸では海底湧水となって牡蠣《かき》をはじめ海の幸を育てる。秋には鮭《さけ》が故里《ふるさと》の川を遡《さかのぼ》り産卵して死ぬ。いのちの循環のドラマが繰り広げられる。

山の神は稲作や麦作の守護神で、作神や農神と観念されて生産を司《つかさど》る。春には山の神が里に降りて田の神となり、秋には山に帰るという田の神と山の神の交替を説く地方も多い。祖先の霊が三十三回忌を終え清まって高い山で祖霊から神となれば、山の神と融合する。白雪に埋もれる山が春の雪解け時になると一斉に芽吹き、夏には青々とした森と草原の山となり、秋には紅葉に燃え、再び死の世界に閉ざされる。四季の自然の移り行きを見ていれば、山が死と再生を繰り返し、いのちの循環があることを体感する。農民は春になると山に消え残る雪形《ゆきがた》を生業暦《せいぎょうれき》として農作業の開始時期を知るという地方は多い。北アルプス山麓の安曇野《あずみの》では、常念岳《じょうねんだけ》の前方の東北東の雪の斜面に、徳利《とっくり》を手にした常念坊《じょうねんぼう》の黒い姿の雪形が現れると田植えを始めた。白馬岳《しろうまだけ》は代掻《しろか》き馬の「代馬《しろうま》」の意味で、残雪が馬の形になると代掻きを開始した。山は雪形を通して農作業のメッセージを山麓の人びとに届ける役割を果たしてきたのである。山岳信仰は人びとの暮らしとともにあった。

狩猟民の山の神

山は狩猟民には熊・猪《いのしし》・鹿・鳥などの恵みの獲物をもたらす。猟師のマタギは、独自の山の神の信仰を伝えてきた。山中でお産の陣痛で苦しむ山の神を助けて、無事に出産させた功績で獲物を保証されたという伝承も伝わり、血の穢《けが》れを忌《い》まない。狩猟には殺生《せっしょう》が伴い血の流出があり、これを許容しないと生業《なりわい》が成り立たない。一方で、狩猟は男性に限られ、女性を同行すると山の神は醜いので嫉妬して危険な目に遭わせるという。奈良県天川《てんかわ》村洞川《どろがわ》の山の神は、二月と一一月の七日が祭日で、クヒンサン（天狗《てんぐ》）が南天《なんてん》の枝を持つ山の神像の軸を掛けてオコゼを供える。オコゼの醜い様相を見ると山の女神は満足する。不猟の時には男根を露出して喜ばせ、一人前の猟師になるクライドリの儀礼では男根を勃起させて山の神の笑いを誘って奉仕を誓わせる（千葉一九八三）。正月の山の神の祭では、男根と女陰を擬した作り物で男女の交合を擬似的に演じて豊饒《ほうじょう》多産を願う。即物的な性的表現で山の豊饒性や生命力を喚起した。狩猟民の山の神は生産の神で農民の山の神と異なる。

猟師は殺生の意味も変容させた。狩猟の神の諏訪神《すわのかみ》は、通常は仏教では罪業《ざいごう》となる殺生の意味を逆転させて、殺生は獣類を救って成仏させる。猟師は獲物を得ると「諏訪の勘文《かんもん》」を唱えて罪を帳消しにした。唱え詞《ことば》は「業尽有情《ごうじんうじょう》　雖放《はなつといえども》　不生《いきず》　故宿人身《ゆえにじんしんにやどりて》　同《おなじく》証仏果《ぶっかをしょうせよ》」（前世の因縁で業の尽きた生物は、野に放つと長く生きられない。したがって人間の身に入って死んでこそ同化して成仏できる）である。獲物の殺生は動物の成仏を助けるという。諏訪は前宮の春祭の「御頭祭《おんとうさい》」（酉《とり》の祭）では七五頭の鹿の頭を供え、本宮は殺生の免罪符「鹿食免《かじきめん》」を配布するなど狩の神である。山の神は山中の動物や植物の主で十二神がいるとされる。対馬阿連《つしまあれ》の一一月九日のお日照《ひで》り様の祭では元山送りを行い、その後では、山止めといって山に入らない。お産をするからだともいう。山の神は生産を強く表現する。動植物を生成する山の生産力や、森や大地の生命力への畏敬の念を表すとも考えられる。

山はドングリや栃《とち》の実、キノコなど食材を豊富に提供した。山は稔《みの》り豊かな富をもたらす生産の原点であった。かつて森林は家屋の必需品である木材を提供し、薪炭《しんたん》の原材としても貴重な資源であった。建築資材の変化とエネルギー革命は山の暮らしを激変させた。戦前までは山林や原野を伐採して火を放ち、灰を肥料として作物を育てる焼畑も盛んで、蕎麦《そば》、粟《あわ》、稗《ひえ》、大豆、小豆《あずき》、大根、麦、里芋など多くの種類の作物を得た。稲作の単一作物栽培とは異なり、飢饉《ききん》の危機を避けることができた。作業開始にあたっては、必ず山の神に許しを求め、地中の生物には退散を願う。山中は魑魅魍魎《ちみもうりょう》、鬼・天狗・山姥《やまんば》などが棲《す》む異界であり、人間の自然に対する働きかけは禁忌を守らないと危険な目に遭うとされた。狼《おおかみ》・猿・鹿・狐《きつね》・狸《たぬき》などの動物は異界や他界の山から現れる神のお使いで、特に狼は眷属《けんぞく》として神聖視され、三峯山《みつみねさん》や山住《やまずみ》神社では護符《ごふ》に描かれている（小倉二〇一一）。漁民も海上の位置確定に山を利用するヤマアテ（山当）で、遭難を避け、良い漁場を探索し、豊漁祈願と航海安全を願った。

日本では超越的な神観念は風土になじまず、複雑な教理や煩瑣《はんさ》な哲学は発達しなかった。つねに体験知の具体的な世界を通して、見えない世界との交流が図られ想像力を飛翔《ひしょう》させた。その中でも身近な山が重要な役割を果たしてきた。その根底にあるのは「山川草木すべてものいう」世界であり、あらゆるものがいのちや霊魂を持つという認識である。宗教学者は、これをアニミズム（animism）と呼んできた。しかし、西欧由来の狭い学問的定義では、日本の長い歴史の中で生成されてきた融合と混淆《こんこう》の複雑性は捉えきれない。

基盤としての山中他界観

山岳信仰の基盤には、山は人が亡くなった後に、死者の霊魂が赴く場であるという山中《さんちゅう》他界《たかい》観がある。「山」という語には死の連想が伴い、葬儀用語と結びついていた。一般に埋葬を山仕事、山揃《やまそろ》えといい、墓穴掘りをヤマゴシレへ（隠岐《おき》中村《なかむら》）やヤマシ（奈良県北部）と呼ぶ地方がある。壱岐《いき》では墓掘りをヤマイキ、墓穴掘りをヤマンヒト、屍《しかばね》をくるむ茣蓙《ござ》をヤマゴザという（『綜合日本民俗語彙』第四巻、一九五六）。越後《えちご》三面《みおもて》では死ぬといわず「山《やま》詞《ことば》になる」といい、三河《みかわ》東部では火葬をヤマジマイ、香川県では火葬番への差し入れを「山見舞い」、高知市では出棺の時に「山行き、山行き」と叫んだ（和歌森一九六四）。

ちなみに、修験《しゅげん》が亡くなった時には「帰峰《きほう》」という。羽黒山《はぐろさん》で個人的に聞いた話であるが、山伏の修行を熱心に行った先達《せんだつ》の葬儀の場で、居合わせた人が、どこからともなく「どっこいしょ、どっこいしょ」という声を聞いたので、「ああ、今、山を登っているのだな」とみなが思ったという。

日本の各地には、死者の霊魂が集まるとされる山がいくつかある。東北の恐山《おそれざん》や月山、関東の相模大山《さがみおおやま》、中部の白山や立山《たてやま》、近畿では高野山《こうやさん》、伊勢《いせ》の朝熊岳《あさまだけ》、那智《なち》の妙法山《みょうほうさん》などである。妙法山は「亡者の一つ鐘」で有名で、熊野では死者の枕元に供える三合の枕飯が炊き上がるまでの間に、死者の霊魂は手向《たむ》けられた樒《しきみ》の葉を手に妙法山に参詣し鐘をつくと伝承されている（『紀伊続風土記』文化《ぶんか》三年〔一八〇六〕）。

東北のハヤマやモリノヤマなど里近い山でも死者供養がなされ、納骨習俗を伴う所もある。庄内《しょうない》の清水《しみず》のモリノヤマ、三森山《みつもりやま》では地蔵盆の三日間だけ山上に登って死者供養をするが、道の途中で亡き人と似た者に往き会うという。お盆には月山山上で焚く火に合わせて、家々の門前で迎え火を焚いて祖先の霊を家に招く。祖先の霊は子孫を見守り、盆や彼岸に子孫と交流する身近な存在であった。京都で八月一六日の夜に行う「五山《ござん》の送り火」は大規模な観光イベントになっているが、お盆の送り火で祖先の霊を送る庶民信仰が根底にある。高野山は一二世紀頃から納骨が盛んになり「日本の総菩提所《そうぼだいしょ》」と呼ばれ、奥之院《おくのいん》には累々たる墓所がある。武将や貴族の墓だけでなく、企業の創業者や貢献した人びとを祀る会社墓も数多い。まさしく山は死者の霊魂が赴く、あの世と観念されていた。古い記録を見ると、実際に山を埋葬地とした習俗もあった。

山の仏教的意味づけと曼荼羅世界

仏教の影響が加わると、山中他界は仏菩薩の居地で、極楽浄土、補陀落《ふだらく》浄土、都率天《とそつてん》浄土、瑠璃光《るりこう》浄土、霊山《れいざん》浄土とされた。各々が、阿弥陀如来《あみだにょらい》、観音菩薩、弥勒《みろく》菩薩、薬師如来、釈迦如来の浄土である。雄大な風景は弥陀ヶ原《みだがはら》と呼ばれ、極楽浄土とされた。一方で、荒涼たる風景や火山地形は地獄や賽《さい》の河原《かわら》とされることも多い。山全体を経典とした典型は葛城山《かつらぎさん》で、修験は二上山《にじょうざん》から友ヶ島《ともがしま》までの二八ヶ所の行場や拝所を『法華経《ほけきょう》』の二十八品《ほん》になぞらえた。そして各所に法華経を埋めて経塚《きょうづか》とした。山脈の全体が法華経の教えそのもので、峰入《みねい》りは経典を歩くことで、経典と修行者の身体が一体化した。

また、修験は山全体を曼荼羅《まんだら》と見なす。マンダラとはサンスクリット語では「真髄」や「本質」を意味し、悟りの本質を得ることだが、密教は目に見える形として図像に描き、観想の修行の本尊とした。真言《しんごん》密教では、空海《くうかい》（七七四〜八三五）が恵果《けいか》から『金剛頂経《こんごうちょうきょう》』に基づく金剛界《こんごうかい》と『大日経《だいにちきょう》』に基づく胎蔵界《たいぞうかい》の教えの双方を伝授されたことにより、金剛界の「智《ち》」と胎蔵界の「理《り》」が一体となる、つまり主体と客体、智と理が一つ、不二《ふに》となる境地を目指した。寺院の儀礼では両界曼荼羅《りょうかいまんだら》の図像を掲げ、中尊の大日如来《だいにちにょらい》と同体化する儀礼を執行した。修験は山全体が修行の道場であり、大自然全体を曼荼羅と観念し、各峰が仏菩薩・明王の居地であり、山を歩くことで曼荼羅と一体になる。山や峰、森や谷、滝や洞窟、雨や風、色や匂いや音のすべてが大日如来が説く法の世界であり、曼荼羅そのものである。

大峯山の場合は、吉野側を金剛界、熊野側を胎蔵界として、吉野から熊野へ、熊野から吉野へと峰入りの修行を行い、金剛界と胎蔵界を一体化し、金胎不二《こんたいふに》の悟りの境地に到達すると説く。山を金剛界、谷を胎蔵界と見なして曼荼羅世界を歩くともいう。金剛界は男性原理、胎蔵界は女性原理で、金胎不二の境地は同時に陰陽和合《いんようわごう》であり、山中の儀礼は擬似性交やいのちの誕生に擬せられた。

修験は山の中心に胎蔵界八葉曼荼羅《たいぞうかいはちようまんだら》の中台《ちゅうだい》を設定して、山を胎内や子宮とし、峰入り期間は自らを胎内にいる赤子と観念する。母なる山に抱かれ、母が子どもを慈しみ育てるように成長する母胎回帰の思想とも言える。修験の儀礼は、山中の修行は妊娠から出産までの二七五日間にちなむ七五日間の峰入りを理想として誕生と死を擬似体験し、死から再生へと甦《よみがえ》りを果たす。山は死後の世界であるとともに生まれる前の時空間とされ、非日常世界を体験する場となる。他界や異界と観念される山で修験の峰入り修行は精緻化されていった。山は仏菩薩そのもの、自然は法の現れであり、山を歩くことで峰々谷々の大地の霊力と一体化した。

遥拝と禁足地

山は聖域や浄域と見なされ、ある地点以上への人間の立入りは禁じられ禁足地《きんそくち》とされていた。大和《やまと》の大神《おおみわ》神社は拝殿はあるが本殿はなく、三輪山《みわやま》を直接に拝む対象としていた。山中には巨石が累々と連なる磐座《いわくら》があり、神の降臨する神籬《ひもろぎ》(祭の時に神霊が降りて憑依《ひょうい》する標示物。ヒは霊力、モロは杜《もり》の意味)とされて立入りは禁じられ、もし犯すと祟《たた》りがあるとされた。古代の大和では神奈備《かんなび》という言葉が神霊の降臨・鎮座する山を指し、三輪山もその一つである。神奈備は飛鳥《あすか》の三諸山《みもろやま》の歌枕でもあった。『万葉集』(巻一〇・二一六二)にある「神奈備の山下《やました》とよみ行く水に」という歌は名高い。神奈備と呼ばれる山は人里近くにあり、高くはないが姿形のよい山で畏敬の念がこめられた。『出雲国風土記《いずものくにふどき》』にも神奈備の言葉は散見される。農耕民が特徴的な山容に畏怖を覚え神霊の宿る場所と考えて、岩や樹木から恒常的な社へと次第に移行して神社の原型が造られた。

現代でも、対馬《つしま》にある天道山《てんどうやま》は天神降臨の場とされ、山中への立入りは禁忌で、拝殿のみが設けられ山麓から拝む。山麓に祀られるのは母神で、太陽の光が陰部にあたって孕《はら》んで生まれた子どもを、御子神《みこがみ》として山上に祀る。御子神は天神の太陽の子どもであった。山頂は天神が降臨する神聖な場で人間の立入りは許されない。豆酘《つつ》の八丁角《はっちょうかく》は天道山の遥拝地《ようはいち》で、石塔が立ち並び、オソロシドコロと呼ばれ、畏怖される聖地になっている。天道山は中腹以上の木は伐採せずに自然のままに残され、独特の景観を形成してきた(鈴木二〇〇四)。

　奈良時代には、山を里から遥拝するだけでなく、山に入って自然の霊力を身につけようとする修行者が現れた。聖《ひじり》、禅師《ぜんじ》、優婆塞《うばそく》などの半僧半俗の人びとで、私度僧《しどそう》（正式な官許を得ていない僧）も含まれ、彼らは山中で神霊と交流して一体化するシャーマン（巫者《ふしゃ》）でもあった。役行者《えんのぎょうじゃ》（役小角《えんのおづぬ》）はその一人で、古密教と神仙思想の影響を受け、葛城山で孔雀明王《くじゃくみょうおう》の呪法を修し、鬼神を使役して一言主神《ひとことぬしのかみ》を呪縛したと伝えられ、鎌倉時代には修験道の開祖に祀り上げられた。山寺で修行した尼もいた（『日本霊異記《にほんりょういき》』上巻第三五話）。日本への仏教伝来後、初めての出家者は女性で仏は「蕃神《あだしくにのかみ》」（『日本書紀』欽明《きんめい》天皇一三年〔五五二〕条）として受容されており、比丘尼《びくに》（尼）は巫女《みこ》と同じ役割を果たしたと思われる。時代は下るが『梁塵秘抄《りょうじんひしょう》』の歌では「金《かね》の御嶽《みたけ》にある巫女の打つ鼓、打つ鼓、打ち上げ打ち下ろし面白や」と詠まれ、吉野山の奥山では女人禁制以前には巫女が活躍していた。

　山頂の祭祀遺跡は福岡県の宝満山上宮《ほうまんざんじょうぐう》（七世紀後半）が古く、奈良県の大峯山山上ヶ岳《おおみねさんさんじょうがだけ》の護摩壇《ごまだん》跡（八世紀後半）や日光男体山《にっこうなんたいさん》山頂（八世紀）などがこれに次ぐ。山頂の祭祀は飛鳥時代に遡る。奈良時代には、都の喧騒《けんそう》を避けて山林寂静の山で修行する山林仏教の影響が加わった。八世紀に遡る比曽寺《ひそでら》（比蘇寺、奈良県大淀町《おおよどちょう》）は吉野山を行場とした自然智《じねんち》宗（唐僧の神叡《しんえい》が創始した山林修行で、真言や陀羅尼《だらに》を唱えて自然と一体化して智慧《ちえ》を得る）の拠点で、虚空蔵求聞持法《こくうぞうぐもんじほう》の修行場でもあり、興福寺《こうふくじ》が統括していた。山林修行を行い勧進僧《かんじんそう》として民衆の支持を得た行基《ぎょうき》も興福寺に拠《よ》った。興福寺は法相宗《ほっそう》だが、初期には『法華経』に帰依した「持経者《じきょうしゃ》」を輩出した。持経者は断食《だんじき》や木食《もくじき》をして山中で苦行し、衆生の罪業《ざいごう》を身に引き受けて懺悔《ざんげ》し滅罪する代受苦《だいじゅく》を行った。これは『法華経』が滅罪経典とされたためと思われる。持経者の永興禅師《えいこうぜんじ》が熊野で修行中に、一緒に同行した禅師が山中の捨身行《しゃしんぎょう》で入定《にゅうじょう》した話(『日本霊異記』下巻第一話)、応照《おうしょう》法師が熊野の那智で焼身《しょうしん》入定を遂げた話(『本朝法華験記《ほんちょうほっけげんき》』巻上第九)が伝わる。

山麓の遥拝、山頂の祭祀、祭祀から登拝へ、山岳寺院の開創、捨身行《しゃしんぎょう》の山岳修行など、仏教の影響が次第に強まり、修験の成立への土壌が徐々に整えられた。そうした動きの中で各地の開山や開創の伝説が生まれた。里の民が猟師に導かれて山に登り、山中で神や仏菩薩と出会って仏道に帰依して開山する。あるいは、猟師が山中で神仏と出会い殺生を悔い改めて僧となって開山する。白山の泰澄《たいちょう》、立山の慈興《じこう》、富士山の末代《まつだい》、戸隠山の学門《がくもん》、箱根山の万巻《まんがん》、伯耆大山《ほうきだいせん》の金蓮《こんれん》、石鎚山《いしづちさん》の寂仙《じゃくせん》、英彦山《ひこさん》の善正《ぜんしょう》、求菩提山《くぼてさん》の猛覚魔卜仙《もうかくまぼくせん》など個性的な人物像が縁起で語られて独自の歴史観を伝える。

最澄と空海

日光山を開山した勝道《しょうどう》上人の事績を空海が記した「沙門勝道《しゃもんしょうどう》、山水《さんすい》を歴《めぐり》て玄珠《げんじゅ》を瑩《みが》く碑《ひ》並《なら》びに序《じょ》」（真済《しんぜい》編『性霊集《しょうりょうしゅう》』弘仁《こうにん》五年〔八一四〕）には、初期の山岳登拝が活写されている。勝道上人は天応《てんおう》元年（七八一）に三度目の挑戦で男体山（二荒山《ふたらさん》）登拝を果たし、大同《だいどう》二年（八〇七）の大旱魃《だいかんばつ》に国司の依頼で雨乞いの祈禱をして雨を降らせたという。「山の頂に至りて神のために供養して以《もっ》て神威を崇《あが》め、群生《ぐんじょう》の福を饒《ゆたか》にすべし」とある。空海は勝道の体験に仮託して日光山中の風景を描写して自己の思想を述べる。「鏡のように綺麗《きれい》に澄んだ湖水に森が映り、周囲の鬱蒼《うっそう》たる古木の森が迫ってくる。花々が五色に咲き乱れて色鮮やかで、時とともに変わる鳥の声は多彩である。松を渡る風の音、岸辺の石に打ち寄せる波の音を聞く」。そして、「池中の円月《えんげつ》を見ては普賢《ふげん》の鏡智《きょうち》を知り、空裏《くうり》の慧日《えにち》を仰いでは遍智《へんち》の我に在《あ》ることを覚《さと》る（池に映る丸い月で普賢の智慧を知り、空に輝く太陽は遍智の如《ごと》くで自己と同体である）」という。世界に起こる事象はすべて、宇宙の本源の大日如来《だいにちにょらい》の顕《あらわ》れであり、悟りの世界と自然の世界に区別はない。自然の音、色、動き、すべて大日如来の働きである。木、水、季節の移り変わりは、仏菩薩の教えそのものである。「山水をめぐって悟り（宗珠）を探求する」思考は、天台本覚論《てんだいほんがくろん》や修験道に通底する。

平安時代初期に最澄《さいちょう》（七六七～八二二）は比叡山《ひえいざん》を開山して天台宗を、空海は高野山を開山して真言宗を開き、山林修行を取り込んだ。最澄の天台教学は「諸法は実相なり」と説く。春になれば花が咲き、秋になれば木の葉が紅葉する。自然そのものが法の相である。ものの本当の姿をありのままに見る。これを深く進めたのが「天台本覚論」で、「山川草木悉有仏性《さんせんそうもくしつうぶっしょう》」や「草木国土悉皆成仏《そうもくこくどしっかいじょうぶつ》」を説き、山も川も草や木もすべてのものが仏性を持っていて成仏できると説く。森羅万象に「いのち」があるという自然観が根底にある。比叡山の千日《せんにち》回峰行《かいほうぎょう》は七年かけて山川草木の仏性を体感する修行で、創始者は円仁《えんにん》の弟子の相応和尚《そうおうかしょう》という。山中の修行を通じて不動明王と一体化する。伝説では葛川《かつらがわ》の三の滝で修行中に不動明王を感得し、歓喜して抱きついたら葛《かつら》だったので、三体に切って不動像を造り、葛川息障《そくしょう》明王院、比叡山無動寺《むどうじ》明王堂、伊崎寺《いさきじ》で祀ったと伝える。ここは現在も相応の修行を追体験する回峰行の拝所である。仏教の教理は山中の自然との交感の体験と融合する。仏教の外被の下で自然観を表現したともいえる。天台本覚論は修験道の思想的根拠となっただけでなく、鎌倉新仏教の祖師、法然《ほうねん》、親鸞《しんらん》、日蓮《にちれん》、道元《どうげん》、栄西《えいさい》にも影響を与えた。道元はいう。「而今《しきん》《じこん》の山水は、古仏の道現成《どうげんじょう》なり。ともに法位に住して、究尽《きゅうじん》の功徳《くどく》を成《じょう》ぜり」（『正法眼蔵』「山水経」）。天台本覚論は中世に展開した能・歌論・華道・茶道に浸透した。世阿弥《ぜあみ》の夢幻能や茶道の「市中《しちゅう》の山居《さんきょ》」はその都市化した思想表現にほかならない。

一方、空海は若き日々に山の修行に没入したことを、『三教指帰《さんごうしいき》』（延暦《えんりゃく》一六年〔七九七〕）に記している。山中で修行中に出会った無名の沙門《しゃもん》から虚空蔵求聞持法《こくうぞうぐもんじほう》を学び、大和の山中から四国に渡って神秘体験を得た。室戸《むろと》岬では「谷、響き惜しまず、明星来影《みょうじょうらいえい》す」、谷が自分と呼応して響き出し明星が口に飛び込んできたという。中国から帰朝後、自然と一体になる体験と、霊力の獲得を密教の教理で体系化した。空海は高野山の開山にあたり地主神の丹生津《にゅうつ》姫命《ひめのみこと》と狩場《かりば》明神《みょうじん》の導きを得たという。二神は水の神と狩の神で現在も山王院で丁重に祀られている。この地の古名は御社山《みやしろやま》という。高野山は胎蔵界曼荼羅の中台八葉院に見立てられ伽藍《がらん》が建立された。ここに仏教と山岳信仰の融合の典型がある。

密教は儀礼を重視し、呪文を唱えて印を結び経文を読み、曼荼羅を掛けて護摩《ごま》を焚く。密教僧は超能力を発揮して国家を守護し天変地異を鎮めるとされ、雨乞いや病気治しの祈禱を行って現世利益に応えた。最澄と空海が導入した山林仏教、特に密教と山岳信仰の融合が、仏教の土着化を推し進めた。自然にいのちの顕れをみる山岳信仰が、山の霊力を仏教的に表現する想像力を獲得し、日本独自の信仰形態である修験道の基盤が整えられたのである。

修験道の成立

修験道とは山で修行して神霊と交流し、自然の特別な霊力の「験《げん》」を身につけ、里に下って験力《げんりき》や法力《ほうりき》によって加持祈禱・病気治療・卜占託宣《ぼくせんたくせん》などの活動を行う信仰形態である。世界各地で山での参籠《さんろう》・瞑想《めいそう》・登拝《とはい》は行われてきたが、修験道のように山岳修行を体系化した実践は他に類を見ない。特徴は単独の山だけでなく、峰々を縦走して行場や拝所をめぐる峰《みね》入《い》りを根幹の行法に据えたことである。峰入りは抖擻《とそう》ともいう。抖擻は梵語《ぼんご》（サンスクリット）の音訳の頭陀《ずだ》（dhūta）の漢訳で行脚《あんぎゃ》の意味だが、修験道では山林修行を指す。元々は天台智顗《ちぎ》の『摩訶止観《まかしかん》』（五九四）が説く修行の方便で、「閑居静処」の第一に「深山幽谷」、第二に「頭陀抖擻」をあげたことに由来する。形態も単独だけでなく、集団の修行も行う。実践者を修験者や山伏といい、半僧半俗の妻帯者が主体で民衆には身近な存在である。山では山伏、里では法印《ほういん》ともいう。護摩・火渡り・刃渡りで験力を誇示する。火の操作は修験の特徴でヒジリ（聖）の語源は「火知り」ともいう。山岳信仰のすべてが修験道ではないが、普及や伝播《でんぱ》に際しては修験道が大きな影響を及ぼした。

修験道は、山岳信仰を基盤として、仏教や道教、陰陽道《おんみょうどう》、巫術《ふじゅつ》（シャーマニズム）などを取り込んで展開し、「権現信仰」を中核に神仏習合を維持してきた。原型は奈良時代の聖《ひじり》や禅師《ぜんじ》などの山岳行者で、平安初期に山岳仏教の天台宗や真言宗など密教の影響を受け、平安時代後期に吉野や熊野で発展した。鎌倉時代には役小角《えんのおづぬ》が開祖に祀り上げられ、「修験」から「修験道」へと体系化された。室町時代後期には教義・修行・思想・組織が整えられて教団化した。中世は各地を遍歴し移動性が高かったと推定されている。歌舞伎の『勧進《かんじん》帳《ちょう》』に描かれる義経《よしつね》・弁慶《べんけい》のように諸国を自由に往来し、情報伝達者として活躍した。江戸時代には京都の聖護院《しょうごいん》中心の本山派《ほんざん》（天台系）と醍醐三宝院《だいごさんぼういん》中心の当山派《とうざん》（真言系）に組織化され、大峯山と羽黒山と英彦山が三大修行場となった。修験者は里に定住して、「里修験」として病気治しや日々の悩みの解消、薬の処方など民衆の身近な「野のカウンセラー」として活躍した。

修験道の展開

修験の文献上の初出は、『日本三代実録《にほんさんだいじつろく》』貞観《じょうがん》一〇年（八六八）七月九日条で、「大和国吉野郡の深山に沙門《しゃもん》有り。名を道珠《どうしゅ》、少年にして入山し未《いま》だ出ず。天皇、修験有りと聞き、左近衛正六位上丹波直嗣茂《たんばのあたいつぐしげ》を遣《つか》わす」とある。清和《せいわ》天皇が道珠という僧が吉野の深山で修行して「修験」を得たと聞き宮中に召したという。当時の「修験」は山の修行で得られた霊力の意味である。藤原明衡《ふじわらのあきひら》撰『新猿楽記《しんさるがくき》』（康平《こうへい》年間〔一〇五八〜一〇六五〕）には「山臥《さんが》の修行は、昔、役行者《えんのぎょうじゃ》、浄蔵貴所《じょうぞうきしょ》と雖《いえど》も、只一陀羅尼《だらに》の験者《げんざ》なり」とあり山で修行し呪文を唱える験者とある。『源氏物語』や『大鏡《おおかがみ》』には生霊《いきりょう》や物怪《もののけ》に憑依《ひょうい》された女性に祈禱を施し、憑坐《よりまし》（神霊や悪霊を憑依させられ霊の器として意思を伝える人）に霊を移して調伏《ちょうぶく》する「験者」の姿が描かれる。「修験者」への転機は園城寺《おんじょうじ》の増誉《ぞうよ》が寛治《かんじ》四年（一〇九〇）に白河《しらかわ》上皇の熊野御幸《くまのごこう》に際して先達《せんだつ》を務め、その功績で熊野《くまの》三山《さんざん》検校職《けんぎょうしょく》に任命されたことである。増誉は京都に常光寺《じょうこうじ》を下され、聖護院の寺号を賜り熊野修験を統轄する役を務めて本山派修験の根拠地に発展した。寺号は聖体護持に由来する。一四世紀の覚助法親王《かくじょほっしんのう》以後、熊野三山検校は代々の門跡《もんぜき》が務める専従職となった。

『今昔物語集《こんじゃくものがたりしゅう》』巻一七第一八話（天永《てんえい》・保安《ほうあん》年間〔一一一〇〜一一二四〕）には、備中《びっちゅう》国の阿清《あしょう》が「天性《てんしょう》として修験を好み、諸《もろもろ》の山を廻《めぐ》り海を渡りて難行苦行す」とあり、山や海をめぐって修行して「修験」を得たとある。九世紀に「験」の概念が創出され、当初は山で得た霊力の意味であったが、一二世紀以降は山岳修行の意味になり、山を清浄な場とし結界《けっかい》を設けた修行へと展開した。修行場については『諸山縁起《しょざんえんぎ》』（鎌倉時代初期）が具体的で、金峯《きんぶ》山《せん》・大峯山・熊野山・葛城山・笠置山《かさぎやま》の霊地や伝承を記している。大江匡房《おおえのまさふさ》『江記《ごうき》』逸文《いつぶん》（「御造仏並宸筆御経供養部類記《ごぞうぶつならびにしんぴつごきょうくようぶるいき》」所収）は、白河上皇が寛治六年（一〇九二）に金峯山に参詣した時の記録で、山岳の奥深く踏み入る修験練行の和尚がいると記す。鎌倉時代の一三世紀後半から「修験道」が、顕《けん》教・密教と並ぶ第三の勢力として現れる。修験道は顕密仏教の内部で胚胎《はいたい》し一四世紀から一五世紀に自立したと考えられる（長谷川一九九一、徳永二〇〇三）。

役行者は鎌倉時代には修験道の開祖とされた。その前史は聖徳太子《しょうとくたいし》と並んで役行者を仏教史の中に位置づけた『三宝絵《さんぼうえ》』（永観《えいがん》二年〔九八四〕）に遡る。大峯山は「役行者行道之跡云々」と大江匡房『江記』逸文に記され、その後に役行者を顕彰する法会《ほうえ》が始まり、金峯山の開山、修験道の開祖へと転じた。修験者を守護する尊格、蔵王権現の感得譚《かんとくたん》は『金峯山創《きんぶせんそう》草記《そうき》』（鎌倉末期）に記され（首藤二〇〇四）、役行者の開祖への祀り上げと重なる。組織化は聖護院門跡の道興准后《どうこうじゅごう》（一四三〇〜一五二七）が文明《ぶんめい》一八年（一四八六）に北陸路から関東・東北へと一〇ヶ月間の旅をして、各地の修験を掌握して以降に本格化したと考えられる（『廻国雑記《かいこくざっき》』長享《ちょうきょう》元年〔一四八七〕）。

山岳登拝の民衆化

江戸時代には、幕府は慶長《けいちょう》一八年（一六一三）に修験道法度《しゅげんどうはっと》を定めて本山派（天台系）と当山派（真言系）に再編成した。天台宗の枠で羽黒派や彦山《ひこさん》派も形成された。羽黒山、大峯山、彦山などの修験の拠点や山岳信仰の中心地は、権力者の寄進に頼るだけでなく、信者の組織化を推進し、登拝講《とはいこう》の生成に努め、民衆の経済的上昇に支持されて発展する。山麓には参詣する道者《どうしゃ》の便宜を図る御師《おし》の集落を形成して、信仰と娯楽を組み合わせた。周辺地域では、男性は一五歳の登拝を通過儀礼とする習俗が定着し、遠方の場合は代表を派遣して登拝する代参講《だいさんこう》が盛んになった。御師は信徒の檀那廻《だんなまわ》りをして配札《はいさつ》や祈禱で生計を維持し、情報の伝達者でもあった。山岳登拝の講には富士講、大山講《おおやまこう》、三峯講《みつみねこう》、榛名講《はるなこう》、古峯講《ふるみねこう》、木曽御《きそおん》嶽講《たけこう》、武州御嶽講《ぶしゅうみたけこう》、行者講《ぎょうじゃこう》、三山講《さんやまこう》、石鎚講《いしづちこう》などがある。

仏教寺院が寺檀制度で葬儀へと傾斜していく一方で、村や町の修験寺院では現世利益の祈願に応えた。死者供養の檀家寺と、祈禱中心の修験は共存関係にあった。修験は教理よりも実践を重視して山の神秘体験を共有し、精神的な絆《きずな》を強固に持続した。山岳信仰の各地への伝播には修験の働きが大きいが、僧侶、神職、行者、巫女なども活躍した。江戸時代の各地の修験については、野田泉光院《のだせんこういん》（成亮《しげすけ》。一七五六〜一八三五）の『日本九峰修行日記《にほんきゅうほうしゅぎょうにっき》』に詳しい。日向《ひゅうが》の当山派の修験で文化《ぶんか》九年（一八一〇）から文政《ぶんせい》元年（一八一八）まで六年二ヶ月かけて全国を巡り、英彦山・石鎚山・箕面山《みのおやま》・金剛山・大峯山・熊野山・富士山・羽黒山・湯殿山の九峰を登拝した。しかし、石鎚山はお山開きを逸したため登拝しなかった。修験だけでなく当時の都市の生活や農山漁村の実態がよくわかる。

　明治の神仏分離で修験道は明治五年（一八七二）の太政官令《だじょうかんれい》で廃止された。神仏混淆の修験道は、神道《しんとう》を復権させて国家統一の新たな精神的支柱とする明治政府にとって大きな障害であったからである。また、過去の利権を断ち切る狙いもあった。しかし、民衆の間に定着した山岳登拝は衰えず、姿を変えて昭和の高度経済成長期の直前まで継続した。近代に入ってスポーツ登山が加わり、心身鍛錬の学校登山も登場した。山岳信仰は明治の神仏分離で儀礼・仏像・建物・文書が破壊され大きく変化して歴史の中に埋もれてしまったことも数多いが、長期にわたって日本人の心の歴史の中核を占めてきた。

荒澤寺の女人結界碑の脇を通る羽黒修験（写真：著者）

女人禁制の行方

山が登拝や修行の場として厳格になるに従い、様々な禁忌が設定されるようになった。元々一般の俗人は山に立入らず、僧侶や行者の修行場であり、登拝は一年の特定期間に限定し、長期の水垢離《みずごり》や五穀断《ごこくだ》ちなど精進潔斎《しょうじんけっさい》の上で登拝が許された。山中の修行が整備されると、清浄の場の性格が強まり、女性の月経や出産を血穢《けつえ》と観念して女人結界《にょにんけっかい》を設定し、ある地点から上への女性の登拝を禁じた。これが後に女人禁制と呼ばれるようになった。

女人結界は全国各地の山々にあり、里と山の境に設定されることが多かった。しかし、明治五年（一八七二）に政府は結界の解除を命じ、これ以後は徐々に女人禁制は解かれた。現在は大峯山の山上ヶ岳（奈良県天川村）と後山《うしろやま》（岡山県東粟倉村《ひがしあわくらそん》。現・美作市《みまさか》）のみとなり、四国の石鎚山は山開きの七月一日だけを禁制としている。特に山上ヶ岳は修験道の中心的な活動の場であり、女人禁制をめぐって様々な議論が繰り広げられてきた（鈴木二〇〇二）。女性を穢《けが》れや不浄と考えて、清浄とされる場所への立入りを恒常的に禁じることは、現代の男女同権の立場からみれば許容できないが、歴史的に形成されてきた経緯を鑑《かんが》みて中立的立場から考察する必要がある。

女人結界の文献上の初出には九世紀後半説と一一世紀後半説がある（平一九九二、西口一九八七）。女人禁制の用語は平安時代の文献には現れず、初出は室町時代末期の謡曲『竹生島《ちくぶしま》』で、頻出するのは近世初頭の仮名草子『醒酔笑《せいすいしょう》』や『恨之介《うらみのすけ》』であるという（牛山一九九六）。女性の地位が低下した時代に、女人禁制の表現が使われ始めた可能性が高い。古代の「結界」と近世の「禁制」には大きな質的な差異があり、禁制という言葉の語感には女性を劣位に置く意識が表れていて、女人禁制は女性の位置づけに変化が生じて後に一般化したと見られる。明治五年の太政官布告も「女人結界」の解禁であって女人禁制の開放ではない。

女人結界の発生理由には、仏教の女性蔑視観、神道の清浄観、仏教の戒律順守（牛山一九九六）など諸説がある。私見では、山と里の境界が仏教の影響で「結界」に変わり、「堂舎の結界」を「山の結界」に読み替えたと考えた。山自体を修行場とすれば俗人の立入りは男女ともに禁止せざるを得ない。男性修行者が主体になれば女人結界となる。結界には女人堂、母公堂《ははこどう》、姥堂《うばどう》があり、山の神の醜い姥神《うばがみ》が祀られ、地獄の入口の奪衣婆《だつえば》と同一視され、同時に安産の守護神ともされた。生と死の女神が山と里、あの世とこの世の境界に祀られ、両義性を帯びる。女性はここで経文や念仏を唱え、安産や健康の祈願をした。女人結界では高僧や開祖の母が山中で修行する息子を訪ねてきたが引き返したとか、再会を果たせなかった母を祀ったという。女人結界は山中の母性原理が、母と息子の愛情を介して禁忌を無化して神として顕現する場であり、開祖や修行者の超越性と人間らしさを高い次元で人びとに伝える。女人結界は他界や異界としての山を意味づけ、想像力を飛翔させる象徴的境界ともいえる。

現在、日本の女人禁制は山に関しては限定されているが、神事・芸能・仏教儀礼・相撲など女人禁制を維持する行事や場所は数多い。女人禁制の言説は使用される文脈（context）に応じて変わる。歴史用語としての女人禁制、現象としての女人禁制、差別としての女人禁制に分けて考えると、現在の女人禁制の議論は差別をめぐる議論に特化している。「人権」を主張する解禁派と、「伝統」を主張する維持派との相互対話は不可能に近い。共時論による近代の言説と、通時論による前近代の言説という文脈の違いを見極めて、今後の女人禁制の在り方を考える時期が到来している。

修験と芸能

修験者は山中での峰入りや、里での護摩や祈禱に止まらず、民間の祭祀や芸能に関与し、山岳信仰を広く普及させた。東北地方では、下北《しもきた》の能舞《のうまい》、三陸《さんりく》の黒森神楽《くろもりかぐら》、陸中《りくちゅう》の早池峰《はやちね》神楽《かぐら》、陸前《りくぜん》の法印神楽《ほういんかぐら》、陸中の大乗神楽《だいじょうかぐら》、鳥海山山麓の番楽《ばんがく》などでは、修験者（山伏）の子孫や弟子筋が祭文《さいもん》を唱え山の神舞や権現舞を演じる。足の呪法や手印を使い祈禱の様相が色濃い。湯立《ゆだて》や託宣も神楽に取り込まれた。神仏の霊験を説くだけでなく人びとを楽しませた。

黒森神楽は正月には巡行に出て「霞《かすみ》」と称される勢力圏を回り、神楽宿で春祈禱の神楽を演じた。平成二三年（二〇一一）三月一一日の大津波で被災した地域の復興の願いもこめて現在も巡行を続けている。奥三河《おくみかわ》の花祭は霜月神楽《しもつきかぐら》で、白山の聖《ひじり》が伝えたという伝承があり、主宰者の花太夫《はなだゆう》は遡れば修験者の系譜に連なる。陰陽五行の切り飾りの白開《びゃっかい》の下で湯立や舞が行われ、最後の龍王鎮めで荒ぶる霊を鎮める。中心は鬼の舞で祝福をもたらす鬼、山の神霊である。「盤古《ばんこ》・大王・堅牢《けんろう》・地神《じしん》・王」と唱えて足で反閇《へんばい》（足踏みの呪法で邪気を祓《はら》い、魔物を踏み鎮め、大地の霊を呼びさます）を踏み、悪霊を鎮め、大地の力を活性化する。長野県の遠山《とおやま》霜月祭の湯立の最後に登場して、印を結び湯切りの呪法を演じる天狗《てんぐ》の天白《てんぱく》も山の神霊である。祭では伽藍神《がらんしん》や天狗など在地の霊を丁重に祀って障碍《しょうげ》を鎮める。

天狗は山の怪異現象の意味であったが（『うつほ物語』）、実体化されて反仏教の魔界の主（『今昔物語集』『天狗草紙』『太平記』）となり、室町時代以降は修験者と同一視され、羽団扇《はうちわ》を持ち高下駄《たかげた》をはく、長い赤鼻の鼻高天狗や翼を持つ烏《からす》天狗などとなる。日本各地の天狗岳（天狗山）の名称は山の神の信仰と修験の足跡を伝える。鬼も元々は「隠《おん》」で不可視の意味であったが（『堤中納言物語《つつみちゅうなごんものがたり》』）、中国の悪霊の鬼の影響と、仏教で説く地獄の鬼が重なり恐ろしい姿となった。角と牙と爪を持ち虎の毛皮をまとう放逐される鬼である。他方で花祭の鬼は山の地主神、山人の守護神で善鬼として招かれ、祝福をもたらす来訪神に近い。鬼は両義性が根幹にある。修験は鬼の子孫とされ、大峯山の前鬼《ぜんき》や洞川《どろがわ》（後鬼《ごき》）、比叡山の八瀬《やせ》や葛川《かつらがわ》、日光山の古峰ヶ原《こぶがはら》の集落などにその伝承が残る。

寺院の芸能では修正会《しゅうしょうえ》や修二会《しゅにえ》の結願《けちがん》の法楽《ほうらく》としての延年《えんねん》（祝いの舞や謡）や鬼追いに修験が関わる。奈良の古い寺院では堂童子《どうどうじ》と呼ばれる奉仕者に修験の影響がある。在地の霊は後・裏・脇に祀り込められ、本尊の霊威を高め仏法を守護する護法神となって現世利益に応える（鈴木二〇〇二）。修験は童形《どうぎょう》の護法童子を使役霊《しえきれい》として統御する。大峯山の八大金剛童子や満山護法、葛城山の七大金剛童子は山中の修験の守護霊である。天台宗寺院の常行堂《じょうぎょうどう》の後戸《うしろど》に祀られる摩多羅神《またらじん》は芸能と念仏の守護神で、日光山、比叡山、伊豆山《いずさん》などに鎮座する。東北の毛越寺《もうつうじ》で正月の最後の一月二〇日に常行堂で行われる延年では、摩多羅神に舞を捧《ささ》げて豊作を祈願する。切顎《きりあご》の翁面《おきなめん》の「祝詞《のっと》」が唱える祭文には男女の交合の呪句があり、作神の様相も加わる。一方、白山の周辺には長滝《ながたき》の延年、池田《いけだ》の田楽能舞《でんがくのうまい》、能郷《のうごう》の能・狂言、東二口文弥《ひがしふたくちぶんや》人形《にんぎょう》浄瑠璃《じょうるり》など多数の祭祀芸能が残り、修験と芸能の密接な関係がわかる。

修験者は山での峰入りでの入峰《にゅうぶ》や出峰《しゅっぷ》に儀礼とともに芸能を演じ、山中の修行の成果を競う「験競《げんくらべ》」が行われた。日光山の強飯式《ごうはんしき》、鳥海山麓の吹浦田楽《ふくらでんがく》や蕨岡延年《わらびおかえんねん》、羽黒山の松《しょう》例祭《れいさい》や高寺《たかでら》延年、吉野山の蓮華会《れんげえ》（蛙飛《かえると》び）、鞍馬山《くらまやま》の竹伐り、妙高山《みょうこうさん》の関山《せきやま》の柱松《はしらまつ》などはその名残で、位階上昇の実践ともされた。年中行事に組み込まれ、民衆との接点でもある。熊野三山では、那智の扇祭と田楽、新宮《しんぐう》の御燈祭《おんとうさい》と御船祭《みふねまつり》、本宮《ほんぐう》の八咫烏《やたがらす》神事と湯登《ゆのぼり》神事が修験の名残である。備後《びんご》の荒神《こうじん》神楽、石見《いわみ》の大元《おおもと》神楽の神がかりには修験の憑祈禱《よりぎとう》の芸能化の様相がある。憑祈禱は巫女《みこ》や憑坐《よりまし》に護法神や邪神、邪霊を憑依させて災因に関する託宣を得る修験独自の巫術《ふじゅつ》で、災因に応じて護摩・憑物《つきもの》落とし・不動金縛《ふどうかなしば》り・調伏《ちょうぶく》などを行った。九州では高千穂《たかちほ》・椎葉《しいば》・米良《めら》・霧島《きりしま》の神楽、国東《くにさき》の六郷満山《ろくごうまんざん》の鬼会《おにえ》、英彦山とその周辺の松会《まつえ》に山岳信仰や修験の影響が及ぶ。日程は一二月、正月、二月と冬から春への季節行事である。担い手は修験・僧侶・神職・法者・太夫・禰宜《ねぎ》・祝子《ほうりこ》・巫者《ふしゃ》など多様で、豊作祈願・無病息災・除災招福などの現世利益に応え、山の民の世界観を表現した。

文化遺産への道

現代の大きな変動は山岳信仰や修験に関わる霊場や祭祀芸能が文化財や遺産として登録される動きが顕著なことである。日本がユネスコの世界遺産条約を批准したのは平成四年（一九九二）であるが、急速に国民の関心を高めた。平成一六年には、熊野三山、高野山、吉野・大峯の三つの霊場とそこに至る参詣道《さんけいみち》（熊野古道・高野山町石道・大峯奥駈道《おくがけみち》など）や、それを取り巻く文化的景観が、ユネスコの世界文化遺産に「紀伊山地の霊場と参詣道」として登録された。文化的価値が世界的に高く評価され、地域おこしにも結びつくなど新たな展開があった。山岳信仰に関しては、平成一一年に「日光の社寺」が登録されたが、大峯山の場合は、日本の山岳信仰の中心地が指定されたことの意味が大きい。そして、平成二五年には富士山が「富士山―信仰の対象と芸術の源泉」として世界文化遺産に登録された。今後は遺産とどのようにつきあい、後世に残していくかが問われる。

国内では昭和五〇年（一九七五）の文化財保護法の改正に伴う国指定重要無形民俗文化財の設定により、山岳信仰に関わる多くの祭祀芸能・神事・仏教儀礼などが指定を受けて来た。そして、平成四年の「地域伝統芸能等を活用した行事の実施による観光及び特定地域商工業の振興に関する法律」、通称「おまつり法」の制定で、観光資源として活用される動きが加速した。さらに、ユネスコの「無形文化遺産条約」（平成一五年採択、平成一八年発効）に基づき、無形文化遺産一覧表への記載が始まり、平成二一年には重要無形民俗文化財の第一号であった早池峰《はやちね》神楽が登録され、その後も登録が追加されている。日本国内では平成一六年に文化財保護法の一部改正によって「文化的景観」が新しい文化財保護の手法として加わり、山岳信仰関連では「求菩提《くぼて》の農村景観」が平成二四年に選定されている。

山岳信仰に関する景観・儀礼・祭祀芸能は、近年の文化財や文化遺産の指定で文化の「客体化」と「資源化」の動きに巻き込まれてきた。山岳信仰は「伝統文化」として読み替えられ、文化の評価の観点が導入されて、大きな質的変化が起こった。今後は山岳信仰の枠組みを組み替えて、「文化」としての生き残りが図られることになる。政教分離政策の下では、信仰の保護・保存には制限があるが、「伝統文化」としての山岳信仰を継続する試みは今後も続く。しかし、少子化・高齢化による担い手の減少は顕著である。日本の山岳信仰は、神仏分離以来の大転換期にある。日本各地の山岳信仰は古代から現在まで長期にわたって維持され、自然観や人生観を多様な造形や実践を通じて表出してきた。単なる信仰の世界にとどまらず、政治や経済、ジェンダーが密接にからみあっていた。しかし、明治以後の近代化に伴って政府は神仏混淆《こんこう》の山岳信仰に深く介入し、人びとの日々の生活や意識に大きな変化をもたらした。その意味では、日本文化の「根っこ」にある山岳信仰の歴史の考察は、近代とは何かを逆照射することにもつながっている。

第一章　出羽三山――死と再生のコスモロジー

東北の仏教と修験

東北の出羽三山《でわさんざん》は、近畿の大峯山《おおみねさん》、九州の英彦山《ひこさん》と並ぶ修験の三大霊場の一つで、日本の山岳信仰の重要な拠点である。庄内《しょうない》平野から望むと長く連なる尾根の彼方《かなた》に穏やかな山容をみせる月山《がっさん》（一九八四メートル）を主峰とし、北方の端には羽黒山《はぐろさん》（四一四メートル）、そして西方には湯殿山《ゆどのさん》（一五〇〇メートル）があって三山をなす。

東北における山岳霊場の発達にあたっては、仏教の伝播《でんぱ》と定着が大きな役割を果たし、平安時代初期には法相宗《ほっそう》の徳一《とくいつ》、天台宗《てんだい》の円仁《えんにん》の活躍を伝え、弘法大師空海巡錫《こうぼうだいしくうかいじゅんしゃく》の伝説も残る。寺院の開基年に大同《だいどう》元年（八〇六）や大同二年が多いのは、空海の中国からの帰朝（大同元年）とその後の空白の三年間に仮託されたことと、坂上田村麻呂《さかのうえたむらまろ》が三次にわたる蝦夷《えみし》征討の後に帰京して、大同元年に中納言・中衛大将《ちゅうえのだいしょう》に任じられ有力者となった歴史的事実に仮託したと推定される。

湯殿山も大同二年、弘法大師による開山と伝える。田村麻呂開基の寺院の本尊は十一面観音や毘沙門天《びしゃもんてん》が多く、特に後者は戦《いくさ》の神の性格が強い。中世には紀伊《きい》半島から海上を経て熊野《くまの》信仰が伝わり、大峯修験道《おおみねしゅげんどう》の影響が加わった。全国的に見ても東北は熊野神社が数多く残り、熊野信仰は深く浸透していた（『熊野信仰と東北』二〇〇六）。現在は神社でも、元は修験という所が数多くあり、院号や坊号を伝える。修験は近世には組織化され、本山派《ほんざん》（天台系）と当山派《とうざん》（真言系《しんごん》）、さらに羽黒修験《はぐろしゅげん》が加わって勢力圏争いが繰り広げられた。明治の神仏分離の政策で、修験の寺院の多くは神社に転換した。羽黒の寺院は徹底的に破壊されたが、わずかに命脈を保ち近代を生き抜いて、修験道儀礼を維持してきた。現在でも正善院《しょうぜんいん》では専門の山伏《やまぶし》を養成する秋峰《あきのみね》の修行が継続して行われ、修験道の思想の中核にある死と再生のコスモロジーを現代に伝えている。

三山の由来

出羽三山の呼称は昭和初期に研究者が使い始めた新しい用語で、それ以前は「三山」や「奥の三山」と呼ばれていた。三山は室町時代には湯殿山を総奥の院として、葉山《はやま》・月山・羽黒山の三山であった（『拾塊集《しゅうかいしゅう》』元亀《げんき》年間〔一五七〇～一五七三〕。『羽黒山縁起《はぐろさんえんぎ》』）。鳥海《ちょうかい》山《さん》・羽黒山・月山を三山とする説もある（『出羽国大泉庄三権現縁起《でわのくにおおいずみのしょうさんごんげんえんぎ》』。奥書《おくがき》は永正《えいしょう》七年

（一五一〇））。湯殿山は温泉の湧き出る赤茶けた巨岩でその神秘さゆえに秘所とされてきた。三山葉山は慈恩寺《じおんじ》（寒河江《さがえ》市）の奥の院であったが、江戸時代には慈恩寺との関係が切れ、三山に湯殿山が組み込まれて、現在の状況に固定した。

明治の神仏分離以前は、三山は神仏習合の修験道の山として、羽黒山大権現、月山大権現、湯殿山大権現の三所権現を祀《まつ》り、別当寺《べっとうじ》が管理していた。本地垂迹説《ほんじすいじゃくせつ》に基づき、羽黒山の本地は観音菩薩《かんのんぼさつ》、月山の本地は阿弥陀如来《あみだにょらい》、湯殿山の本地は大日如来《だいにちにょらい》であった。しかし、明治以降は政府の命令で「神山」とされて、権現号を廃して、羽黒山では稲倉魂命《うかのみたまのみこと》（伊氐波《いではの》神《かみ》）、月山では月読命《つくよみのみこと》、湯殿山では大山祇命《おおやまつみのみこと》、大己貴命《おおなむちのみこと》、少彦名命《すくなひこなのみこと》を祭神とし、出羽神社、月山神社、湯殿山神社に祀られた。

昭和二六年（一九五一）以後は、三つの神社を併せて出羽《でわ》三山《さんざん》神社と総称している。月山と湯殿山は、冬は雪に閉ざされて登拝《とはい》はできないので、羽黒山頂に出羽神社を祀り三神合祭《さんじんごうさい》殿《でん》として三山の神を合祀《ごうし》する。ここは元々は羽黒三所大権現を祀る本社（本堂）であった。月山・湯殿山は江戸時代までは女人禁制であったが、羽黒山は里宮《さとみや》の機能を持ち女人の参詣を許していたので三山への祈願は羽黒山で併せ行うことができた（荒澤寺《こうたくじ》は女人禁制）。合祭殿には熊野権現も祀られていて、羽黒修験と熊野修験の交流の歴史を物語る。

修験の根拠地・羽黒山

修験の根拠地であった羽黒山は、崇峻《すしゅん》天皇の第三皇子、能除太子《のうじょたいし》の開山を説き、中世は天台・真言・禅などの一山寺院であったとされるが史料に乏しい。江戸時代には修験の霊場として大きな発展を遂げた。月山への登拝口は八方七口《はっぽうななくち》とされ、庄内側には手向《とうげ》（旧別当寺は天台宗寂光寺《じゃっこうじ》）、七五三掛《しめかけ》（真言宗注連寺《ちゅうれんじ》）、大網《おおあみ》（真言宗大日坊《だいにちぼう》）の三口、内陸側には肘折《ひじおり》（天台宗阿吽院《あうんいん》）、大井沢《おおいさわ》（真言宗大日寺《だいにちじ》）、本道寺《ほんどうじ》（真言宗本道寺）、岩根沢《いわねざわ》（天台宗日月寺《にちげつじ》）の四口があって総計で七口、これに川代《かわだい》（高寺《たかでら》、真言宗照光寺《しょうこうじ》）を加えて八方とした。

羽黒山は江戸時代の初期には幕府から一四六〇石の所領を与えられ、山内に肉食・妻帯をしない清僧修験がおり、山麓《さんろく》の手向には妻帯修験が居住して多くの宿坊《しゅくぼう》があって繁栄した。現在も各地から登拝に訪れる講社《こうしゃ》を受け入れている。

羽黒山は中興の祖として知られる僧・天有《てんゆう》が別当《べっとう》の時代、寛永《かんえい》一八年（一六四一）に徳川幕府に接近して有力者の天海《てんかい》の助力で天台宗に帰属し、東叡山寛永寺《とうえいざんかんえいじ》の末寺になって、日光《にっこう》山輪王寺《さんりんのうじ》の管轄下に入った。そして、東日本を中心に檀那場《だんなば》（霞《かすみ》）と呼ばれる勢力圏を持ち、本山派や当山派とは異なる羽黒修験として大きな勢力を誇った。しかし、湯殿山側四ヶ寺（注連寺・大日坊・大日寺・本道寺）は真言宗に帰属しており、羽黒山は湯殿山側に天台宗への改宗を迫った。寛永一六年（一六三九）、寛文《かんぶん》五年・六年（一六六五・一六六六）、寛政《かんせい》三年から一一年（一七九一〜一七九九）の三度にわたり訴訟を起こしたが、羽黒山側が敗訴した（両造法論《りょうぞうほうろん》）。その結果、湯殿山側は真言宗を継続し、明治以後も多くは寺院として残った。

羽黒山は独立峰ではなく丘上にあり、かつては山中に寺院や諸堂が建ち並んでいた。しかし、神道化して現在は山上に出羽神社と諸社、小祠《しょうし》があり、寺院は山中に荒澤寺《こうたくじ》、山麓に正善院が残る。羽黒山はいわゆるハヤマと呼ばれる里に近い山で、黒々とした森に覆われ、羽黒の名称はこの風景に由来すると推定される（鈴木一九九一）。山頂は人びとの死後の魂が昇り鎮まる場とされ、神社に変わった現在でも死者供養の場（霊祭殿《れいさいでん》・供養所）が設けられ、世相を反映して水子《みずこ》地蔵も多数祀られている。

羽黒山で古くから信仰を集めた場所は、本殿の前の森に囲まれた御手洗池《みたらしいけ》（鏡池《かがみがいけ》）で、平安時代には銅製鏡を奉納する慣行があった。古書には羽黒山は「いけのみたま」と記され、池そのものを神とする水の信仰が生きていた。羽黒山は水源地にあって人びとの生活の根源である水の源、水分《みくまり》の山として信仰され、祭神は稲倉魂命《うかのみたまのみこと》で穀物の神とされる。羽黒山の東麓には月山を源流とする立谷沢《たちやざわ》川が流れ、羽黒発祥の地とされる皇野《すべの》、秋峰《あきのみね》の修行場の中台《ちゅうだい》や秘所の三鈷沢《さんこざわ》は立谷沢流域にある。西麓には月山を源とする祓川《はらいがわ》が流れ、下流には手向《とうげ》集落がある。羽黒の神は水を司《つかさど》る神で豊作を祈願する作神《さくがみ》の様相を持つ。教義以前の自然への畏敬が根底にある。

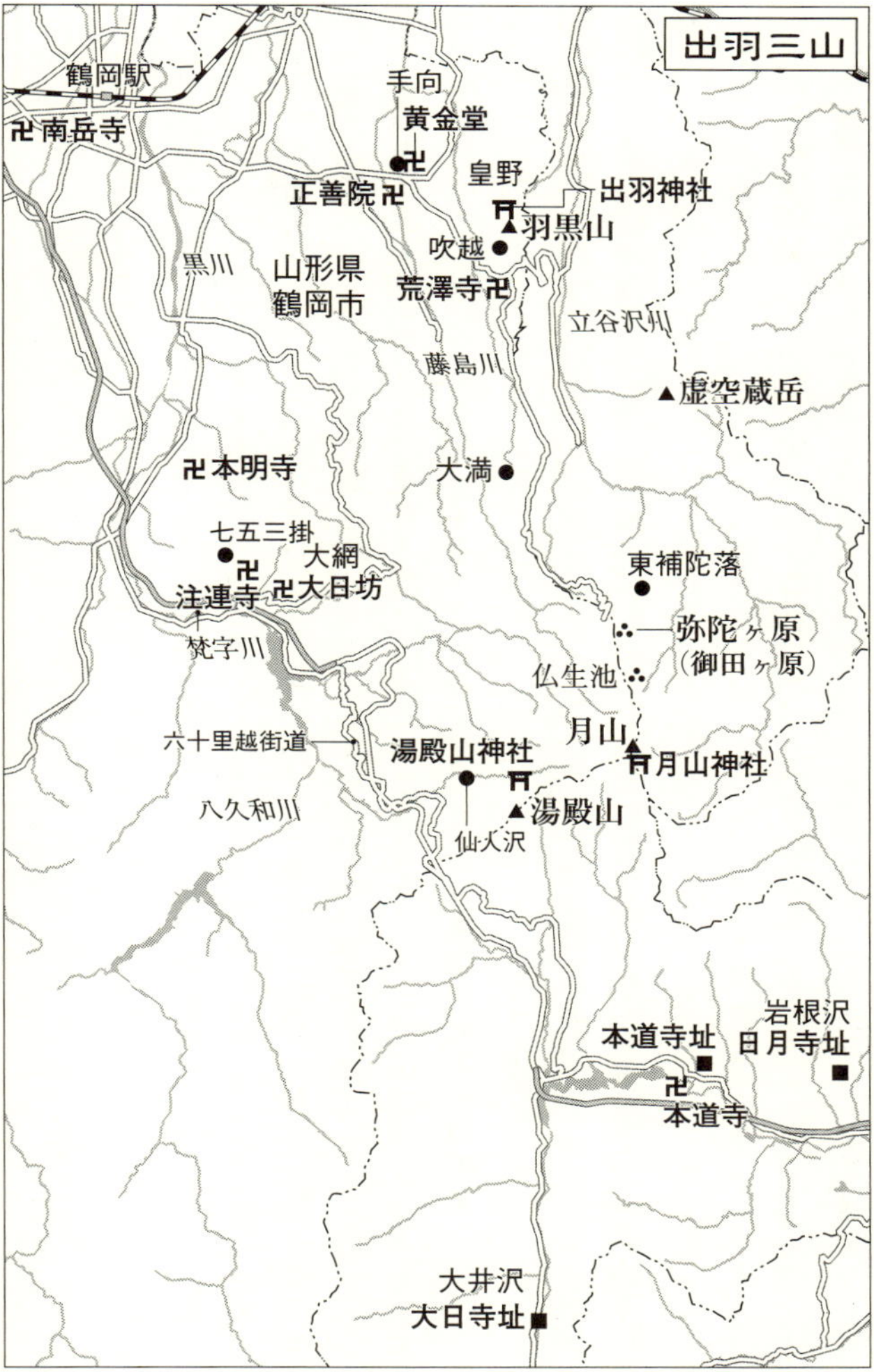
出羽三山
鶴岡駅
南岳寺
手向
黄金堂
皇野
出羽神社
正善院
羽黒山
吹越
黒川
山形県
鶴岡市
荒澤寺
立谷沢川
藤島川
虚空蔵岳
本明寺
大満
七五三掛
大網
東補陀落
注連寺
大日坊
梵字川
弥陀ヶ原
（御田ヶ原）
仏生池
月山
六十里越街道
湯殿山神社
月山神社
八久和川
湯殿山
仙人沢
岩根沢
本道寺址
日月寺址
本道寺
大井沢
大日寺址

月山

羽黒山の水に対する湯殿山の湯、それに対して月山は山そのものであった。庄内から見る月山の山並みは柔らかみを帯びて長く連なり半月状をなす。別称を臥牛山《がぎゅうざん》ともいう。雪を頂く月山は月光の下で遠望すると闇の中に浮かんで美しい。月山の信仰は文献では『日本三代実録《にほんさんだいじつろく》』貞観《じょうがん》六年（八六四）二月五日条の「月山神」に遡《さかのぼ》り、『延喜式神名帳《えんぎしきじんみょうちょう》』（延長《えんちょう》三年〔九二七〕）には「名神大」と記され、中央にも知られていた。月山の神の本地《ほんじ》は阿弥陀如来で、山中は極楽浄土とされ、死者の霊は山頂に集まるとされた。山頂に至る登拝道には賽《さい》の河原《かわら》や仏生池《ぶすいけ》、弥陀ヶ原《みだがはら》（御田ヶ原《みだがはら》）などの地名が残り、地獄と極楽が同居する「山中《さんちゅう》他界《たかい》」が広がっている。かつて夏山登拝をした時に、先達《せんだつ》に率いられた講社の人びとが、山頂の祠《ほこら》の前で祝詞《のりと》をあげていた先達に対して『般若心経《はんにゃしんぎょう》』を祝詞風に読んでくれ、そうでないと死者の魂が浮かばれないと頼んでいたことが印象的であった。民衆にとって神仏は一体であった。

お盆が始まる七月一三日（現在は八月一三日）の夜には山頂で柴燈護摩《さいとうごま》が焚《た》かれ、九合目以下の登拝道の一三の小屋で次々に火が点《とも》されて、祖先の霊が山から里へと迎え入れられた。神仏分離以前は、追善供養の十三仏事の初七日の不動明王から三十三回忌の虚空蔵菩薩《こくうぞうぼさつ》に至る十三仏に充当されていた。死霊から神へと浄化する年忌供養の仏を逆にたどって現世に現れる。まさしく祖霊の居ます山にふさわしい劇的な光景であった。神道化された現在も一三日夜には月山神社本宮柴燈祭《ほんぐうさいとうさい》が行われ、祈願の札のお焚き上げがなされる。庄内山麓では家長が自分の家の前に立って、山頂の火を見てから門火を焚いて、その火を家の中の仏壇の燈《とう》明《みょう》に移して祖先をお招きした。修験道は自然を儀礼に取り込み民俗社会と接合する。

数日後の地蔵盆の七月二二・二三日（現在は八月）には「モリ供養」と称して、里の清水の近くにそびえる三森山《みつもりやま》、通称ではモリノヤマに、ウバサマ（姥様）の神像が担ぎ上げられて山頂に安置され、死者の親族が山に登って供養する。この山では亡き人に会えると信じられていて、死後三年間はお参りをする慣《なら》わしがある（北村二〇〇六）。こうした里近くの「低い山」に籠る死霊は歳月がたつとともに「高い山」に昇るとされ、三森山や羽黒山の霊は月山へと向かうという。死んだ後も山を介して死者や祖先の霊と生者との交流が続く。出羽三山のすべてで死者供養が行われており、山に登ることは死者との出会いを意味した。

一方、月山の北東と北西には東《ひがし》補陀落《ふだらく》と西補陀落があり、男根状の岩が屹立《きつりつ》する場所である。ここは観音の浄土で、岩の下の穴を修行者が通る胎内潜《たいないくぐ》りで赤子として生まれ変わる。観音には女神の様相があり、山中は胎蔵界《たいぞうかい》で母胎とされ、新たないのちを山で宿す意識が強い。かつて晩秋の頃に、即身仏《そくしんぶつ》を祀る注連寺に泊まり、夜中に襖《ふすま》を開けて悠揚たる山並みを眺めていたことがあった。その時に闇の中に茫洋《ぼうよう》と浮かび上がった月山の光景は感動的で、月山は闇を通して生と死の本質を開陳するのではないかと思った。

近世には湯殿山の真言宗の思想の影響下で山麓に即身仏が出現した。現世の不幸を一身に背負い民衆を救済するために、空海の入定《にゅうじょう》に倣って木食行《もくじきぎょう》に入り、入定してミイラとなって永遠に人びとを救おうとした「海号」をもつ行者である（内藤一九九九）。即身仏はご縁年の丑年《うしどし》ごとに村人の手で衣替えされて甦《よみがえ》り、永遠の生命を保って村人を守り続ける。「高い山」は冬は大雪に覆われる死の世界であるが、春になると雪解けとともに青々した緑の山に生まれ変わる。その変化に人びとは感動し、死と再生の永遠の繰り返しを大自然の中に見出《みいだ》し、人間の生命にもその原理を組み込もうとした。永遠のいのちの循環を人びとは願っていた。

月山は河川の源流に位置し、水を司《つかさど》る水分神《みくまりのかみ》が祀られ、山麓の農民にとっては豊作祈願の農耕神、海上で生活を営む漁民にとってはヤマアテに使われ漁撈神《ぎょろうしん》や航海神として豊漁と航海安全が願われた。月山では夕日の太陽が重視された。ここでは、太陽の光が背後から差し込んで、見る人の周囲に虹のような光の輪が現れる、ブロッケン現象がよく起こる。これを「御来迎《ごらいごう》」と呼び、神仏の影向《ようごう》、特に阿弥陀の来迎として拝む。『観無量寿経《かんむりょうじゅきょう》』などで説かれる阿弥陀が空中住立《くうちゅうじゅうりゅう》した姿に見立てられる。月山本宮の裏側の尾根の巨石群が拝所で、真北に鳥海山、真東に葉山、西に湯殿山を望み聖地にふさわしい（内藤一九九一）。鳥海山には月山森《がっさんもり》があり、鳥海山西麓の吹浦《ふくら》の神宮寺《じんぐうじ》では月山・鳥海山を祀って両所宮（現・大物忌《おおものいみ》神社）とするなど双方の関連は深い。

かつては庄内の人びとは、鳥海山を「上《かみ》のお山」、月山を「下《しも》のお山」と呼んで二つの山を崇拝対象とし、鳥海山と月山は太陽と月に対応させた。鳥海山は噴火の期間が長く続き、火の山として畏《おそ》れられ、祭神は大物忌神《おおものいみのかみ》として祀られた。山麓に伝えられる神楽《かぐら》を比山《ひやま》（日山）番楽《ばんがく》というように、火は日（太陽）に通じている。庄内の三山講《さんやまこう》の人びとは月山に登拝すると、数日後には鳥海山に登拝する、あるいは鳥海山の次に月山に登拝することも多かったという。

月山の東には葉山の奥の院の烏帽子岩《えぼしいわ》が望まれる。春と秋の彼岸の中日には、葉山から日が昇り湯殿山に沈む。羽黒修験は口伝で、葉山の本地の薬師《やくし》は東方の瑠璃《るり》光《こう》浄土の仏で朝日に、月山の本地の阿弥陀は西方極楽浄土の仏で夕日に対応するという。月山は「西のお山」、葉山は「東のお山」と呼ばれた。古い形の三山（羽黒山・月山・葉山）を考えれば、羽黒山と葉山は現世利益、月山は極楽往生で、現世と他界の「現当二世《げんとうにせ》」の願いを結びつけ、湯殿山は生死のすべてを超える究極の奥の院であった。一方、湯殿山と月山は太陽と月の形象化で、各々の本地は大日と阿弥陀、祭神は天照大神《あまてらすおおみかみ》と月読命《つくよみのみこと》とされる。太陽と月は人びとの暮らしのリズムを作り出すとともに、生活に恵みを与える根源的な力であった。修験は自然現象を山々の関係に見立てて宇宙観の中核に置いた。地形や方位を単なる自然としてだけでなく、仏菩薩の織り成す曼荼羅《まんだら》宇宙とみて意味づけ、他界や異界への道筋をつける。可視と不可視の交錯を通じて自然との深みある交流に没入した。

湯殿山

湯殿山は『大日坊由来《だいにちぼうゆらい》』によれば、空海による大同二年（八〇七）の開山である。空海は唐からの帰朝後に出羽に来て、大梵字川《だいぼんじがわ》に胎蔵界大日の真言の種子（アビラウンケン）が浮上したのを見て、川を遡行《そこう》して大日如来と出会い、秘儀を受けて開山したとある。表口の別当寺の大日坊は仁寿《にんじゅ》二年（八五二）、注連寺《ちゅうれんじ》は天長《てんちょう》一〇年（八三三）の開基を説く（『羽黒三山古実集覧記《はぐろさんざんこじつしゅうらんき》』）。

中世には三山の総奥の院とされた湯殿山は、山というよりは谷や沢で、霊地とみなされたのは温泉が湧き出る沢筋の赤茶けた巨石であり、「出湯権現《いでゆごんげん》」、「御宝前《ごほうぜん》」と呼ばれた。「言わず語らず」の御秘所で他言無用であった。元禄《げんろく》二年（一六八九）に当地を訪れた松尾芭蕉は「語られぬ湯殿にぬらす袂《たもと》かな」（『奥の細道』）と詠《よ》んでいる。湯殿の名称は、湯が湧き出る場所の敬称であろう。岩自体が御神体で、いのちの誕生を溢《あふ》れ出す湯の様相に観想している。

温泉水は大小の岩の上を滑り落ち、大きな岩は女性の陰部を表すとされ、胎蔵界大日如来の居所という。根源には女性原理を宿している。

岩の全体を金剛界《こんごうかい》大日如来と胎蔵界大日如来とし金胎両部《こんたいりょうぶ》とする。正式名は「湯殿山両部《ゆどのさんりょうぶ》大日大霊権現《だいにちだいりょうごんげん》」で、お使いは「お注連《しめ》に八大金剛童子《はちだいこんごうどうじ》」、岩にめぐらす八葉注連《はちようしめ》（八ヶ所の結び目のある縄）に宿る。かつて雪の降りしきる中、巨石上に溢れる湯の上にとぐろを巻く蛇を見たことがあり、いのちの顕《あらわ》れの象徴のように見えた。一方、巨石に向かう道端の岩には死者の供養の場所が設けられ、亡き死者の名前を紙に書いて岩肌に貼り付け、滴り落ちる湯水で文字が消え落ちると成仏するという岩供養《いわくよう》が行われ、罪障消滅と極楽往生が願われた。下流の仙人沢《せんにんざわ》は八万八千仏が集まるという聖地で、一世行人《いっせぎょうにん》（一生涯山中にとどまり修行を続ける行者）が五穀断《ごこくだ》ち、十穀《じっこく》断ちの木食行《もくじきぎょう》や、行屋《ぎょうや》で参籠して千日行《せんにちぎょう》をした「御沢《おさわ》駈《が》け」の行場である。両岸の岩壁や洞窟を御沢仏《おさわぶつ》として拝んで遡行する。修行の達成後、即身仏となって生死を超える。湯殿山には生と死、誕生と死滅、あの世とこの世という時間と空間を超越する場所が広がっていた。

三山詣

湯殿山側の真言系が強かった大井沢・本道寺・七五三《しめ》掛《かけ》・大網などの登拝口は、六十里《ろくじゅうり》越《ごえ》街道筋にあり、街道が重要性を増した戦国時代以降、内陸部の村山《むらやま》・置賜《おきたま》地方から多くの参詣者を集めた。農民の願いは五穀豊穣《ほうじょう》で湯殿山信仰は中核であった。山麓に江戸時代後期に登拝講が建立した三山供養塔は、中央に湯殿山、右に羽黒山、左に月山を刻む。明治時代の三山供養塔は、中央に月山が位置するが、その理由は祭神の月読命《つくよみのみこと》が皇祖神の天照大神《あまてらすおおみかみ》の弟とされ、近代社格制度に基づき月山神社が官幣大社《かんぺいたいしゃ》となったことに由来する。これは民衆の願いを表していない。

江戸時代の「三山詣」は盛んで、六十里越街道の志津《しづ》に残る『志津村村明細帳』によれば、延享《えんきょう》二年（一七四五、丑年《うしどし》）の月山への行者は三万八〇〇〇人、同四年（一七四七、卯年《うどし》）は一万一〇〇〇人で、縁年（月山卯年、湯殿山丑年）は特に多い。慶應《けいおう》三年（一八六七、卯年）までは毎年二万人前後の宿泊者があり、ほぼ四〇〇〇人が峠越えの旅人で、残りが湯殿山への「お山詣り《やままい》」の参詣者であった。この地域では「行者」や「お行様」と呼んだ。羽黒山や湯殿山への参詣が主で月山登拝は少なく、時代とともに三山の回峰《かいほう》から湯殿山参詣へと重点が移行した。

最上《もがみ》・村山・置賜などの男子は数えで一五歳になると無病息災を願って「お山詣り」をする慣習で、「初お山」や「初詣り」という（庄内は羽黒山祭礼に参加）。行屋に一週間籠って精進潔斎《しょうじんけっさい》し、宝冠を付け白衣《びゃくえ》をまとい草鞋《わらじ》を履き、笠《かさ》と茣蓙《ござ》を持ち、「天下泰平・五穀豊穣・諸願成就・家内安全」と願い事を書く。食料や奉納品（五穀・みがき銭）を持参し、八角の金剛杖《こんごうづえ》を手に登拝した。湯殿山本宮の参詣では装束場で草鞋を履きかえて祭場に入った。かつては草鞋が山のように積まれていたという。近くには施薬小屋もある。温泉の湧き出る巨岩に裸足《はだし》で触れ金胎両部の大日如来と一体化する。即身成仏の象徴ともいえる。湯殿山は温泉や巨岩の信仰を中核とし、湯の再生力・治癒力に託して死と再生が願われた。

三山への参詣者は山形が最も多く、次いで宮城、福島、そして千葉であった。第一次信仰圏は一五歳で初詣りをする半径五〇キロ圏、第二次信仰圏は戸主層を中心とする代参形式で半径五〇キロから一五〇キロ圏、第三次信仰圏は老年層による同行仲間型で講が葬送集団となる半径三〇〇キロ圏にわかれるという（岩鼻一九九二）。

三山、特に湯殿山信仰を中核とする講の広がりは東日本の各地に及ぶが、千葉には「奥《おう》州《しゅう》講」「三山講」「八日講《ようか》」という熱心な講が数多くあり、五穀豊穣や先祖供養を願うだけでなく、「三山参りは男の死支度」として、一生一度の奥州参りを行う慣行があった（對馬二〇一一）。三山登拝には独自の梵天《ぼんてん》を神霊の宿るものとして奉納する。春には奥州講が村で三山の祭壇を作って周囲で天道念仏を行って豊作祈願をした。大日如来がオテントウサマと習合したのである。奥州参りの人は、死ぬとすぐ神になれるといい、亡くなると墓の周りに梵天をたてて祀った。行人塚《ぎょうにんづか》ともいう。周囲で三山拝詞を唱えるボンテンハギも行われていたが、土葬の終了とともに消滅した。三山は人生の在《あ》り方に深く関与した。

即身仏

湯殿山は現在は即身仏《そくしんぶつ》でよく知られている。即身仏とは、一世行人《いっせぎょうにん》が超絶的な修行を行い衆生《しゅじょう》救済のために入定《にゅうじょう》を遂げて、死後もミイラとして残って崇拝対象となった者をいう。一世行人は千日行や木食行を行う。千日行は湯殿の仙人沢で蠟燭《ろうそく》が燃え尽きるまで水垢離《みずごり》をとる精進潔斎、木食行は五穀断ち（米・麦・大豆・小豆《あずき》・胡麻《ごま》を断つ）や十穀断ち（五穀＋蕎《そ》麦《ば》・黍《きび》・稗《ひえ》・唐黍《とうきび》・粟《あわ》を断つ）で、生前から自らの死体の腐敗を予防する方策とされた。そして、土中《どちゅう》入定を遂げる。真如海《しんにょかい》上人の場合、節を抜いた竹の筒を塚に差し込み、空気が通るようにして、鉦《かね》を持って塚に入り、「生きている限り鉦を鳴らしながら念仏を唱えるから、鉦が聞こえなくなったら、その日を命日として竹を抜き取り、三年三ヶ月後に掘り出してくれ」と遺言して入定し往生を遂げたとされる。

しかし、土中入定の即身仏は現存せず伝説にすぎない。大半は死後に処理を施している。一般にミイラとは死体が自然あるいは人工的に作業を施すことで腐敗を免れたもので、即身仏と同じではない。現在のところ、日本のミイラは二三体で、奥州藤原氏四、自然ミイラ二、即身仏一七とされ、即身仏のうち湯殿山系が一〇体である。湯殿山系の特徴は弘法大師空海に倣って「海号」を持つことで、高野山《こうやさん》の御霊屋《みたまや》で空海が死後も生前と同じ姿を保ったという「入定留身《にゅうじょうるしん》」に由来し、入定して即身仏となって民衆の救済を目指した。実際には空海の著述『即身成仏義《そくしんじょうぶつぎ》』の読み替えであった。

湯殿系の最初の即身仏は本明海《ほんみょうかい》で天和《てんな》三年（一六八三）、山形県朝日《あさひ》村本明寺《ほんみょうじ》（現・鶴岡《つるおか》市）での土中入定とされ注連寺系である。以下、全海《ぜんかい》（貞享《じょうきょう》四年〔一六八七〕、大日坊系）、忠海《ちゅうかい》（宝暦《ほうれき》五年〔一七五五〕、注連寺系）、真如海（天明《てんめい》三年〔一七八三〕、大日坊系）、円明海《えんみょうかい》（文政《ぶんせい》五年〔一八二二〕、注連寺系）、鉄門海《てつもんかい》（文政一二年〔一八三〇〕、注連寺系）、光明海《こうみょうかい》（嘉《か》永《えい》七年〔一八五四〕、不明）、明海《めいかい》（文久《ぶんきゅう》三年〔一八六三〕、大日寺系）、鉄龍海《てつりゅうかい》（明治一四年〔一八八一〕、注連寺系）、仏海《ぶっかい》（明治三六年〔一九〇三〕、注連寺系）と続いた。社会の危機に関連し、過酷な税の取り立てへの抵抗（天和三年の本明海）、飢饉《ききん》にあたって民衆の罪穢《けが》れを背負っての救済（宝暦五年の忠海、天明三年の真如海）を目的とした。大飢饉、凶作、天災、疫病の年に、自らが人びとの苦悩を引き受ける「代受苦《だいじゅく》」によって、自然現象や権力を動かす試みで、「自己供犠《くぎ》」の性格を帯びる。即身仏は、民衆にとっては「人神《ひとがみ》」で「巫神《みこがみ》」であり、「生ける舎利《しゃり》」として物象化された救済の権化で、守護仏ともなった。

即身仏は湯殿山の表口の別当寺であった七五三掛《しめかけ》の注連寺と大網の大日坊を拠点として生み出され、裏口の本道寺と大日寺はほとんど関与しない。表口の社会構成は僧侶、山内《さんない》、一世行人で、山内が半僧半俗で寺院の運営権を握る。普段は農業や山仕事に従事し、参詣者（道者）が来ると、祈禱《きとう》や山先達・宿泊の世話をした。即身仏はこの層からは出ていない。一方、一世行人の出身階層は低く、寺で掃除・炊事・薪《まき》作り・御札作り・祈禱手伝いなど下働きにあたり、前科者、流れ者、武士もいた。

しかし、江戸時代初期の慶長《けいちょう》期では一世行人の地位は高く、「注連《しめ》のきりはき」という浄火を鑽《き》り出す祈禱を行って、直江兼続《なおえかねつぐ》や最上義光《もがみよしみつ》などの戦国武将も帰依し、湯殿山信仰の確立期に重要な役割を果たした（山内一九九三、九四）。一世行人は湯殿山の開祖とされる空海が湯殿山大権現の化身、八大金剛童子から授けられた「上火《じょうか》」と呼ぶ、聖なる火を鑽り出す作法を伝えるという。鉄門海上人の口述筆記『亀鏡志《きけいし》』（文化《ぶんか》九年〔一八一二〕）には「湯殿の行と申すこと、則《すなわ》ち上火の行なり。惣《そう》じて火の行をもって一切の行の根本とすることは梵天の所作にて候」とある。これは羽黒山の荒澤寺の「常火《じょうか》」（開山以来ともし続けた火）と類似する。「上火」は穢れを忌み、妻帯を禁じ、別火《べっか》で生活した。仙人沢の千日行や木食行の山籠も、清浄な火を守る別火精進が専門化した可能性が高い。「海号」を持つ一世行人の活動は庄内や最上にとどまらず、各地に展開して村々に定着した。

即身仏は湯殿山信仰の中核ではない。即身仏が登場した時代は明らかに地位が低下し、一世行人は社会の底辺層の出身者かアウトローで、よそ者が大半である。生活を保障される代償として「一世行人」、そして即身仏になり、所領を持たない表口の苦しい寺院経済に寄与する機能を果たした。裏口は年貢義務がなく、藩の負荷も過酷でなく即身仏を生み出す必要がなかった。一七世紀中葉からは湯殿山別当による末寺に対する本末編成が進み、各地に行屋が建てられ「湯殿山詣で」の道者が組織化され、信仰が普及して農民の現世利益に応えた。羽黒山・湯殿山の末派修験（里修験）が三山講を組織し、山岳宗教集落まで先導する里先達として活躍し、檀那場を広げていった（山澤二〇〇九）。庶民の経済の上昇がこれに呼応した。

即身仏は湯殿山麓の民間信仰の守護仏に転化して願掛けや病気治しの霊験をもたらす崇拝対象となった。しかし、昭和三〇年代に日本ミイラ研究グループが研究対象として科学的調査を行い、法衣と帽子を取り去った骸骨風の姿を人目に曝《さら》し、おどろおどろしさの印象を残して人びとの興味をかき立て、昭和四〇年代から五〇年代にはミイラ・ブームを引き起こした。現在では即身仏は興味半分で恐怖感を味わう対象となり観光資源になっている。

開山伝承

羽黒山の開山に関する最古の記録は『神道集《しんとうしゅう》』「出羽国羽黒権現事《でわのくにはぐろごんげんのこと》」（一四世紀中頃）で、出羽国鎮守の羽黒権現は三社から成り、中の御前の本地は請観音《しょうかんのん》、左は軍陀利夜叉明王《ぐんだりやしゃみょうおう》で南方宝生如来《なんぽうほうしょうにょらい》の化身、右は妙見大菩薩《みょうけんだいぼさつ》で東方阿閦如来《とうほうあしゅくにょらい》の化身とある。羽黒山は「能除大《のうじょたい》師《し》」の草創で、推古《すいこ》天皇の御代と説く。地元の史料としては一七世紀以前の史料はほとんどない。室町時代後期の様相を伝えると推定される『羽黒山縁起』は永治《えいじ》元年（一一四一）山城法印栄忠《やましろほういんえいちゅう》の筆とされ、寛永二一年（一六四四）に天宥《てんゆう》が書写したと奥書にある。開山は「能除太子《のうじょたいし》」とする。その内容は要約すると以下のとおりである。

「崇峻《すしゅん》天皇の第三皇子は参拂理大臣《みふりのおとど》といい容貌魁偉《かいい》で無知文盲で仏法を知らない。道心と修行の志があって諸国行脚《あんぎゃ》の旅に出て、この山にたどりついた。山が深くて困っていると、片羽八尺の三本足の大烏《おおがらす》が出現して、その導きで観音の示現に出会い、修行の地とした。猟師がきて仏道修行の聖《ひじり》を発見し、大泉庄の国司が腰痛で苦しんでいたので聖に祈禱を頼んだ。不思議なことに病人の家が火事になり、驚いた病人が思わず走り出して、腰痛が嘘《うそ》のように治った。聖が国司の家についた時は、火も消えて家も元のままであった。これこそ般若の智火《ちか》に違いないとし、国司は本尊を安置する寺を寄進した。霊験は朝廷に聞こえ、黒い羽の烏にちなんで羽黒山寂光寺の名を宣下《せんげ》され、聖には人の苦を能《よ》く除いたとして能除太子《のうじょたいし》の名を与えた。酒田の湊《みなと》に浮木があり、夜ごとに光を放った。能除太子は木を拾って軍荼利《ぐんだり》明王《みょうおう》と妙見菩薩《みょうけんぼさつ》を刻み本尊の脇士《わきじ》にし、羽黒三所権現として伽藍《がらん》に祀った。推古天皇元年のことであった。能除太子が月山に登拝すると阿弥陀如来が来迎し、影向《ようごう》の光に現れ、鏡に物が浮かぶが如《ごと》くであった。太子は四十八願《しじゅうはちがん》を授かる。鏡は月に似ており、ここの神は夜を司る神なので月山と名づけた。湯殿で権現（大日如来）に出会うと、火を皮膚に賜って煩悩・業・苦の三毒を消滅して火は天に昇り、太子の皮膚についた火は宝珠《ほうじゅ》になり、温かい湯を滴《たぎ》らせた。太子は火を用いて湯殿別行を開始した。宝珠は荒澤に納め、不動と地蔵を本尊に祀り、火を常に灯《とも》し続けて山中のすべての行法に用いることにした。湯殿を月山・羽黒・葉山の奥院、秘所と定めた」。

この後に、役行者《えんのぎょうじゃ》の来山、能除太子の寺院建立、行基《ぎょうき》の来山、弘法大師の巡錫《じゅんしゃく》、修験の行法などを説く。役行者に先立つ、能除太子という独自の開祖を立て仏教伝来の欽明《きんめい》年間（五一〇〜五七一）の開山を主張した。

開山は参拂理大臣という身を震わせるシャーマンで「巫祖神《ふそしん》」の様相がある。醜い容貌は狼《おおかみ》にも似て「山の神」を彷彿《ほうふつ》させる。ただし、崇峻天皇の第三皇子《みこがみ》と説き、仏教の普及に尽くした聖徳太子《しょうとくたいし》とは異母兄弟という権威性を帯び、高貴の者が都落ちする貴種流離の物語にもなっている。烏に導かれて観音の示現に接して仏道修行に入るが、出家者ではなく在俗の聖で、地元の先住者の猟師の導きで国司の病気を奇蹟《きせき》で治す。朝廷から寺院の建立、羽黒の名称、能除太子の名を与えられる。能除とは『般若心経』の経文の一部にちなむ。羽黒三所権現を祀り、月山と湯殿山で権現の示現を得て開山し、荒澤に常火を納める。峰入り修行と火の重視という羽黒の特徴が示される。全体的には仏教という外部の知識で民間信仰を体系化し仏教化する過程が語られ、山岳修行や火の行法を重視する修験道の生成が描かれている。現在は、本縁起の推古天皇元年（五九三）を出羽三山の開山の年としており、平成五年（一九九三）には開山一四〇〇年祭が行われ、吹越《ふきごし》の開山像が御開帳された。

本縁起と同様に室町時代後期かと推定される『拾塊集《しゅうかいしゅう》』（元亀年間）では、開山は能除太子で、聖徳太子を師として出家して弘海《こうかい》と号し、寂光山《じゃっこうさん》の阿久谷《あくや》に三年住んで藤皮を衣として「能除一切苦」を唱え「能除仙《のうじょせん》」とも呼ばれた。夢の中に権現が示現し、烏に導かれて月山に登拝して灌頂《かんじょう》（仏菩薩と結縁《けちえん》したり法脈を継承する儀礼で、聖水を頭上に灌《そそ》ぎ、真言や印相を伝授する）を受ける。山中で仏菩薩と交感を重ねて千日行を行うとある。本縁起では開山の能除太子は、弘海という出家者として登場し、仏教化が進むが、能除仙ともいい、神仙思想の影響が残る。羽黒の地名が登場せず、羽黒権現の示現の地とされる阿久谷が重視される。三山の名称も、月山・葉山・寂光山で仏教の修行と原初の場所の力が開山の原動力となる伝承といえる。

開山伝承の変化

一八世紀には開山伝承に変化が加わる。『羽黒山神子職之由来《はぐろさんみこしょくのゆらい》』（享保《きょうほう》一〇年〔一七二五〕）は以下のように語る。「崇峻天皇第三皇子の参拂理大臣は、世間を厭《いと》う志があり、厩《うまや》戸《ど》太子（聖徳太子）と相談して柴垣宮《しばがきのみや》を出た。越後《えちご》路を下り、石動山《せきどうさん》、国上寺《こくじょうじ》を開いて諸国をめぐり、船で海上を渡って由良《ゆら》の浦《うら》についた。美しい女童八人が海の物を持って岩室にいるのを見かけたので、問いかけると皆逃げたが、一人の女童がここは伯禽嶋姫《しなとりしまひめ》の宮室で、この国の大神の海幸の浜である。東に大神の鎮座する山があると教えた。東に進み、道に迷ったところ、二羽の山鳥が飛んで来て導き、大神の山に至ることができた。これより、先の浜を八乙女之浦《やおとめのうら》と号し、山は羽黒山と名づけた」。

この伝承では由良浦が加わり、八乙女に迎え入れられ、烏に導かれて羽黒山に至る。羽黒山や月山は漁師たちのヤマアテとされ航海守護と豊漁が願われた。羽黒の本社は地下で由良とつながっているとされ、六月一五日の花祭の日に八乙女洞窟の中の華表岩《かひょういわ》で羽黒山を拝すると、山上の御手洗池まで神の通い道が通じているので願い事がかなうという。由良付近は古い霊場といわれ、元羽黒やハヤマの名称が残り、漁場にも恵まれている。由良に関する秘事や旧記などが羽黒に取り込まれたのかもしれない。由良の女性は八朔《はっさく》の日（八月一日）に豊漁を願って羽黒山に参詣する。開山に関する伝承軸が、西から東へ、由良（上陸地）―羽黒（示現地）―皇野《すべの》（墓所）―鉢子《はちこ》（居地）と伸びている。本伝承は羽黒の主神を女神とする説で、鸕鷀草葺不合尊《うがやふきあえずのみこと》の娘の伯禽嶋姫《しなとりしまひめ》が（玉依姫《たまよりびめ》説もある）、羽黒では聖観音として現れたという反本地垂迹説に展開した。

現在は羽黒山の開祖を蜂子皇子《はちこのおうじ》とする。しかし、『羽黒山縁起』は崇峻天皇の第三皇子、参拂理大臣《みふりのおとど》が能除太子となり開山したと説く。正史の皇室の諸系図では崇峻天皇の皇子は蜂子皇子のみである。蜂子皇子が羽黒の文献に現れるのは一八世紀で、『羽黒三山古実集覧記』（寛政元年〔一七八九〕）では開山の能除太子は蜂子皇子と同じで、「蜂子」の名のとおり容姿が「醜陋《しゅうろう》」で難儀したので「世界厭離《えんり》」の発心《ほっしん》をして、聖徳太子から般若心経を相伝の上、抖擻《とそう》（霊地や霊場を回国遊行《かいこくゆぎょう》する）の行者となったと記す。醜悪な容貌は参拂理大臣と同じである。文政六年（一八二三）に覚諄《かくじゅん》別当は能除太子に対して菩薩号の宣下を朝廷に願い出て、「照見《しょうけん》大菩薩」の諡号《しごう》を賜った。蜂子皇子に関する葛藤の解消策かもしれない。江戸時代中期以降に能除太子と蜂子皇子を同一とする努力が続くが中央には受け入れがたく、蜂子皇子の開祖への定着は明治の神仏分離以後である。現在は、山上に宮内庁管轄の蜂子皇子の墓があるが、明治時代に入ってから確定された。

春峰と夏峰

羽黒修験道の根幹には山での修行の峰入《みねい》りがある。明治以前は四季の峰が行われていたが、春峰《はるのみね》は廃絶し、夏峰《なつのみね》は神社、秋峰《あきのみね》は神社と寺院、冬峰《ふゆのみね》は神社の行事となった。

江戸時代の記録では、春峰は正月一日から一月七日で座主会《ざすえ》といい、別当宝前院《ほうぜんいん》、華蔵院《けぞういん》、智憲院《ちけんいん》、正穏院《しょうおんいん》が開山の御影《みえい》をかけて拝み、冬峰の「験競《げんくらべ》」の勝者の松聖《まつひじり》が拝んでいた興《こう》屋聖《やひじり》の穀物を、仏供田《ぶっくでん》で収穫した種籾《たねもみ》に感染させる秘儀であった。種籾を牛玉宝印《ごおうほういん》の護符を三角に折って中に入れて檀那場の農家に配り、農民は田の水口に立てて豊作を祈った。七日は「米まきの神事」で、本堂羽黒権現の宝前で、白米をまきつつ「ありやの浄土の米なれば、撒《ま》けども撒けども尽きもせず、天福、地福、福徳円満」と叫んで米をまいた。湯立神楽《ゆだてかぐら》が行われ筒粥神事《つつがゆしんじ》による豊凶占いも執行された。修験の儀礼は農民の願いと直結していた。

夏峰は四月三日から七月一三日の百ヶ日である。四月三日は月山の御戸開《みとびら》きで、執行代《しゅぎょうだい》と別当代《べっとうだい》が荒澤寺聖《ひじり》の院に集合し、地蔵堂で開闢《かいびゃく》の法会《ほうえ》を行った。四月八日から七月一四日までは毎朝、本堂の宝前に九六の花器に花を盛り、閼伽井《あかい》（仏に手向ける水を汲《く》む井戸）の水を汲んで供えた（『羽黒山年中行事』貞享四年〔一六八七〕）。夏峰は山中の神霊に花を供えるので「花供《はなく》の峰」、「一夏九旬《いちげくじゅん》の峰」ともいう。現在は、手向《とうげ》の村人から選ばれた行人が残雪を踏んで月山に登りシャクナゲを取ってきて、集落の丘でサカムカエをする「春山」の行事として残る（五月三日）。六月に執行代は大衆《だいしゅ》を連れて月山に登り御室《おむろ》（本社）で山開きの儀礼をして参籠《さんろう》した（現在は七月一日が山開き）。この後、全国から白衣《びゃくえ》の道者が来て手向の宿坊に泊まり、お祓いや祈禱を受け、山麓修験に先達されて月山・湯殿山へ登拝する季節となった。七月一三日には月山奉行が主宰して結願《けちがん》の柴燈護摩が行われた。山頂から山麓まで一三の王子社で火が灯され（元は十三仏）、山麓では迎え火を焚いて山から里へと祖先の霊を導いた。執行代は護摩の後、湯殿山参詣をし、八月八日の荒澤寺の御戸閉《みとし》めまで山中の修行を続けた。現在は柴燈護摩は「本宮柴灯祭」として八月一三日の夕方に行われ、神職が祝詞をあげ、裏の柴灯場の護摩木に火を灯し、神道式の卒塔婆《そとば》「霊祭標」に死者の名を書いて供養する。山中での迎え火は山頂と八合目参籠所（御田ヶ原）の二ヶ所で焚くことになっている。

三山を経巡る夏峰の登拝の意味は「三関三渡《さんかんさんど》」と説明されている（『羽黒三山古実集覧記』）。羽黒山は現世の仏の観音菩薩の浄土で娑婆《しゃば》の幸せを祈り、修行を通して生死の海を渡る。月山では極楽浄土に赴き阿弥陀如来の妙法を聞く。その加護を得て法身《ほっしん》（仏の不滅の真如《しんにょ》そのもの。悟りを得た報身《ほうしん》、出現して救済する応身《おうしん》と併せて三身《さんしん》という）の大日如来の密厳《みつごん》浄土である湯殿山に入る。また、口伝では、羽黒山の観音は現世の衆生を救済する仏で「現在」、月山の阿弥陀は死後の世界の仏で「過去」、湯殿山の大日は「未来」を表す。夏峰は現在から過去へと時間を逆行し、過去から現在を飛び越して未来へ赴く三世超越の行であった。山中で体験する時間は現在→過去、過去→未来と流れ、通常の過去→現在→未来の流れを断ち切って、時間の遡行と超越を体験させる。山は神霊と仏菩薩の世界とみなされ、金剛界と胎蔵界の曼荼羅を歩く金胎一致の行である。大自然の中での空間と時間の独自の体験を通して、人間の身体が再構築されるのである。

秋峰――山伏の養成

秋峰の修行は専門の山伏の養成が目的である。赤ん坊が胎内に宿っていると観念される二七五日（九ヶ月に充当）に倣い往古は七五日の修行であったが、七月七日からの三〇日間になり（『羽黒山伝』一七世紀半ば）、さらに七月二〇日から八月四日までの一五日に短縮された（『羽黒山四季峰次第《しきみねしだい》』延宝《えんぽう》七年〔一六七九〕）。そして、明治以降の秋峰は仏教系と神道系に分裂し、現在の仏教系の羽黒山修験本宗・正善院は八月二四日から三一日までの八日間、神道系の出羽三山神社は一日遅れで行う。江戸時代は一の宿は羽黒山の大先達の諸寺院、二の宿は吹越（峰中《ぶちゅう》堂《どう》）、三の宿は小月山《おづきやま》（大満《だいまん》、一の木戸）と移動したが、現在は仏教側は荒澤寺、神道系は吹越に固定している（島津一九八五、島津・北村二〇〇五、北村二〇〇六）。

秋峰は擬死再生の修行で、一旦死んで生まれ変わることが基本である。山に登る前夜、山麓の正善院では笈《おい》を棺《ひつぎ》に見立てて断末魔の作法と呼ばれる「笈からがき」で自らの葬式を行う。他方、「笈からがき」は行者の魂を笈に祝い籠めると説かれ、下山後は「くくりとき」の法楽で魂を再び元に戻す。笈は神仏や霊魂を祀る祭壇である。死と生を象徴する修行が交錯する。翌日は黄金堂《こがねどう》に向かい、先達が梵天をお堂めがけて投げ倒し、象徴的に男根を女陰に差し込む男女合体の所作を演じ、新たな生命を宿したと観念する。手向の集落を経て羽黒山頂までナンマイダンボと念仏を唱え、自らを死者とみなして供養しつつ登る。登るにつれて笈の中の胎児が胎内五位を経て徐々に成長し安定する。山伏が背負う笈は母胎であり、被《かぶ》り物の斑蓋《はんがい》《あやいがさ》は胞衣《えな》を表し、修験者は母胎に抱かれた胎児の姿であることを体感する。

山中では「十界修行《じっかいしゅぎょう》」を行う。秋峰では、一の宿、二の宿、三の宿の三段階にわけ、一の宿は過去世、二の宿は現世（衆生界）で、地獄・餓鬼・畜生・修羅・人間・天の「六道《ろくどう》」輪廻《りんね》をさまよう迷いの世界の状況を体験させる。三の宿は未来世に入り、声聞《しょうもん》・縁覚《えんがく》・菩薩・仏の「四聖《ししょう》」を経て、灌頂《かんじょう》によって仏と一体になる即身成仏を成就する。

一の宿の「地獄」は南蛮《なんばん》いぶし（炭火に小糠《こぬか》と唐辛子を入れていぶす）、「餓鬼」は断食、「畜生」は無洗身で、この三つは三悪趣とされ最も厳しい。弥陀讃《みださん》と釈迦讃《しゃかさん》が唱えられ六根《ろっこん》（迷いを起こさせる原因となる器官。眼《げん》・耳《に》・鼻・舌・身・意）を清浄にする。二の宿の「修羅」の修行は相撲、「人間」は懺悔《ざんげ》、「天」は延年《えんねん》（祝いの謡）である。道場の天井の三つ扇の天蓋《てんがい》から赤布の動脈、白布の静脈、麻紐《あさひも》の骨が下りて来る。天蓋は母の胎盤で胎内からのぞき込む形になって天地がつながる。開山の御影が開帳され行者は同位にあがる。勤行《ごんぎょう》では胎児の鎮魂を願う床散杖《とこさんじょう》を行い、数息観《すうそくかん》（呼吸の出入の息を整える観法）で呼吸を整える。三の宿に移る前に柴燈護摩で自身の一〇八の煩悩を小木《こぎ》に託し、肉体を焼尽して清浄な

秋峰修行の一の宿から二の宿への移行（写真：著者）

体になる。発心・修行・菩提・涅槃《ねはん》の四門《しもん》を潜る葬式作法で逆修を遂げ、天界に生まれ変わる。高砂《たかさご》の祝い謡の延年によって二の宿は終わる。その後、最大の秘所、三鈷沢《さんこざわ》へ向かう。開山の最後の修行地とされ、阿弥陀の四十八願《しじゅうはちがん》にたとえられる四八回の川の渡渉を経て、道なき道をたどって到達する。三鈷沢の岩壁上に三鈷大《さんこだい》悲遍照如来《ひへんじょうにょらい》の尊像を据えて月山に向かって勤行する。大日如来と阿弥陀如来が合体した独自の仏を通して、月山と湯殿山の根本仏と一体になる。

山々を駈け大自然と一体化する。風の音、鳥の囀《さえず》り、山と森いずれも仏性《ぶっしょう》を宿す。自然が神仏そのものと感じる。修験は究極には輪廻を越えて仏と合体する即身成仏を遂げる。成仏とは新たな身体への生まれ変わりであり仏の赤子

柴燈護摩。自らの肉体を焼き尽くして新たな体に生まれ変わる
（写真：著者）

として新たな生を受ける。そして、開山や不動と一体化して守護霊を持つ巫者《ふしゃ》や人神に変貌する。修験は仏教の外被をまとったシャーマニズムでもある。

最後は開山の最初の修行地とされる阿久《あく》谷《や》に向かって大懺悔をする。本社では十修界行を表す一〇段の階段を上って参拝し、秘密の道場の修行の他言を禁じる誓いの鉦を本社の前で叩く。そして、「ウォー」と産声《うぶごえ》をあげて駆け下る。参道は母親の「産道」であり、一気に駆け下って、黄金堂前に焚かれた場《ば》柴燈《さいとう》の火を飛び越える。これは産湯と観念される。火即水。かくして新たな生を宿して生まれ変わる。生から死へという人間が体験する現世の時の流れを象徴的に逆転した「母胎回帰」と「擬死再生」を主題とする死と再生のイニシエーションによって正式の山伏として認められるのである。

冬峰――百日修行と松例祭

冬峰は九月二〇日から一二月大晦日《おおみそか》に至る百日修行で、現在も姿を変えて神社側が受け継いでいる。松聖《まつひじり》という位上《いじょう》と先途《せんど》の二人の山伏が百日間の参籠を行い、体得した霊力(験《げん》)を結願《けちがん》の験競《げんくらべ》で競い合う。二本の大松明《おおたいまつ》につける火の遅速を競って豊凶を占った。現在では大松明はツツガ虫という害虫(明治以前は鬼)に見立てられ、火で焼き尽くして退治する。明治以前は鬼と呼ばれていた。年変わりに人びとの生活を脅かす禍々《まがまが》しいものを消滅して世界を浄化し、生活や健康の安泰を願った。神仏分離の混乱に伴い明治八年(一八七五)に中断し、明治一二年に神社の大晦日の行事として復活し、松例祭《しょうれいさい》と改称されて現在に至る。『拾塊集』が記す麤乱鬼《そらんき》退治の話は本行事の起源伝承と推定される。大晦日について『拾塊集』は「改火事《ひあらためのこと》」「松打《まつうち》」、『羽黒山年中行事』(一六八七)は「冬峰の祭礼」「百日行法」、『羽黒三山古実集覧記』(一七八九)は「冬峰修行の結願」と記していた。

松聖は手向《とうげ》の集落から二人選ばれ位上と先途という。九月二〇日に両松聖は開山の軸をかけて本尊として祭壇を作る(現在は九月二四日)。藁《わら》小屋型の容器に五穀を入れた曲物《まげもの》の「興《こう》屋《や》聖《ひじり》」を供えて百日間祈り続ける。九月二二日に玉川寺《ぎょくせんじ》に鬼を追い込む。この後、松の勧進としてお使いの小聖《こひじり》が庄内地方の家々に出向いて、寄進を募って歩く。かつては一〇月二一日（阿闍梨講《あじゃりこう》の一〇日目）に立谷沢《たちやざわ》の鬼中島《おになかじま》や鬼沢《おにざわ》という集落からイケニエを捧げる儀礼があった。人参の角をつけサンバヤシ（桟俵。藁を円盤状にする）を被った鬼役が出て俎板《まないた》の上に豆腐を供え、庖丁《ほうちょう》を突き立てて客の前に出して食べさせた。鬼には羽黒権現に奉仕する地主神の祭の様相がある（鈴木二〇〇五）。

一二月二八日に藁で大松明を造る「大松明まるき」を行う（現在は一二月三〇日）。位上と先途は上にあがって酒をかけあい握り飯を三三個ずつ投げ合う。握り飯は日本の東三十三ヶ国と西三十三ヶ国を表すので、国土を一旦原初の混沌《こんとん》に戻すとみられる。大晦日は午後二時に「綱まき」で、大松明を切り刻んで村人に分け与える。この綱は戸口にかけて火防や家の守りにする。綱は両義性を帯びている。夕方から補屋《しつらえや》で握り飯を食べる。表面をトンブリ（箒草の実《ほうきぐさ》）で黒色にした「よごし飯」で元の黒米を再現し、古来の食に立ち戻る。午後六時過ぎに松明を四分の一程度の小型の松明に作り直す「まるきなおし」を行う。劫《ごう》を経た鬼が夜になると生命を取り戻すようでもある。

午後一一時に「験競《げんくらべ》」開始で、烏とびが行われる。一二人の山伏が位上と先途の六人ずつに分かれ、位上側は左回り、先途側は右回りに進み、空中に烏のように飛び上がり、姿の美しさと高さを競う。一二人の山伏は十二ヶ月を表し、左と右の回転は陰と陽を表す。烏は羽黒の使者で太陽を象徴する。次が「兎《うさぎ》の神事」で、白兎のぬいぐるみ役が本殿正面の一二人の山伏の真ん中に座り、山伏が一人ずつ机を扇で叩くと兎が従う仕草をする。月山権現の使者である。験競は日月の運行を象徴するともいえる。兎の神事の五番目に本殿で法螺貝《ほらがい》が鳴ると「大松明引き」が開始される。羽黒修験が支配する東国三十三ヶ国の境までの三十三尋《ひろ》先で焼き捨てて遅速を競う。位上が勝てば豊作、先途が勝てば豊漁である。

　午前零時に高さ一二尺の鏡松明に火が点る。点火役はアホウと呼ばれる道化で、サンバヤシを被り菰《こも》をまとう。観客は悪態のかぎりをつくことができる。しかし、アホウは聖なる火の管理者でもある。次に、羽黒権現が「所司前《しょしまえ》の大先達」（白衣に白布を頭から被る）として登場する。熊野三所権現と英彦山権現とされる四人の役者も登場し、丈尺棒を中心に二人ずつ「国分け神事」を行う。結果は、東三十三ヶ国を羽黒、西二十四ヶ国を熊野、西九ヶ国を英彦山の領分とする。お互いに五行の反閇《へんばい》を踏み地霊を鎮める。四人の役者が二人ずつ松明の火先をつけあう陰陽和合の所作で再生の気分が高揚する。次が「火の打ち替え」で、位上と先途の「松打《まつうち》」が二人登場する。顔を白粉《おしろい》と口紅で化粧し白衣に白袴《しろばかま》、背中から手首に赤い布をかけて針でとめ、頭に「出羽三山神社松例祭加護之攸《かごのしゅう》」と書いた長方形の板に紙《し》垂《で》を垂らした「斑蓋《あやいがさ》」を被る異形《いぎょう》の者である。手には火打鉦《ひうちがね》と火打石《ひうちいし》を持つ。松打は登場前にサシグシという五行を表す五種の煮しめの串刺しを食べて、宇宙の力を体内に取り込む。松打は二人ずつ役者に守られ、鏡松明の周囲を三回まわり、カドモチの所へ走り、火打鉦と火打石で点火剤に火を鑽《き》り出す。新年の清浄な火である。これで一連の行事は終了し、補屋《しつらえや》で松聖が米をまき、発酵ニシンのナレズシ「にしのすし」を食べて精進落としとなる。

松例祭の複雑な過程は、大松明まるき、験競と大松明引き、国分けと松打の三段階構成からなる。三山のお使いが登場して、修験の験力を再確認し、松明に祈念をこめて焼いて除災を願い、魔物を退治して後に、羽黒・熊野・英彦山の三権現が日本国土の秩序を再構築し、新しい火を鑽り出す。験競で勝った松打の火打鉦と火打石は羽黒本社の神事に使用し、負けた松聖の火打鉦と火打石は玉川寺（荒澤寺の末寺の行人寺）へ届けられ、村人が死ぬと葬式の後の新しい清浄な火の鑽り出しに使われたという。修験は火を重視し、開山が受け取った原初の火を、羽黒山の奥の院とされた荒澤寺の聖の院が明治まで常火《じょうか》で管理してきたとされ、一山の行事はすべてこの常火で行ってきた。羽黒山は女人禁制ではなかったが、荒澤寺の火の清浄性を保つために結界が設けられていた。原初の始原に立ち戻り、時間を更新して新しい年を迎える。地元ではこの日を「お歳夜《としや》」や「歳夜祭《としやまつり》」と呼ぶ。修験の行法は、民間の年越し習俗と融合して人びとに受け継がれてきた。

現代の動き

平成二六年（二〇一四）は午年《うまどし》で羽黒山御縁年《ごえんねん》であった。縁年の由来は羽黒神の御示現の欽明一一年（五五〇、庚午《かのえうま》）に由来し（『出羽国大泉庄三権現縁起』）、午年参りは一二回参詣したのと同じ効用があり、御神徳に与《あずか》れるとされた。午年の馬は農耕の神、豊饒をもたらす神の使いと解釈されて農業神とされる。平成二六年は旧開山堂、現在の蜂子神社の特別御開《ごかい》扉《ひ》が執行され、開山尊像の御開帳が明治六年（一八七三）以来、初めて行われた。その姿は僧形で開山堂が神社に改変されたことで奥深く秘められていた。神仏分離に伴う羽黒修験の解体は堂舎や仏像の破壊だけでなく、歴史の書き変えをもたらし、現在も傷跡が残る。

秋峰修行は山伏の養成という目的もあって女人禁制であったが、仏教系は昭和二二年（一九四七）に解禁した。神道系は開山一四〇〇年祭に男性とは別の日程で女性のための神子《みこ》修行を開始したが、内容も形式も異なる新たな創造で、微妙な形で女人禁制を維持している。冬峰の松例祭は平成二六年に「松例祭の大松明行事」として国重要無形民俗文化財に指定された。今後は修験道をさらに積極的に文化遺産として活用していく時代が訪れるのであろう。出羽三山の歴史は驚くべき大変貌の上に形成されてきたのである。

第二章　大峯山――修験道の揺籃の地

吉野山と山上ヶ岳

大峯山《おおみねさん》は紀伊《きい》半島の中央部、北は吉野《よしの》から南は熊野《くまの》に至る大山塊の総称で、修験道の揺籃《ようらん》の地とされる。修験道の山々は全国いたる所にあるが、大峯山は古くからの山岳霊場で、別格の名称であった。『万葉集』では吉野山は「御金《みかね》の嶺《みね》」と詠《よ》まれ、吉野の奥山は金御嶽《かねのみたけ》といわれた。御嶽は日本各地に数多くあるが、国ごとに中心となる山が大峯山に倣って霊場を作ったことから、国御嶽《くにみたけ》と呼ばれた。山上ヶ岳《さんじょうがだけ》（一七一九メートル）を単独で金峯山《きんぶせん》と呼んでいた時期もある。江戸時代には、山上ヶ岳を大峯山と呼ぶようにもなった。

金御嶽の名称は金属との関係がある。奈良時代に日本の山岳信仰は神仙思想を中核とする道教の影響を受けて、山は不老長寿をもたらす金や水銀の埋蔵が信じられ、仙人の修行の場と考えられていた。東大寺《とうだいじ》の創建者の良弁《ろうべん》は大仏の鋳造時に黄金の涌出《ゆうしゅつ》を金峯山に祈ったという。吉野山の高嶺は青根ヶ峰《あおねがみね》（八五八メートル）で、直下には地主神の金精大明神《こんせいだいみょうじん》《こんしょう》

（金山毘古神《かなやまひこのかみ》）を祀《まつ》る金峯《きんぶ》神社が鎮座し、鉱山の神として崇《あが》められ、実際に鉱物が産出されていた。

青根ヶ峰は、象川《きさがわ》、音無川《おとなしがわ》、秋野川《あきのがわ》、黒滝川《くろたきがわ》の水源で「水分山《みくまりやま》」であった。尾根筋の吉野水分《みくまり》神社（上宮《かみのみや》、子守明神）と勝手《かって》神社（下宮《しものみや》、勝手明神）も水神を祀る。頂上付近は愛染《あいぜん》といい、山上ヶ岳に祀られた金剛蔵王菩薩《こんごうざおうぼさつ》（蔵王権現《ざおうごんげん》）が勧請《かんじょう》されて安禅寺《あんぜんじ》蔵王堂《ざおうどう》（下山《げざん》蔵王堂）が建てられた。山上ヶ岳への登拝《とはい》は吉野からの道が正式で、ここの蔵王堂へは女性も参拝できた（『金峯山創草記《きんぶせんそうそうき》』鎌倉時代末期）。女人結界は安禅寺の上部に設けられて昭和四五年（一九七〇）まで継続し、これ以後は山上ヶ岳北方の五番関まで退いた。金峯山寺の本堂の原型は平安時代末期の山下《さんげ》蔵王堂に遡《さかのぼ》るが、現在の建物は天正《てんしょう》九年（一五八一）の再建である。蔵王権現が本尊で、本地《ほんじ》は釈迦如来《しゃかにょらい》、千手観音《せんじゅかんのん》、弥勒菩薩《みろくぼさつ》に対応させた三世三体《さんぜさんたい》である。蔵王権現は修験が作り出した独自の尊格であった。

吉野は白鳳《はくほう》時代には宮瀧《みやたき》に離宮が営まれ、天皇の行幸《ぎょうこう》の地として政治的にも重要性を帯びていた。宮瀧から象川沿いに青根ヶ峰に登拝道があり、山上ヶ岳（旧称・金峯山山上《さんじょう》）に通じていた。奈良時代に金峯山に登拝を試みた修行者がいたことは昭和五八年（一九八三）から四年間をかけた大峯山寺《おおみねさんじ》本堂（旧・山上《さんじょう》蔵王堂）の解体工事に伴う発掘調査で明らかになった。本堂内々陣の秘所の「竜《たつ》の口《くち》」という岩盤の突出部の周辺で、奈良時代後期に護摩《ごま》が焚《た》かれた跡が見つかり、手前の岩盤の裂け目から奈良時代後半の和銅開珎《わどうかいちん》、三彩《さんさい》陶器、須恵器《すえき》、菩薩像の手、金銅製薬師如来像片が発掘された。さらに、平安時代初期には固定した護摩壇が設けられ、建物が造営されたことが判明した（時枝二〇一四）。この付近には平安時代後期には建物が整備され院坊ができていたと推定される。焼失と再建の後、江戸時代の元禄《げんろく》四年（一六九二）に現在の本堂が建った。大坂や堺《さかい》の役講《やくこう》の寄進によるもので、山上に建立された巨大なお堂には、当時「天下の台所」といわれた財力の大きさがしのばれる。

「竜の口」は入って見た者は死ぬとされる禁忌《きんき》の場所であり、蔵王権現が現れたとされる屋外の「涌出岩《ゆうしゅついわ》」とともに信仰の根源である。「竜の口」の上には本堂があり、南面して涌出岩に向かって建てられている。平安時代中期以降に築かれた経塚《きょうづか》の埋納物は、涌出岩の北側から発見され、この岩を山の神が降臨する磐座《いわくら》として祭祀を行ったとみられる。岩や水への信仰を基盤に仏教儀礼の護摩が執行され、建築物が建てられ、経塚が築かれて神仏の銅像・鏡像・懸仏《かけぼとけ》を奉斎《ほうさい》し、独自の日本仏教が展開した。

金峯山と役行者

僧侶や民間の修行者が神霊や仏菩薩が住まう山を修行地とするようになったのは奈良時代から平安時代の初めであった。金峯山の登拝に関しては、記録上では金峯山の樹下で修行し

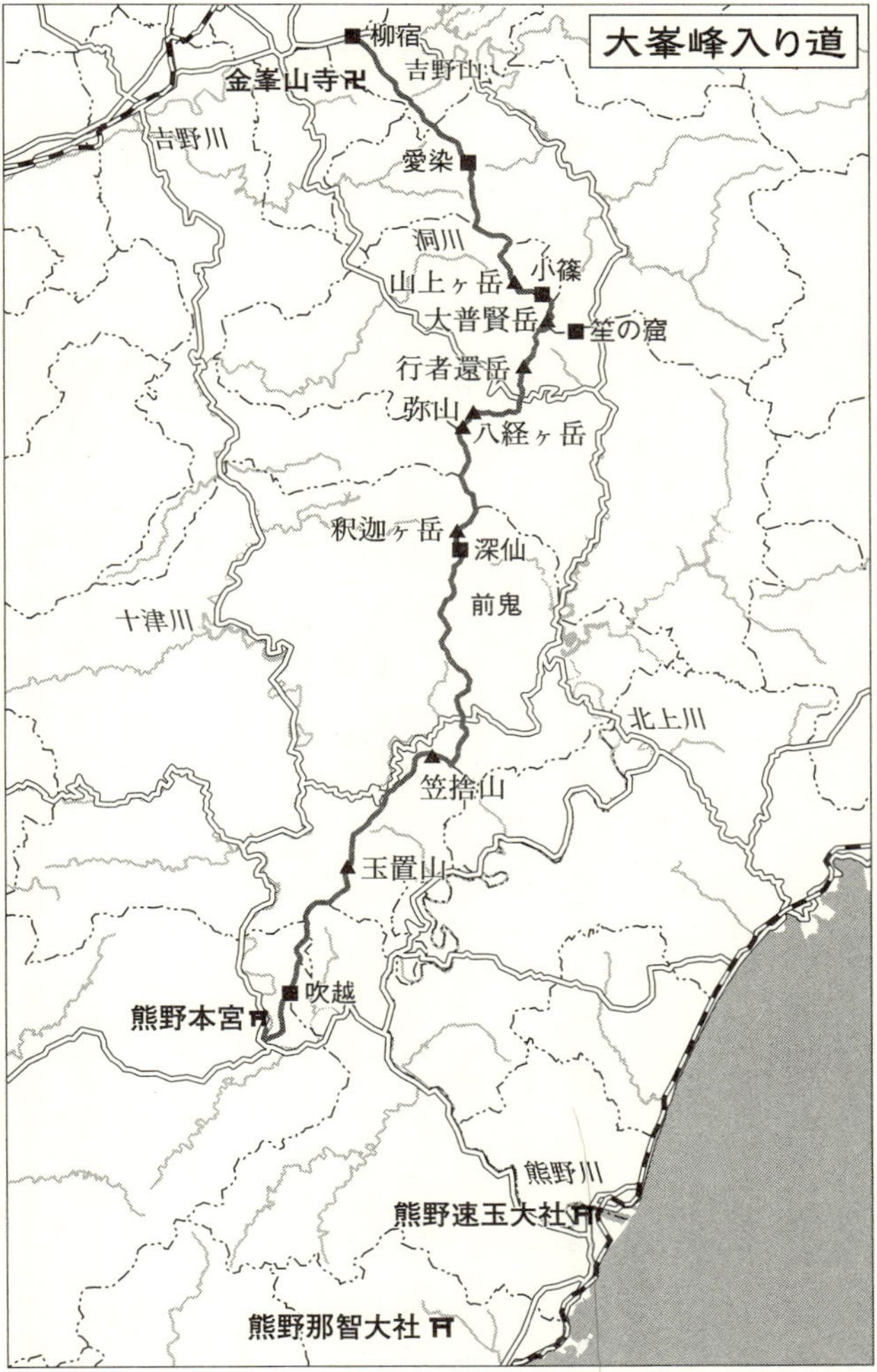
大峯峰入り道
柳宿
吉野山
金峯山寺
吉野川
愛染
洞川
小篠
山上ヶ岳
大普賢岳
笙の窟
行者還岳
弥山
八経ヶ岳
釈迦ヶ岳
深仙
前鬼
十津川
北上川
笠捨山
玉置山
吹越
熊野本宮
熊野川
熊野速玉大社
熊野那智大社

た禅師広達《ぜんじこうたつ》（『日本霊異記《にほんりょういき》』）、孝謙《こうけん》天皇や桓武《かんむ》天皇の病気を加持《かじ》で治した報恩《ほうおん》法師（『元亨釈《げんこうしゃく》書《しょ》』）、法相《ほっそう》宗の僧侶で元興寺《がんごうじ》の護命《ごみょう》（『拾遺往生伝《しゅういおうじょうでん》』）がおり、いずれも奈良時代の修行者である。空海は延暦《えんりゃく》年間（七八二～八〇六）中頃に「金巌《きんがん》」に登拝し（『三教指帰《さんごうしいき》』）、最澄《さいちょう》の弟子の光定《こうじょう》も金峯山に登り法華経《ほけきょう》を講じた（『伝述一心戒文《でんじゅついっしんかいもん》』）。奈良時代から平安時代初期の登拝者は禅師、聖《ひじり》、沙弥《しゃみ》などと呼ばれ、優婆塞《うばそく》（在家信者）、私度僧《しどそう》（正式な官許を受けない僧）、阿弥陀《あみだ》への帰依者、密教僧など多様であり、次第に仏教色を濃くしていった。『令《りょうの》義解《ぎげ》』（天長《てんちょう》一〇年〈八三三〉）の注釈では「山居僧尼」の実例に「在金嶺者」をあげている。

修行者で最もよく知られているのが、役行者《えんのぎょうじゃ》（役小角《えんのおづぬ》）である。役小角は優婆塞《うばそく》とされる半僧半俗の行者で、聖域の山に分け入って山林修行をした。仏教の影響を受け、民間には呪術師や祈禱師《きとうし》として受容された一群の行者の一人と推定される。『続日本紀《しょくにほんぎ》』文武《もんむ》天皇三年（六九九）の条に、「役小角は葛城山《かつらぎさん》に住み、呪術で世に知られた。韓国連広足《からくにのむらじひろたり》が小角を師としたが、後に人びとを惑わすと讒言《ざんげん》したので伊豆《いず》に流された。役小角はよく鬼神を使役して水を汲《く》ませ薪を取らせた。もし命令に従わないと呪縛した」とある。『日本霊異記』（弘仁《こうにん》年間〈八一〇～八二四〉成立）上巻二八話では、「役優婆塞《えんのうばそく》は孔雀《くじゃく》明王法を駆使し、飛行自在であった」と記し、「葛城山の一言主神《ひとことぬしのかみ》を使役して金峯山と葛城山の間に橋をかけさせた」と伝わる。

断片的な記録から読み取れることは「使役」で、山の修行で得た験力《げんりき》という霊力を駆使し、守護霊の加護で神霊を操作して「憑坐《よりまし》」に働きかける「呪術」をよくした。この技法は後世の修験が行った憑《つ》けるものと憑けられるものの二者併存の「憑祈禱《よりぎとう》」につながる。

役小角が修験道の開祖に仮託されるのは鎌倉時代以降で、おそらくは修験が「修験道」として山中の儀礼体系を確立し意味づけを作成していく過程に対応し、その頂点に据えられた可能性が高い。現在では大峯山で修行する修験者は、山上ヶ岳への登拝や、熊野へ至る奥駈《おくが》け修行は、役行者の行法を忠実に踏襲しているとして、「行者さん」と親しみやすく尊敬の念で呼びかけており、山中には多くの役行者像が祀られている。役行者は吉野山で桜の木から蔵王権現像を彫って祀り、桜はご神木として扱われたことで広まったと伝承されている。大峯山では開祖と同じ修行をすることで御利益を頂くとも考えていて、伝承は歴史と混淆《こんこう》し現在まで連続性を保っている。原初の出来事を繰り返すことで自らも新たな生を生きる力を得る。平成一二年（二〇〇〇）八月二七日には山上ヶ岳の大峯山寺本堂で「役行者千三百年御遠忌《ごおんき》」が、修験三本山の金峯山寺《きんぶせんじ》、聖護院《しょうごいん》、醍醐寺《だいごじ》の合同慶讃大法要として執行された。現在でも山上ヶ岳は、役行者が定めたとされる女人禁制を「伝統」として維持しているが、存続か開放かで揺れている。フェミニストも修験者も冷静になり、歴史認識を踏まえて対話の道を考える時期に来ている。

修験道の本尊・蔵王権現

役行者が感得したとされ、後に修験道の本尊になったのは蔵王権現《ざおうごんげん》である。『金峯山秘密伝《きんぶせんひみつでん》』には、金峯山上で役小角が守護仏を求めて祈念すると、釈迦如来・千手観音・弥勒菩薩が出現したが（過去・現在・未来を表す）、行者は柔和な姿に満足せず、さらに祈りを籠めると、青黒で忿怒《ふんぬ》相の金剛蔵王《こんごうざおう》が磐石《ばんじゃく》から涌出したので歓喜して崇め奉り、天空を飛んで着座した所に寺を建立したと伝える。山上ヶ岳の涌出岩が蔵王権現が現れた所だという。『役君徴業録《えんくんちょうぎょうろく》』（室町時代後期）によれば、役行者が祈念すると最初に弁財天《べんざいてん》が現れ、柔和の相として退けると天河《てんかわ》弁財天に、次に地蔵が現れ退けられて川上地蔵（金剛寺）となり、最後に金剛蔵王権現が現れて守護仏としたとある。蔵王権現には山中の荒ぶる神の姿が投影している。『諸山縁起《しょざんえんぎ》』（鎌倉時代初期）には「熊野の本主」は「麁乱神《そらんしん》」で人の生気を吸い取り、善道を妨げ、忿怒の心を起こすが、大豆を粉にして面に塗れば立ち去ると記されている。

蔵王権現の前身は蔵王菩薩《ざおうぼさつ》で、『本朝法華験記《ほんちょうほっけげんき》』（長久《ちょうきゅう》年間〔一〇四〇～一〇四四〕成立）には金峯山の住僧の転乗《てんじょう》が法華経の暗誦《あんしょう》を蔵王大菩薩《ざおうだいぼさつ》に祈念したとあり、転乗が示寂《じじゃく》した嘉祥《かしょう》二年（八四九）以前には祀られていた。菩薩から権現への変貌に伴い像容も整えられた。奈良西大寺《さいだいじ》蔵『吉野曼荼羅《よしのまんだら》』（南北朝時代）には、積み重なる山々を背景に中央に蔵王権現が描かれている。顔面三目、牙を出して、逆髪《さかがみ》、頭上に三鈷冠《さんこかん》、剣印を結び、右手に三鈷《さんこ》杵《しょ》、左脚は磐座《いわくら》を踏み、右脚は虚空《こくう》に踊る。体は青黒という。魔障降伏《ましょうごうぶく》の忿怒尊《ふんぬそん》である。像容は儀軌《ぎき》（密教の儀式軌則）にはないが、密教の明王部《みょうおうぶ》の金剛童子《こんごうどうじ》像に類似している。金剛童子は眷属《けんぞく》として、大峯山中の吹越《ふきこし》（除魔《じょま》童子）、多和《たわ》（後世《ごせ》童子）、水呑《みずのみ》（慈悲《じひ》童子）、玉《たま》置《き》（悪除《あくじょ》童子）、篠《しの》（剣光《けんこう》童子）、深仙《じんぜん》（香精《こうじょう》童子）、禅師《ぜんじ》（検増《けんぞう》童子）、笙の窟《しょういわや》（虚空《こくう》童子）の宿《しゅく》に八大金剛童子として祀られ（『両峯問答秘鈔《りょうぶもんどうひしょう》』）、山中で行者を守護する。眷属は元々は地主神と推定され、この八つは大峯山中の特別な場所と考えられる。

権現とは九世紀半ば以降に展開した本地垂迹説《ほんじすいじゃくせつ》に基づき、インドの仏菩薩が本地で、衆《しゅ》生《じょう》救済のために形と名を変えて日本の神として仮の姿で現れたとした。いわゆる神仏習合の論理である。本地垂迹は真言《しんごん》密教の両部神道《りょうぶしんとう》の裏付けを得て神仏一体観を定着させて広まった。一〇世紀には金峯山は唐土《もろこし》からの飛来説が生まれ（『吏部王記《りほうおうき》』）、さらに天竺《てんじく》（インド）の摩訶提《まがだ》国（マガダ国）の王舎城《おうしゃじょう》を見おろす霊鷲山《りょうじゅせん》の角《かど》が飛んできたとされた。蔵王菩薩は平安時代中期には蔵王権現と称され、本地は過去仏の釈迦《しゃか》と未来仏の弥勒とした。釈迦化身説は『道賢上人冥途記《どうけんしょうにんめいどき》』（『扶桑略記《ふそうりゃっき》』所載）、弥勒化身説は中国僧の義楚《ぎそ》『義楚六《ぎそろく》帖《じょう》』に記される。後に千手観音の化身という説も加わり三世三体（前世・現世・来世の一体化）に展開する。

経塚

涌出岩の北方には、藤原道長《みちなが》が寛弘《かんこう》四年（一〇〇七）の登拝時に写経を経筒に入れて埋納した日本最古の経塚《きょうづか》がある。願文《がんもん》には極楽往生を願うとともに、弥勒下生《みろくげしょう》に立ち会い、経巻が涌出し、会衆《えしゅう》を喜ばすことを願うと記す。道長以後も、藤原頼通《よりみち》や師通《もろみち》、白河《しらかわ》上皇など、皇族や貴族の信仰を集めた。経塚は末法《まっぽう》思想を背景にした社会不安や厭世《えんせい》観の広がりに応じ、欣求《ごんぐ》浄土の信仰として広まった。仏陀《ぶっだ》入滅後、正法《しょうぼう》五百年、像法《ぞうぼう》千年の後は、仏法が衰える末法が一万年続くとされ、最澄の筆とされる『末法燈明記《まっぽうとうみょうき》』などを根拠に、永承《えいしょう》七年（一〇五二）が末法第一年にあたるとされた（『神明鏡《しんめいかがみ》』によれば永承六年）。この前後に吉野の金峯山と熊野三山が人びとの信仰を集め、経塚が築かれた。金峯山は蔵王権現の本地の弥勒の浄土とされ兜率天《とそってん》の内院の四十九院《しじゅうくいん》に擬せられた（『梁塵秘抄《りょうじんひしょう》』）。仏陀入滅後、五十六億七千万年の未来世で出世し人びとを救済する弥勒の三会《さんえ》の法会に列することを願って埋経が行われた。金峯山は黄金を地に敷いて弥勒下生を待っており、金剛蔵王は黄金を守り、戒律に従う地（戒地《かいち》）として女人結界《にょにんけっかい》を維持するとされた（『本朝神仙伝《ほんちょうしんせんでん》』）。罪穢《ざいえ》を嫌う清浄の地で、皇族や貴族は百ヶ日を「御嶽精進《みたけそうじ》」と称して厳格な精進潔斎の後に金峯山へ登拝した（『源氏物語』夕顔巻）。女人結界には戒律順守の意味合いが濃い。

御嶽詣《みたけもうで》は金峯山への登拝を目的として、修行者と俗人がともに行う修行であったが、次第に行者の中に金峯山よりも奥深く山岳練行《れんぎょう》を行う実践が生まれて、熊野に到達する峰入り修行が展開し、山中の道や宿が整備されることになる。後世の奥駈け修行の先駆である。大きな転機は考古学の成果に基づけば一二世紀頃とされる（時枝二〇一四）。熊野本宮の脇を流れる熊野川の対岸の備崎《そなえざき》に、一二世紀前半に経塚が築かれた。その名のとおりお供えをする祭場で神仏の降臨場であり、後に奥駈け道の宿となる。長承《ちょうしょう》三年（一一三四）に熊野《くまの》御幸《ごこう》を行った鳥羽《とば》上皇と待賢門院《たいけんもんいん》が本宮の礼殿（長床《ながとこ》）前庭で、熊野川を渡って備崎から入峰《にゅうぶ》する山伏の笈渡《おいわた》しを見ている（源師時《もろとき》『長秋記《ちょうしゅうき》』）。同時期に新宮《しんぐう》では神倉山《かんのくらやま》、庵主ヶ池《あんじゅがいけ》、如法堂《にょほうどう》、那智《なち》では滝を望む地点に経塚が築かれた。大瀧は飛瀧《ひろう》権現と呼ばれ、後に拝所と本地堂も設けられた。新宮阿須賀《あすか》神社への懸仏《かけぼとけ》・鏡像の奉納も行われた。大峯山は一二世紀以降は、金峯山から熊野に至る広大な山塊を指す名称となり、修験道の聖地へと発展していく。

増誉と熊野

熊野での大きな動きは寛治《かんじ》四年（一〇九〇）に園城寺《おんじょうじ》（三井寺《みいでら》）の増誉《ぞうよ》（一〇三二～一一一六）が、白河上皇の熊野詣（御幸《ごこう》）の先達《せんだつ》を務めたことである。この功績で増誉は熊野三山検校《けんぎょう》に補任《ぶにん》され、以後は検校を差配する園城寺が熊野を掌握した。増誉は聖体護持《しょうたいごじ》の文字を賜り、京都に門跡《もんぜき》寺院の聖護院《しょうごいん》を創始し、南北朝時代には検校を専従職とし、室町時代以後は本山《ほんざん》派として統轄した。『寺門伝記補録《じもんでんきほろく》』第八雑記下（応永《おうえい》年間〔一三九四～一四二八〕）には、園城寺の智証大師円珍《ちしょうだいしえんちん》が比叡山の十二年籠山修行の後、承和《じょうわ》一二年（八四五）に大峯、葛城、熊野で修行し、那智の滝に千日参籠《さんろう》したと記す。本山《ほんざん》派の起源を天台寺門派に求め、円珍を顕教・密教・修験道の三道融会を掲げる三井修験道の宗祖に位置付け、増誉以前からの山林修行の正統性を主張した。

熊野詣は一二世紀に入って本格化する。金峯山から大峯山へ、そして熊野へと山岳登拝の焦点が徐々に移行した。金峯山は貴族と修行者が参詣する山、大峯山は専門的な修行者の山、熊野は上皇から庶民に至る霊場へと展開した。熊野は多くの参詣道を持って広域の信者を獲得した。摂関政治から院政へという歴史の動きの中で、大峯山は行場に特化し、山中の拝所や靡《なびき》と呼ばれる宿を整備し、山を曼荼羅《まんだら》世界に意味づけていく。

聖宝と吉野

役行者と並んで大峯山で活躍した修行者とされているのは理源大師聖宝《りげんだいししょうぼう》（八三二～九〇九）である。南都（奈良）で三論《さんろん》・法相《ほっそう》・華厳《けごん》を学び、空海の弟の真雅《しんが》と甥《おい》の真然《しんぜん》に密教を学び、東大寺東南院《とうなんいん》や醍醐寺《だいごじ》を創建し、金峯山の興隆にも努めた。伝説では、大峯山は役《えんの》行者《ぎょうじゃ》の後、一八〇年間の間、山中に大蛇が棲《す》み修行者は絶えて荒廃をきわめていたが、聖宝は大蛇を退治して山中の七つ池、弥山《みせん》、平治《へいじ》の宿《しゅく》、洞川《どろがわ》の蟷螂《とうろ》の岩屋などに封じ込め、吉野からの峰入りを再興したと伝える。『聖宝僧正伝《しょうぼうそうじょうでん》』（承平《じょうへい》七年〔九三七〕）には金峯山の御堂を建てて如意輪観音《にょいりんかんのん》・多聞天王《たもんてんおう》・金剛蔵王菩薩を祀り、吉野川に船便を設けたという。吉野から金峯山への登拝路を整備したとされる。一方、山上ヶ岳への日参や大峯修行（奥駈け）の記録（『金峯山創草記』）は後世の創作であろう。

この後、上皇や天台・真言の僧侶が金峯山に参詣する。昌泰《しょうたい》元年（八九八）に宇多《うだ》法皇が吉野宮瀧へ、同三年金峯山、延喜《えんぎ》五年（九〇五）に再度の登拝、延喜七年（九〇七）に熊野詣を行った。吉野から熊野への流れである。聖宝の弟子貞崇《じょうすう》は吉野の鳥栖鳳閣寺《とりすみほうかくじ》を寛平《かんぴょう》七年（八九五）に開いたとされ、室町時代には聖宝が鳳閣寺で役行者の導きで竜樹菩薩《りゅうじゅぼさつ》から恵《え》印灌頂《いんかんじょう》を授かったという伝説が流布した。江戸時代に聖宝は真言系の当山《とうざん》派から中興の祖と仰がれ、現在も真言系の修験の拠点は醍醐三宝院《だいごさんぼういん》で継続している。淵源《えんげん》は聖宝の働きにある。

天台の僧侶の登拝も相次ぎ、比叡山の回峰行《かいほうぎょう》を創始したとされる相応《そうおう》、法華経の持経者の陽勝《ようしょう》、三善清行《みよしきよゆき》の子で験者《げんざ》で知られた浄蔵《じょうぞう》などがいる。浄蔵の兄弟の道賢《どうけん》（日蔵《にちぞう》、九〇五

〜九八五）は山中で独特の体験をした。『道賢上人冥途記』（『扶桑略記』所載）によると、道賢は金峯山の洞窟で参籠、天慶《てんぎょう》四年（七四一）に気を失って別世界へ赴き、蔵王菩薩の案内で浄土や冥途を見て回った。その途中で太政威徳天《だいじょういとくてん》が現れて自らは怨霊《おんりょう》となった菅原道真だと明かす。地獄では醍醐天皇が責苦を受けていた。蔵王の居所には浄土と地獄があり、天神の居所もあった。道賢は蘇生《そせい》して他界遍歴のことを物語った。現在も金峯山寺の蔵王堂の境内には道真公を祭神とする天満天神社《てんまてんじんしゃ》が祀られている。政争に敗れた者の怨念が引き起こすとされた災厄を恐れて祀り上げる御霊《ごりょう》思想が吉野にも及んでいた。道賢が参籠した洞窟を『十訓抄《じっきんしょう》』（建長《けんちょう》四年（一二五二））は笙《しょう》の窟《いわや》（上北山《かみきたやま》村）とし、それ以来、冬籠の行場として名高くなった。

熊野

吉野と結びついた熊野は古代以来の聖地であり、死者の国とも再生の地とも観念され、修行地として名高い。奈良時代は主として法相宗、平安時代には密教、真言宗・天台宗の影響が強い。優婆塞《うばそく》・禅師《ぜんじ》などと呼ばれた山林修行者が奈良時代に熊野を修行の場として活躍した（『日本霊異記』下巻第一・二話）。興福寺《こうふくじ》の僧侶の永興《えいごう》禅師は称徳《しょうとく》天皇の御代（八世紀半ば）に牟婁《むろ》郡熊野村に住んで修行し、海辺の人を教化して「南菩薩」と尊称されたとされる。

村人祈禱（狐《きつね》を教化）を行い、病気治しを試みた。永興を訪ねた禅師は、熊野川の上の巌《いわお》で足に縄を掛け身を投げて自死し（捨身《しゃしん》）、死して白骨になっても法華経を読誦《どくじゅ》していたという（『本朝法華験記』）。奈良時代の法相宗（興福寺と元興寺《がんごうじ》）の山林修行と初期密教の影響が見られる。山林修行の先駆的形態には吉野の比蘇寺《ひそでら》で成立した「自然智宗《じねんちしゅう》」（八世紀）があり、山の修行で不老長寿を獲得し仙人になれるという道教の神仙思想も影響を与えた。

熊野御幸は延喜七年（九〇七）の宇多法皇が初例である（『扶桑略記』）。那智の滝本での修行は、浄蔵《じょうぞう》が延喜一八年（九一八）に三年間庵を結んで籠居し、興福寺の法相宗僧侶、そして花山《かざん》法皇が続く（『元亨釈書』）。熊野や大峯山での修行者は捨身・参籠・抖擻《とそう》（霊地や霊場の回国遊行《かいこくゆぎょう》）を行った（『本朝法華験記』『今昔物語集《こんじゃくものがたりしゅう》』）。那智の住僧で法華経を読誦し、薬王菩薩に倣って焼身《しょうしん》（火定《かじょう》）した応照《おうしょう》、熊野松本峯で修行し笙《しょう》の窟《いわや》に籠った比叡山西塔《さいとう》の陽勝《ようしょう》、熊野から大峯の深山《じんぜん》に登拝した義睿《ぎえい》、熊野・大峯・金峯とたどった比叡山の長円《ちょうえん》、伊勢から熊野へきて岩屋参籠をした雲浄《うんじょう》、熊野で百日間法華経の勤行《ごんぎょう》をした法隆寺《ほうりゅうじ》の明蓮《みょうれん》、熊野で安居《あんご》を務めた天王寺《てんのうじ》の道公《どうこう》がいる。修行者の主体は法相宗から天台宗・真言宗へと移行した。この時代の特徴は、山林修行を中核に取り込んだ密教化の進行と法華持経者の活躍で『法華経』は滅罪経典として受容され、山岳登拝は捨身行《しゃしんぎょう》とされて相互に結びついた。

熊野の本宮《ほんぐう》・新宮《しんぐう》・那智の三山は別々の聖地であったが、一一世紀後半には三社が他の二社を祀り三所権現と称し、熊野三山として知られるようになった。熊野本宮は阿弥陀如来の浄土とされ、一二世紀には貴族たちが現世利益と極楽往生の「現当二世《げんとうにせ》」の願いを果たすために競って本宮の証誠殿《しょうせいでん》に参詣し、「蟻《あり》の熊野詣《くまのもうで》」といわれて熊野の霊験《れいげん》が高まった。吉野と熊野をつなぐ大峯山の峰入りがこの頃に成立したが、女性の登拝は禁じられた。一方、熊野は女性の穢《けが》れを忌《い》まないとされ、女性の巡拝や参詣も多かった。

有名な逸話として、和泉《いずみ》式部が熊野詣で本宮近くの伏拝《ふしおがみ》に差し掛かった時に、にわかに月の障りとなったので参詣ができないと思って「晴れやらぬ　身のうき雲のたなびきて　月のさはりとなるぞ　かなしき」と詠《よ》んだ。その夜に熊野権現が夢に現れ、「もとよりも　塵《ちり》にまじはる神なれば　月の障りも　なにかくるしき」と告げたので参詣できたという。この話は一遍《いっぺん》を宗祖とする時宗《じ》の聖《ひじり》が熊野権現の霊験を伝えるためにした創作ではないかといわれる。

京都からは九十九王子《くじゅうくおうじ》と呼ばれる熊野権現の眷属の社を経巡り、藤代王子《ふじしろおうじ》や切目王子《きりめおうじ》を経て田辺《たなべ》に至る。ここからは中辺路《なかへじ》と大辺路《おおへじ》に分かれ、中辺路は滝尻王子《たきじりおうじ》や近露王子《ちかつゆおうじ》を経て熊野本宮に到達し、大辺路は海沿いの道をたどる。高野山《こうやさん》から来る中辺路、伊勢《いせ》から来る伊勢路もあった。辺路は修行に特化した峰入りとは性格が異なり、一般人にも開かれた修行路であった。ただし、熊野詣を終えて京都に入る前に、伏見稲荷《ふしみいなり》では護法送《ごほうおく》りをして守護霊の役割を解くなど儀礼の性格を帯びていた。

本宮では巫女《みこ》の託宣や熊野権現の夢告《むこく》が希求され、秘事を記した『大峯縁起』を披見することも重視された。熊野詣は死出の旅とみなされ、本宮に到達して往生を確証して蘇《よみがえ》る擬死再生の旅であった。熊野の在所には御師《おし》が成立して参詣にくる道者を導くようになる。一方、熊野先達《せんだつ》や比丘尼《びくに》（尼僧だが巫女の様相もある）は在所から出て全国をめぐり、観心十界《かんしんじっかい》曼荼羅《まんだら》や那智参詣曼荼羅《なちさんけいまんだら》を持ち歩いて絵解きをして霊験を説き、勧進《かんじん》や唱導《しょうどう》で信仰を全国に広める文化伝播《でんぱ》者の役割を果たした。曼荼羅には地獄極楽の諸相が克明に描かれ往生の願いが託された（小栗栖二〇一二）。現在、全国で三〇〇〇を超えるとされる熊野神社があり中世での隆盛の様相がしのばれる。しかし、熊野信仰は近世には衰退に向かう。

修験教団（本山派・当山派）の成立へ

大峯山に関しては、院政期に増誉《ぞうよ》が熊野詣の先達を務めた功績で、弟子の行尊《ぎょうそん》や覚宗《かくそう》が代々熊野三山検校に補任され、大峯山・葛城山・熊野三山で修行し、天台系の修験教団の基礎が固まる。熊野本宮を本拠として大峯山へ集団で入峰《にゅうぶ》する体制が整えられた。春峰《はるのみね》は熊野から吉野へ向かう順峰《じゅんぶ》、秋峰《あきのみね》は吉野から熊野に向かい逆峰《ぎゃくぶ》という。峰入りの意味づけは、

『大峯縁起』などが記す役行者《えんのぎょうじゃ》の開創伝承に従う。大峯山は金胎両部《こんたいりょうぶ》の曼荼羅に見立てられ諸尊が峰々を居所とすると観念された。吉野は金剛界、熊野は胎蔵界で、境界には両部分けの拝所がある。中央部の深仙《じんぜん》は胎蔵界の中台《ちゅうだい》とされ、ここで正灌頂《しょうかんじょう》を受けて即身成仏《そくしんじょうぶつ》すると説かれた。

鎌倉時代末期の吉野の年中行事は『金峯山創草記』によれば、山上《さんじょう》蔵王堂は四月八日から七月一四日まで神仏前に花を供えて「一夏安居《いちげあんご》」の勤行があった。四月八日は一二月晦日《みそか》に入峰した「晦山伏《つごもりやまぶし》」の出峰《しゅつぶ》日で験力《げんりき》を積んで春に現れた。山下《さんげ》蔵王堂では五月九日は「花供山伏《はなくやまぶし》」が山上に出峰、六月六日は「役行者御影供山伏《えんのぎょうじゃみえいくやまぶし》」の出峰でともに験競《げんくらべ》と延年《えんねん》が行われた。六月一〇日は蓮華会《れんげえ》で、現在の七月七日の蛙飛《かえると》びと翌日の「花供入峰《はなくにゅうぶ》」につながる。六月七日から九月九日の「諸国山伏入峰」、九月九日から翌年三月三日の「笙巌《しょうのいわやの》冬籠《ふゆごもり》」など多くの厳しい修行が行われた。

一四世紀の覚助法親王以後、熊野三山検校は聖護院門跡の専従職となって、諸国の先達や修験を配下に入れた。特に文明《ぶんめい》一八年（一四八六）から翌年にかけて東国を回国した道興准后《どうこうじゅごう》の影響は大きい。かくして、室町時代には天台系修験は聖護院を拠点に熊野を根拠地とする修験教団、本山派を形成した。他方、真言系修験は近畿の複数の堂衆《どうしゅ》が興福寺の勢力を背景に糾合し、各自が配下に袈裟下修験《けさしたしゅげん》を持ち、五月の花供入峰や七月の逆峰に集団で参加した。江戸時代には醍醐《だいご》三宝院《さんぼういん》を拠点に吉野を根拠地とする当山《とうざん》派と称する修験教団を形成して聖宝《しょうぼう》を中興の祖として仰いだ。金峯山の小篠《おざさ》宿を柴燈《さいとう》護摩《ごま》の祈禱場とし、逆峰の奥駈け修行をして熊野三山や葛城山を修行した。組織は本山派は霞《かすみ》という地域支配、当山派は大和の三十六人衆を核とする袈裟筋《けさすじ》支配を行った。江戸幕府は、慶長《けいちょう》一八年（一六一三）に修《しゅ》験道《げんどう》法度《はっと》を定め、修験は天台系の本山派か真言系の当山派のどちらかへの帰属を求め、双方の対立を利用して統御した。

明治以後の修験

金峯山寺は中世には興福寺の勢力下、江戸時代には東叡山《とうえいざん》寛永寺《かんえいじ》末であった。修験は慶應《けいおう》四年（一八六八）の神仏判然令《しんぶつはんぜんれい》と明治五年（一八七二）の修験道廃止令で壊滅的な打撃を被った。明治七年に吉野蔵王堂は金峯山神社の口之宮《くちのみや》になって、一山の僧侶は復飾《ふくしょく》して神官となった。ただし、復帰の動きは早く、明治九年に小篠《おざさ》の行者堂を山上ヶ岳に移し、明治一九年（一八八六）に金峯山寺と山上蔵王堂の仏寺復帰が承認された。昭和一七年（一九四二）に山上本堂（蔵王堂）は大峯山寺と改称して、吉野山と天川《てんかわ》村洞川《どろがわ》の共同管理となった。住職は吉野山の喜蔵院《きぞういん》、桜本坊《さくらもとぼう》、竹林院《ちくりんいん》、東南院《とうなんいん》、そして洞川の龍泉寺《りゅうせんじ》の五ヶ寺の護持院が交替で務めるようになった。昭和二三年（一九四八）に、金峯山寺は天台宗を離脱し、金《きん》峯山修験本宗《ぶせんしゅげんほん》を設立して現在に至る。一山組織を形成した羽黒山《はぐろさん》や英彦山《ひこさん》は明治に瓦解して神道化の波に呑《の》みこまれたが、大峯山はこれとは異なり寺社や信者が柔軟に時代に対応して、修験道を現代にまで維持させてきた。

現代の修験の拠点は、京都の聖護院（本山修験宗）、醍醐三宝院（真言宗醍醐派）、吉野の金峯山寺（金峯山修験本宗）の三本山であり、地元では吉野と洞川の人びとが、大阪と堺の商人町を基盤に結成された役講《やくこう》と呼ばれる各講社《こうしゃ》（岩・光明・三郷・京橋・鳥毛・井筒・両郷・五流）の在俗者とともに大峯山寺を支える。役講こそが最大の担い手で、都市を基盤とし、現在でも盛んに峰入りや寄進を行うなど活動は続いている。堂内にはたくさんの役講の扁額《へんがく》が上がっていて財力のほどがしのばれる。大峯山寺の扉の鍵の管理は役講にゆだねられ、五月三日の戸開式《とあけしき》と、九月二三日の戸閉式《とじめしき》は彼らが主役である。

戸開式はかつては四月八日で戸閉めの九月九日までの五ヶ月間が登拝の期間であった。四月八日は山の神が里に降りて田の神となる卯月《うづき》八日で、大和ではレンゾといって一日山で遊び暮らす。山と里の交流の日で、修験は神仏の使いとされ、山上で戸開けをした。民俗慣行と修験の儀礼は習合した。関西圏では山上講や行者講が活発に活動し、地域社会の男子は一五歳になると山上ヶ岳の登拝を行うことで一人前の大人になると考える伝統は根強い。山上詣をして行場での修行をするという試練が、通過儀礼として人生の中に組み込まれていた。

修験から民衆への担い手の変化の流れの中で、平成一六年（二〇〇四）に大峯山を含む「紀伊山地の霊場と参詣道《さんけいみち》」のユネスコの世界遺産登録が実現し、今後の新たな生き方の模索が始まった。

峰入りの思想

修験の根本《こんぽん》道場とされた大峯山の峰入りは、吉野から熊野までの尾根道を、山中の拝所をたどり様々な行法を行う修行で、全行程は八〇キロメートルに及ぶ。最高峰は八経ヶ岳《はっきょうがたけ》（一九一五メートル）で、大普賢岳《だいふげんだけ》・行者還岳《ぎょうじゃがえりだけ》・弥山《みせん》・釈迦岳《しゃかだけ》など一五〇〇から一八〇〇メートルを超える山々が連なる山塊を踏破する。元々は別々であった吉野と熊野が一二世紀頃に結びつけられて、平安時代後期に峰入りの体制が次第に整えられ、鎌倉時代に至って山中での修行の形式と意味づけが確立し「修験道」として独自の体裁をとるに至った。

山中には宿《しゅく》と呼ばれる拝所や宿泊地が設定された。『諸山縁起』には百二十宿が記されている。『寺門伝記補録』には当初は七十七処の宿を作ったが、五つ減じて七十二処とある。その後、江戸時代に入って熊野三山の那智と新宮を加えて「七十五の靡《なびき》」が設定された。その性格は拝所・行所・宿所で秘所も含まれた。修験の発展に伴って独自の修行の形態が編み出されていったのである。

通常の峰入りは、山上ヶ岳に登る山上詣が主で洞川や吉野から登る。山上ヶ岳以南の修行は奥駈けと称して、深仙《じんぜん》まで峰筋をたどって、前鬼《ぜんき》に下り、山麓から新宮・那智・本宮の熊野三社に参詣する。東南院は健脚者に限って前鬼以南の南奥駈けも行い、再び尾根上に戻り、熊野までの峰入りを続行する。一方、那智の青岸渡寺《せいがんとじ》は熊野からの峰入りを復興した。また、平成一六年には世界遺産への登録を祝して、聖護院は全行程を踏破する奥駈けの修行を行った。

行者の話では、峰々の稜線《りょうせん》を忠実にたどり、小さな峰でも踏みしめて歩く。脇道をたどらず、丁寧に峰をたどるという。峰は天と地の境界であり、そこに偉大な力が宿ると信じられている。ある行者は「本当は裸足《はだし》が好ましい。大地の力が足の裏から直接に体内に取り込まれるからだ」と語った。もちろん、登山靴よりも草鞋《わらじ》のほうがよい。

修験は山岳修行によって菩提《ぼだい》に達することを理想としたので、大峯山は証菩提山《しょうぼだいさん》や大菩提山《だいぼだいさん》とも呼ばれた。菩提とはサンスクリット語のボーディの漢訳で悟りの境地を意味する。精神的な意味の悟りを実践に置き換え、山中での修行で仏陀（覚者《かくしゃ》）になる修行でもある。密教の解釈では、生身の体そのままで仏となる即身成仏《そくしんじょうぶつ》を目指す。室町時代には十界修行《じっかいしゅぎょう》として整えられた。十界とは地獄・餓鬼・畜生・修羅・人間・天の「六道《ろくどう》」と、声聞《しょうもん》・縁《えん》覚《がく》・菩薩・仏の「四聖《ししょう》」を意味し、各段階に充当された修行を行って即身成仏に至る。六道輪廻《りんね》を乗り超えて悟りに至る修行でもある。各々の段階には床堅《とこがため》・懺悔《ざんげ》・業秤《ごうはかり》・水断《みずだち》・閼伽《あか》・相撲・延年《えんねん》・小木《こぎ》・穀断《こくだち》・正灌頂《しょうかんじょう》の十種があてられた。かつては山中で十界修行を行い、最後に胎蔵界八葉曼荼羅の中台、宇宙の中心とされる深仙《じんぜん》で正灌頂を受け、金胎《こんたい》の秘印を授かって成仏が確証された。柱源《はしらもと》と呼ばれる修験独自の手法もあり、峰中灌頂《ぶちゅうかんじょう》で天と地を結ぶ柱と修行者を観念上で合体させ、宇宙の開闢《かいびゃく》や世界の創世を再現する秘儀であった。ただし、大峯山では十界修行は廃絶し、現在も行っているのは羽黒山の秋峰のみである。

一方、山は金剛界と胎蔵界の曼荼羅とされ、山で修行する修験者も同じ要素をもつと観念された。修験者は独自の装束を身につける。笈《おい》と肩箱を背負い、篠懸衣《すずかけごろも》を着て結袈裟《ゆいげさ》を掛けて最多角念珠《いらたかねんじゅ》をくり、腰には螺緒《かいのお》をまいて引敷《ひっしき》をつけ、足には脚絆《きゃはん》を巻き、八目草鞋《やつめわらじ》を履いて金剛杖《こんごうづえ》や錫杖《しゃくじょう》をつき、法螺貝《ほらがい》を吹く。頭襟《ときん》や斑蓋《はんがい》を頭に戴《いただ》く。十二道具を身につけて修行する。装束は、それ自体が金胎曼荼羅で金胎一如《こんたいいちにょ》（不二《ふに》）を表すとされ、密教の根本尊格の大日如来の教令輪身《きょうりょうりんじん》（仏菩薩が民衆を強制的に祈伏《しゃくぶく》するために忿怒《ふんぬ》の姿の明王に変化《へんげ》し済《さい》度《ど》した姿）である不動明王と同体とみなされる。すべての行者は仏性《ぶっしょう》をもち成仏の可能性を有する。修行を通じて身体と宇宙、小宇宙と宇宙の合体が成就するという思想には、諸法は実相《じっそう》なりとし、現象即真如《げんしょうそくしんにょ》、煩悩即菩提《ぼんのうそくぼだい》を説き、自然は仏性をもち山川草木悉皆成仏《さんせんそうもくしっかいじょうぶつ》を主張する天台本覚《てんだいほんがく》思想の影響も色濃い。最後は教義を超えて自然と一体化する。

平安時代の大峯山の修行は、行者が主体で円珍《えんちん》、行尊《ぎょうそん》、聖宝《しょうぼう》、西行《さいぎょう》、金谷《きんこく》などが有名で、中世には遊行・回国の聖が目立ち、高野聖《こうやひじり》の活躍も大きかった。峰入りの作法が整ったのは室町時代中期で、本山派（天台系）と当山派（真言系）が確立されて教団化が進み、本山派は熊野から吉野へ向かう順峰《じゅんぶ》を、当山派は吉野から熊野へ向かう逆峰《ぎゃくぶ》を行った。順峰は従因至果《じゅういんしか》（迷いから悟りへ順を追っての修行）、逆峰は従果至因《じゅうかしいん》（悟りを開いた者が衆生済度《しゅじょうさいど》のために身を落として苦しみをともにする修行）と説明されている。

しかし、近世に入ると逆峰が大半となった。この理由は熊野の信仰が近世以降に弱まったことと、逆峰の衆生済度の教義が民衆に受容されやすかったことが挙げられる。羽黒修験《はぐろしゅげん》が重視する秋峰も逆峰で、民衆とともに生きる修験の生き方が示されている。江戸時代には集落への定着化が起こり、里修験《さとしゅげん》としての活躍が目立つが、円空《えんくう》や木食行道《もくじきぎょうどう》（五行《ごぎょう》）など仏像を刻みつつ各地を経巡る遊行宗教者もいた。木から彫り出す仏像は、樹木に宿る霊力を現前化するようにも見える。一方で、聖護院などでは門跡の峰入りは派手に行われ、権威を誇示したり風流化の様相も見せたりした。近世後期には一般民衆が行う講集団の信仰登山が盛んであり、明治以降も継続し、交通機関の発達で肥大化する現象も起こった。

吉野から熊野に至る峰入りは靡《なびき》と呼ばれる拝所を七五ヶ所たどっていく。靡には岩や樹木があり小さな祠《ほこら》があることも多く、山中の行場であり、先達《せんだつ》の指示で経文を唱え勤行《ごんぎょう》を行い、鎖場《くさりば》の登拝、岩場の胎内潜《たいないくぐ》り、参籠行《さんろうぎょう》、滝行《たきぎょう》などをする場合もある。靡ごとに、記録を書いた碑伝《ひで》を樹木に打ちつける。行場では七十五という数字が重要で、出生前の子どもが母親の胎内にいる日数と観念される二七五日にちなむ。「山用名類集《さんようめいるいしゅう》」（『修験修要秘決集《しゅげんしゅうようひけつしゅう》』所載）には、峰入りは「入成《いりなり》」で始まり「出成《でなり》」で終わるとあり、山中は母の胎内にたとえられ、修験は胎児とみなされて、最後に赤子として山を下るとされる。ただし、『諸山縁起』（鎌倉時代初期）では百二十宿で、近世以降に七十五靡に定まった。

吉野から山中に入る前に紀ノ川《きのかわ》の上流の吉野川の六田《むた》の渡しで水垢離《みずごり》をとって身体を清浄にする。吉野川は三途《さんず》の川とみなされ他界遍歴への第一歩を踏みだす。ここは柳の宿《やなぎしゅく》と呼ばれ、熊野本宮を一番とする順峰に従えば七五番で、出生の初門《しょもん》ともいう。柳の宿から発心門《ほっしんもん》の銅《かね》の鳥居に至り、「吉野なる銅の鳥居に手を掛けて弥勒の浄土に入るぞうれしき」と秘歌を唱えてめぐる。大峯山は弥勒の兜率天《とそってん》浄土、兜率の四十九院《しじゅくいん》とされる。蔵王権現を祀る吉野山の蔵王堂で勤行の後、山内の宿坊に泊まる。

翌朝は吉野水分《よしのみくまり》神社、金峯《きんぶ》神社（金精大明神《こんせいだいみょうじん》）を経て、旧女人結界の愛染《あいぜん》の宿（安禅寺《あんぜんじ》蔵王堂跡）に至る。途中の蹶抜《けぬけ》の塔《とう》では《こんしょう》修験者は暗闇の塔内に入り、導師に従って「吉野なる深山《みやま》の奥のかくれ塔、本来空の住みかなりけれ。オンアビラウンケンソワカ、南無神変《じんぺん》大菩薩」と唱えて経巡り、最後に突然に鐘を騒がしく叩《たた》いて終わる。この塔には源義経が敵に追われて隠れ、追手が来た時に天井を蹴破って出たという伝説が伝わるが、本来は「気抜け」で、音によってたまげさせて気を抜くことで一旦死んだことにする、擬死を表す行為と解釈できる。なお、神変大菩薩とは、寛政《かんせい》一一年（一七九九）に朝廷から役行者に贈られた諡号《しごう》で尊称として使われる。

大天井岳《おてんしょうだけ》を通過し、現在の女人結界の五番関、さらに洞辻《どろつじ》を経てお亀石に至る。大峯山は亀の上に乗っているとされその背中にあたり、頭は吉野、尾は熊野に伸びているという。秘歌「お亀石踏むな叩くな杖つくなよけて通れよ旅の新客《しんぎゃく》」を唱える。次いで鐘掛《かねかけ》の岩場をよじ登り、岩上で不動明王に感謝して、「鐘掛と問ふて尋ねて来てみれば九穴《くけつ》の蔵王を下にこそ見れ」と神仏と交流する秘歌を唱える。山中での歌は本来は口伝のみで伝えられた。

山上ヶ岳到着は日暮れに近く、吉野からは一日行程である。吉野と山上の間には発心門（銅《かね》の鳥居）、修行門《しゅぎょうもん》（金峯神社）、等覚門《とうがくもん》（山上）、妙覚門《みょうがくもん》（山上）の四つの門があり、四門《しもん》出遊《しゅつゆう》（釈迦が都の四方の城門で老人・病人・死人・出家者を見て人びとの苦しみを知り、出家を決意したという説話）になぞらえて、出世間の場である他界に入りこむ。四門の作法は葬式を意味し、亡者とみなして供養する。新たな生を胎内に宿すと同時に自らも死んだと観念す

ノゾキ（写真：著者）

る。母胎回帰と擬死再生を結合し、生―死―再生の過程を体験する修行が峰入りである。羽黒修験の秋峰の修行でも同様の意味づけが語られる。

峰入りの実践（2）――山上ヶ岳から深仙へ

山上ヶ岳では表行場《おもてぎょうじょう》の西《にし》のノゾキ（覗《のぞき》）で行を行う。断崖絶壁の上に縄で吊《つ》り下げられて断崖からせりだした状態に置かれ、「お不動さんを信心するか。命日の二八日を忘れるな。誓って親に孝行するか」などと問われて、ハイハイと答えるが、わざとパッと手を緩めたりもする。これは懺悔して罪障消滅を願う行で、終わると「ありがたや西の覗きに懺悔して弥陀の浄土に入るぞうれしき」と秘歌を唱える。山頂東側の裏行場《うらぎょうじょう》ではスリルに富む岩場の行を行う。

不動の登り岩、押別岩《おしわけいわ》、護摩の岩谷《いわや》、胎内潜り、屛風《びょうぶ》岩、御丈岩、衣掛石、袈裟掛《けさがけ》岩、御馬屋、賽《さい》の河原、天の川、裏のお亀石、大黒岩、笈の岩、飛石、東のノゾキ、蟻《あり》の戸渡《とわた》り、平等岩という十八ヶ所の岩場を経巡る。特に平等岩は断崖の縁をめぐる恐ろしい所である。西のノゾキで一旦死んで、東の胎内潜りで再生すると説く行者もおり、生と死が同居する擬死再生の修行が意識されている。行の終了後、大峯山寺の前で焚く野外の柴燈護摩《さいとうごま》にはひとしおの感慨がある。

山上ヶ岳から先は奥駈けとなり小篠《おざさ》の宿に至る。ここは当山派修験の根拠地でかつては堂《どう》宇《う》が建ち並んでいたというが、現在では林の中に小さな拝所が残るばかりである。阿弥陀ヶ《あみだが》森《もり》、脇《わき》の宿《しゅく》、大普賢岳、弥勒ヶ岳《みろくがだけ》、稚児泊《ちごどまり》、行者還り、講婆世宿《こうばせのしゅく》（聖宝の宿）を経て弥山《みせん》に至る。最後の登りはきつく、「サーンゲサンゲ、六根清浄《ろっこんしょうじょう》」の掛け声で一気に登る。ここまでが一日行程である。弥山とは須弥山《しゅみせん》の略で、仏教の世界観で宇宙の中心となる山である。日本各地に弥山の名称が残る。水神の弁財天が祀られ山麓の天河大弁財天社《てんかわだいべんざいてんしゃ》の奥宮である。役行者《えんのぎょうじゃ》が金峯山上で自己の守護仏を求めて祈念した時に最初に出現したとされている。元々弥山は山麓の天川の人びとの信仰の山であったが、大峯山が大きな霊場となってその中に組み込まれた。

次の日は、最高峰の八経ヶ岳に登り、禅師《ぜんじ》の森、揚子《ようじ》の宿、孔雀ヶ岳《くじゃくがだけ》に至る。孔雀ヶ岳には両部分けがあり、吉野側の金剛界と熊野側の胎蔵界の境界である。釈迦ヶ岳では「極楽の道をおしふる釈迦ヶ岳まよはさぬとは誓なりけり」の秘歌を唱える。山の南方には極楽の東門（都津門《とつもん》）の行場があり、岩壁の穴を潜る行がかつては行われていた。

灌頂堂《かんじょうどう》のある深仙《じんぜん》は胎蔵界曼荼羅の中台八葉院《ちゅうだいはちよういん》とされ、本山派の根拠地で、役行者の昇天の地とも伝える。背後の大岩壁から香精水《こうじょうすい》がしたたり落ちており、口伝では天神のヘソから流れ下るともいう。この聖水で峰中灌頂《ぶちゅうかんじょう》（聖水を頭に灌《そそ》ぎ仏菩薩と結縁《けちえん》し法脈を継承する儀礼）が行われ、仏菩薩との一体化を目指した。修験者が天と地をつなぐ柱となると観相する柱源《はしらもと》神法も行われた。深仙の下の前鬼の寺の山号が国軸山《こくじくさん》であったという伝承は天と地を結ぶ場所にふさわしい。新客は南側にそびえる大日岳《だいにちだけ》（宝冠《ほうかん》岳《だけ》）の一枚岩の鎖場をよじ登る修行を行う。

大日岳の岩場を登る（写真：著者）

峰入りの実践（3）——熊野本宮へ

深仙からは東に下り前鬼《ぜんき》の集落に到達する。前鬼は平安時代以来の山中の根拠地で一夜の宿りをとる。前鬼にはかつて五つの坊があり、役行者《えんのぎょうじゃ》に仕えた前鬼の子孫と伝えられ、代々修験者に奉仕してきた。役行者は前鬼（義覚《ぎかく》）・後鬼《こうき》（義賢《ぎけん》）を従えて大峯山を開いたとされる。『修験修要秘決集』では、前鬼は女、後鬼は男で、二人の間に鬼童《おにわら》・鬼熊《おにくま》・鬼継《おにつぐ》・鬼助《おにじょ》・鬼上《おにじょう》の五人の子どもがいて五鬼とある。前鬼集落の不動坊《ふどうぼう》・行者《ぎょうじゃ》坊・森本《もりもと》坊・小仲《おなか》坊・中之《なかの》坊は鬼の子孫で各々苗字《みょうじ》に鬼の字を入れていた。現在もこの地を管理する小仲坊の住職は五鬼助義之《ごきしょよしゆき》氏である。古くからの山人の子孫と見られる。裏行場には馬頭《ばとう》の滝、千手の滝、不動の滝の三重《みかさね》の滝があり、滝壺《たきつぼ》を渡渉し岩壁をめぐる行を行う。『諸山縁起』（鎌倉時代初期）によれば、役行者は大峯山中で七度生まれ変わって修行して、精魂こめて山中に閼伽井《あかい》（仏に手向ける水を汲む井戸）と大壇を設けて三重の岩屋で祈願し、初重に阿弥陀曼荼羅、中の重に胎蔵界曼荼羅、上の重に金剛界曼荼羅を築いたという。この描写は前鬼の三重の滝を彷彿《ほうふつ》とさせる。大峯山の中台で重層的に曼荼羅を積みあげ、阿弥陀曼荼羅を最下壇に置き、密教の金胎曼荼羅を支えるという独自の解釈を施したとみられる。熊野は古来からの他界観を浄土に転換し、本宮証誠殿《ほんぐうしょうじょうでん》には阿弥陀が祀られていた。三重の岩屋は、阿弥陀の居ます他界から出て、胎内にたとえられる胎蔵界に入り、最後に金剛界に至って真実の仏の世界への安住を理知的に体得する。これは擬死再生を曼荼羅世界で表現しているのではないだろうか。西行はここで修行し、「身に積る　言葉の罪も　洗はれて　心澄みぬる　三重の滝」と詠んでいる。

深仙からさらに南へ、平地《へいじ》の宿、笠捨山《かさすてやま》、玉置山《たまきさん》、吹越山《ふきこしやま》を経て熊野本宮に至るのが南奥駈けで、近年になって吉野の東南院や那智の青岸渡寺《せいがんとじ》の主導で復活しつつある。本来は熊野まで歩き、本宮、新宮、那智とたどり再び本宮に戻る行であり、熊野に到達して修験の峰入りの行法は完結する。大峯山を拠点とした修験者は全国を巡錫《じゅんしゃく》したので、国ごとに「御《み》嶽《たけ》」と名づけられた山があり、行場では大峯山になぞらえた峰入りが行われた。各地に残る七面山《しちめんざん》、弥山、吹越、胎内潜り、蟻の戸渡り、平等岩、ノゾキ、中台などの地名はその名残である。峰入りには秘儀とされる部分も多く伝承の多くは明治以降に急速に失われた。

自然とともに生きる

吉野から熊野へ、あるいは熊野から吉野へ至る峰入りの特徴は何であろうか。第一に挙げられるのは水の信仰である。吉野山は大和《やまと》平野をうるおす吉野川の水源、つまり水分《みくまり》にあたる。農耕に必要な水の恵みをもたらすのは山であり、青根ヶ峰の山頂に金峯神社、中腹に水分神社（子守社）、麓《ふもと》に山口神社（現在の勝手神社）が祀られている。象川《きさがわ》（喜佐川《きさがわ》）の畔《ほとり》の宮瀧には白鳳時代には離宮が設けられ、水の神の信仰もあってか天皇の行幸も多く持統天皇は三二回も訪れた。弥山山麓坪内《つぼのうち》の天河大弁財天社にも水分神への願いが籠められている。別称を吉野熊野中宮といい、天《てん》の川と弥山川《みせんがわ》の合流点にある。また、熊野三山のうち、本宮は音無川の中洲《なかす》、新宮は熊野川の河口といずれも熊野川の岸辺で、本宮には吉野と同様に子守の信仰もある。一方、那智は飛龍《ひろう》権現として滝を祀り、海岸から僧侶を乗せて補陀落渡海《ふだらくとかい》の船が観音の霊地へ出帆した。その様子は参詣曼荼羅に生き生きと描かれている。大峯山の逆峰では吉野川の六田の渡しで身を清め、山中修行を経て、最後は本宮の音無川を渡渉して「濡《ぬ》れわらじ」の入堂を果たすなど、峰入りは水に始まり水に終わる修行であった。一方、『金峯山秘密伝』には、金剛蔵王の居岳《きょがく》から三宝の河が流れ出し、西流の吉野川は日前宮《ひのくまのみや》に、東流の宮川は大神宮に、南流の天川《てんかわ》は熊野社檀に達すると述べ、紀伊半島の主な水源はすべて金峯山に求める発想さえある。山は「水蔵《みずくら》」だという人もおり、水がこの大山塊を支える信仰の拠《よ》り所であった。

第二は峰入りの日数に関する特徴である。現在の大峯山の峰入りは奥駈けでも前鬼までは実質は山中では三日程度で、南奥駈けを入れれば七日に延びる。しかし、中世から近世初期の峰入りでは七十五日が重視されていた。九州の英彦山の峰入り、北陸の白山《はくさん》の禅定《ぜんじょう》、東北の羽黒山秋峰も本来は七十五日であったという記録が残る。比叡山の百日行は実際には七十五日であり、千日回峰行も九七五日の修行である。大峯山の靡《なびき》が七十五宿に確定したのも意味があろう。数字自体は倶舎論《くしゃろん》などの仏典にも根拠をもち、人の噂《うわさ》も七十五日など完結を表す集合表象であろうが、修験独自の解釈も施されている。その根拠は胎内十月《とつき》の説に基づき二七五日間は胎内にいる子どもの生育に修験をなぞらえており、その基盤には母なる山やいのちの源泉の山の思考があった。さらに、七十五の数は、秋葉山《あきはさん》の天狗《てんぐ》をもてなす七十五膳や、吉備津《きびつ》神社の丑寅御崎《うしとらみさき》への七十五膳など荒ぶる神をもてなす作法であり、仏教に帰依して護法や伽藍《がらん》と称される土地神や地主神の供養にも使われた。山中の無数の神霊の総体を表す象徴的な聖数ともみなせる。大峯山の修験は「満山護法《まんざんごほう》」に守護を願うが、山のすべての神霊が仏法に帰依して行者を慈しむ。山中に遍在する神霊が根源で修験を支えているのであり、自然や大地の霊の全体との交感を意味していたのではないか。

第三は眷属《けんぞく》の重要性である。『続日本紀』には役行者《えんのぎょうじゃ》は鬼神を使役したとあるように、山で修行した修験は神仏や不動と一体化して守護霊を体得し、獲得した霊力で神霊を自由に統御できると信じられた。大峯山の金剛蔵王権現の眷属である八大金剛童子は山中に祀られ、熊野の主祭神の三所権現は五所王子《ごしょおうじ》と四所明神《ししょみょうじん》を従えて熊野十二所権現として本地仏《ほんじぶつ》の垂《すい》迹《じゃく》神の姿で現れる。その具体相は「熊野本地仏曼荼羅」の図像に見ることができる。参詣道には熊野九十九王子《くじゅうくおうじ》が祀られていた。修験が自由に使役する眷属は、王子とも呼ばれ、童形《どうぎょう》をとり護法童子となる。これらは仏法を守護する護法神とされるが、元来は山々に遍在する在地の無数のカミで、自然の形象化でもある。修験が操る諸霊や眷属は鬼にも通じ、修験は鬼を駆使する一方で自らが鬼とみなされた。役行者は大峯山の南は前鬼《ぜんき》、北は後鬼《ごき》に差配を命じたとされ、洞川は後鬼の子孫が住み、龍泉寺の初代住職は「後鬼妙道」だという。天河大弁財天社の社家の柿沼家は前鬼の子孫とされ、節分の前晩の二月二日に「鬼の宿」の神事を行い鬼を神や先祖として迎え入れる。蠟燭《ろうそく》の灯りの中で祝詞《のりと》・経文・真言を唱えて招く。祭壇の前に布団を二枚敷き、井戸水を桶《おけ》に入れて朝まで置く。朝になって桶の中に石や砂などが入っていたら、鬼が訪れたしるしとみなして、節分祭を行うことが許される。節分の夜に社で「鬼は内、福は内」と言って豆をまき、自宅でも同様な文言を繰り返して先祖を招き入れる。

鬼とは修験者が山で遭遇した神秘的な体験や先住民への恐れの記憶を伝える一方、観念化されると使役霊や眷属となった。鬼は先住民、山の民、山の神など、様々なものの形象化であり畏怖と恐れの両義性を含みこむ。鬼は必ずしも悪いものではない。伝承には山の民と平地の民との歴史的出会いの記憶が語られ、精霊の統御者としての修験には歴史を踏まえた思想と実践が融合している。

修験道は山歩きに全身全霊を傾けて人間の感覚を研ぎ澄ましていく。その中で育まれた、呼べば応えるような、大自然のいのちとの密《ひそ》やかな共生感覚が、峰入り修行や聖地観には凝縮している。現代になって歩くことの意義が見直され、歩く巡礼がブームだという。しかし、癒し、ヒーリング、スピリチュアリティなどの現代風の流行用語に惑わされず、民俗知とでも呼べるような自然とのつきあい方を修験道は研ぎ澄ましてきた。

第三章　英彦山――西日本の山岳信仰の拠点

天下に抜きん出た霊山

九州の北部にそびえる英彦山《ひこさん》は、大峯山《おおみねさん》・出羽三山《でわさんざん》と並ぶ修験道の三大霊場とされ、九州の山岳信仰の拠点であった。北岳《きただけ》・中岳《なかだけ》・南岳《みなみだけ》の三峰からなり、最高峰は南岳（一一九九メートル）である（福岡県田川《たがわ》郡添田町《そえだまち》）。三峰に三神が祀《まつ》られ、江戸時代までは「彦山三所権現《ひこさんさんしょごんげん》」と呼ばれ、神宮寺は霊仙寺《れいぜんじ》であった。祭神は北岳に天忍穂耳尊《あめのおしほみみのみこと》（忍骨命《おしほねのみこと》）、中岳に伊弉冉尊《いざなみのみこと》、南岳に伊弉諾尊《いざなぎのみこと》を祀り、主神は天忍穂耳尊である。各々の本地《ほんじ》は阿弥陀如来《あみだにょらい》、千手観音《せんじゅかんのん》、釈迦《しゃか》如来、三つの山は法躰嶽《ほったいだけ》、女躰嶽《にょたいだけ》、俗躰嶽《ぞくたいだけ》とされ、山自体が神の顕《あらわ》れであった。

元々の山名は日子山《ひこさん》で、天照大神《あまてらすおおみかみ》の御子《みこ》（日の御子）が天降《あまくだ》りした山の意味であったが、日子山は彦山の表記に変わった。享保《きょうほう》一四年（一七二九）、霊元《れいげん》法皇より、天下に抜きん出た霊山として「英」の字が授けられ、「英彦山」に改められた。神仏分離により、明治元年(一八六八)以後は中岳(一一九〇メートル)の「上宮《じょうぐう》」は英彦山神社本社となり、中腹の大講堂は奉幣殿《ほうへいでん》として残ったが、過激な廃仏毀釈《はいぶつきしゃく》の中で寺院や仏像は破壊された。英彦山神社は昭和五〇年(一九七五)に英彦山神宮と改称された。彦山は神仏分離で徹底した神道化を推し進め、修験は離散して峰入《みねい》りも断絶した。峰入り修行を継続し多くの修験や信者を集める大峯山や、修験道儀礼を維持した羽黒山とは大きく異なる。しかし、中世に遡《さかのぼ》る史料が多く残され、山岳信仰の歴史を通時的にたどることのできる貴重な山である。

　彦山の文献上の初出は、平安時代に遡り、『中右記《ちゅうゆうき》』寛治《かんじ》八年(一〇九四)の彦山衆徒が蜂起したという記述である。彦山は宇佐《うさ》の弥勒寺《みろくじ》や太宰府《だざいふ》の安楽寺天満宮《あんらくじてんまんぐう》と所領争いを繰り広げていた。彦山権現の名称は『人聞菩薩朝記《にんもんぼさつちょうき》』(仁平《にんぺい》二年〔一一五二〕)の「彦山に坐《ましま》す神、名は権現と言う」が初出である。一方、熊野の起源伝承である『熊野権現御垂迹縁起《くまのごんげんごすいじゃくえんぎ》』(『長寛勘文《ちょうかんかんもん》』所載。長寛元年〔一一六三〕)には熊野権現は天竺《てんじく》・唐から日本に垂迹《すいじゃく》し、「渡来のはじめ、日本国鎮西日子乃《ちんぜいひこの》山峰に天降《あも》り給《たもう》」とあり、日本では彦山に初めて垂迹したと語る。後白河《ごしらかわ》法皇撰『梁塵秘抄《りょうじんひしょう》』(治承《じしょう》四年〔一一八〇〕頃)には「筑紫《つくし》の霊験所は、大山《だいせん》、四王寺《しおうじ》、清水寺《せいすいじ》、武蔵清滝《ぶぞうきよたき》、豊前《ぶぜん》国の企救《きく》の御堂《みどう》な、竈門《かまど》の本山彦《ほんざんひこ》の山」とあり、太宰府《だざいふ》の大山寺《だいせんじ》、四王寺、清水寺(観世音寺)、武蔵寺《ぶぞうじ》などと並んで、「竈門山《かまどやま》」(宝満山《ほうまんざん》)とともに

「彦の山」と挙げられ、当時から中央に知られる霊験所であった。

九州北部には多くの山岳霊場、霊山、修験の山がある。国東《くにさき》の六郷満山《ろくごうまんざん》、宇佐《うさ》の馬城峯《まきのみね》（御許山《おもとさん》）、筑前《ちくぜん》の香春岳《かわらだけ》・孔大寺山《こだいしやま》、太宰府との関係が強い宝満山・若杉山《わかすぎやま》・四王寺山《しおうじやま》、背《せ》振山《ふりさん》・油山《あぶらやま》・雷山《らいざん》・一貴山《いきさん》（二丈岳《にじょうだけ》）、独自の霊場の首羅山《しゅらさん》や高良山《こうらさん》、海上で漁師のヤマアテとされた平戸島《ひらどじま》の安満岳《やすまんだけ》や沖ノ島《おきのしま》の志々伎山《しじきさん》がある。九州中部では雲仙普賢岳《うんぜんふげんだけ》や多良岳《たらだけ》、阿蘇山《あそさん》・九重山《くじゅうさん》・由布岳《ゆふだけ》・高千穂《たかちほ》などがある。北部九州では、宝満山を金剛界《こんごうかい》、彦山を胎《たい》蔵界《ぞうかい》として峰入りが行われ、双方ともに大きな勢力を誇ったが、明治以降は廃絶した。彦山六峰と呼ばれる求菩提山《くぼてさん》・松尾山《まつのおやま》・檜原山《ひばるさん》・蔵持山《くらもてやま》・福智山《ふくちやま》・普智山《ふちさん》には彦山の中核行事の松会《まつえ》が伝わっていたが、一部が継続しているだけである。北部九州では、古代から現在に至るまで濃密な山岳信仰の世界が広がっており、その中でも彦山は広い信仰圏を持ち、大規模な峰入りを行い、多くの儀礼を伝えていた。

開山伝承

彦山の開山は、『鎮西彦山縁起《ちんぜいひこさんえんぎ》』（元亀《げんき》三年〔一五七二〕）によれば、以下のようである。

継体《けいたい》天皇二五年（五三一）、北魏《ほくぎ》の僧である善正《ぜんしょう》が異域の神像（仏）を奉じて入山した。宣化《せんか》天皇三年（五三八）、彦山山中の巌穴で修行中に日田《ひた》郡藤山《ふじやま》村の猟師、藤原恒雄《こうゆう》に会い、殺生《せっしょう》の罪を説いた。しかし、恒雄は猟を続けて一頭の白鹿を射た。その時、三羽の鷹《たか》が檜《ひのき》の樹上に飛び来たって、一羽は嘴《くちばし》で白鹿の矢を抜き、一羽は翅《はね》で血を拭って傷口を治療し、一羽は檜の葉に浸した水を与えると、白鹿は生き返った。三羽の鷹は檜の樹《き》に帰った。この霊異を見て恒雄は鷹も白鹿も霊神の変化と悟って弓矢を捨てて祠《ほこら》をたて、善正が抱えて来た異域の神像を安置して霊山《れいざん》とした。善正の弟子となって髪の毛を剃《そ》って名を忍辱《にんにく》と改めて修行した。これが日本における僧の始まりという。

身には葛《かづら》をまとい、綿帛《わたきぬ》は着ず、塩と穀物を断ち、油も酒も用いない苦行と修練によって大成した。忍辱は鷹も鹿も神の化身で方便で本地《ほんじ》の仏身ではない、として経を誦《よ》み一心に祈ると、北岳に阿弥陀が僧形《そうぎょう》で垂迹《すいじゃく》して神になり、南岳には俗形で釈迦が神に変じて現れ、中岳は観音が女性の姿で現れて本地だと告げた。忍辱は初めて仏菩薩の名を聞いて身の毛を逆立て感極まった。三所権現と本地を感得し、三つの岳の頂に茅《かや》で祠を造って祀ると霊験が新たかであった。

本縁起は善正の来山を五三一年に設定し、仏教公伝の年とされる五三八年以前に仏教が伝わったとして、英彦山の権威を高めようとしている。恒雄が出家して忍辱となった時は公伝の年と一致させて史実に接合させようとする。年号は『上宮聖徳法王帝説《じょうぐうしょうとくほうおうていせつ》』などの欽明《きんめい》七年（五三八）を用いず、『日本書紀』の宣化三年を使っており、正史を意識した記述である。

冒頭では『日本書紀』神代巻を引用している。多くの開山伝承と同じく、猟師が導き手で、殺生を後悔して出家して修行を積む。先導した鷹は彦山の霊鳥となる。

仏教伝来以前

『鎮西彦山縁起』の冒頭は、仏教伝来以前の神祇《じんぎ》信仰の諸相を伝える。

山名の日子山《ひこさん》は日神之御子《ひのかみのみこ》がこの地に降り、寺号の霊仙寺は霊鷹の大仙賓がいたことにちなむ。田心姫命《たごりひめのみこと》・湍津姫命《たぎつひめのみこと》・市杵嶋姫命《いちきしまひめのみこと》の三女神は日神の勅《みことのり》を得て、初めは宇佐嶋《うさじま》に天降《あまくだ》りして、後に彦山に移った。大己貴神《おおなむちのかみ》は田心姫命・湍津姫命を妃《きさき》として北嶺《ほくれい》に鎮座し北山地主と称した。市杵嶋姫命は山の中層に鎮座した。

天忍穂耳尊《あめのおしほみみのみこと》は鷹となって東から飛来して、この峰にとどまった。その後、八角真霊石の上に移り、大己貴命は北岳を天忍穂耳尊に譲った。田心・湍津の二妃を伴って山腹に降りて日子《ひこ》と号し、樹にとどまった。この後、三女神は宗像宮《むなかたぐう》に遷《うつ》り、大己貴神は許斐山《このみやま》に遷った。伊弉諾尊《いざなぎのみこと》・伊弉冉尊《いざなみのみこと》が二羽の鷹となって飛来し彦山にとどまった。伊弉諾尊は中岳に移り、伊弉冉尊は南岳に移り、三羽の鷹は石像に変じた。頭・身・足・翅いずれも見事に備わっていた。三羽の鷹はここに棲《す》む。

菊理姫命《きくりひめのみこと》が来臨して、山号を白山妙理権現《はくさんみょうりごんげん》とした。高皇産霊尊《たかみむすびのみこと》が現れて神居とし、山の惣大行事《そうだいぎょうじ》権現となった。智室社《ちむろしゃ》は無罣碍童子《むけいがいどうじ》、大南社《おおみなみ》は大聖天童子《だいしょうてん》、多聞窟《たもんくつ》は金杖童子《きんじょう》、鷹栖社《たかす》は都良童子《とろ》、下宮の一社はすべて十二社権現で、当山の宿寺の老翁等は参拝所を造立した。豊前窟社《ぶぜんくつ》は大聖大日如来の変化身《へんげしん》で豊前房である。

整理すると、三女神が最初に宇佐に降り、大己貴神が三女神のうち二神を妃として北岳に来た。後に三女神は宗像《むなかた》へ移る（現・宗像大社）。大己貴神は北岳を天忍穂耳尊に譲って許斐山《このみやま》に居を定めた。伊弉諾尊・伊弉冉尊が中岳・南岳に鎮座した。三山の神は三羽の鷹となった。白山勧請《はくさんかんじょう》の由来、山中の各所に祀られる神霊の所在が述べられる。

神々の由来、善正の開山、役行者《えんのぎょうじゃ》の伝記へと続く。大宝《たいほう》元年（七〇一）の春、役行者は老母を背負って彦山に登り、深山を経て宝満山（竈門山《かまどやま》）に登り、海浜を経て入唐《にっとう》して、崑崙山《こんろんさん》の西王母《せいおうぼ》の石窟に入った。その後、九州に再び来て、福智山から宝賀原《ほうがばる》を経て彦山へ、そして宝満山を経て大峯山へ行ったという。この行程の前半は彦山の春峰《はるのみね》、後半は秋峰《あきのみね》の峰入り道と一致するので、室町時代後期に修験道の教義が整い、修行道が確立して後に挿入された可能性が高く、山中を仙境とする神仙《しんせん》思想の影響もある。一方、『諸山縁起《しょざんえんぎ》』（鎌倉時代初期）には役行者から五代目の寿元《じゅげん》が大峯山を九度修行して彦山に居住したと記され、『深仙灌頂系譜《じんぜんかんじょうけいふ》』（江戸時代末期）には、寿元は天平《てんぴょう》六年（七三四）に大峯修行縁起を相伝し、彦山に熊野権現を勧請したと記す。修験道の隆盛に伴って開祖に祀り上げられた役行者とその弟子の伝説を接合させ大峯山の権威を取り込んだと見られる。

『彦山流記』について

彦山の起源伝承については『彦山流記《ひこさんるき》』（建保《けんぽう》元年〔一二一三〕）の記述が古い。ただし、同書の年号は疑義があり、奥書《おくがき》には七月八日と記載されているが、建暦《けんりゃく》三年から建保元年への改元は一二月六日である。また、今熊野《いまくまの》石窟についての記述があるが、石窟の勢至菩薩《せいしぼさつ》の刻銘が嘉禎《かてい》三年（一二三七）造立で矛盾する（『添田町史』一九九二）。『彦山流記』は成立年代は確定できないが、鎌倉時代の彦山の実状をいきいきと伝える。当時の識者が、彦山の霊場、各僧の事績、奇瑞《きずい》を記し、彦山の権威の確立を試みたと見られる。本書では善正上人は、「十一月　開山会　善正上人於玉屋谷」とあり、開山として意識されていた。内容は垂迹縁起、四十九窟《しじゅうきゅうくつ》の由来、彦山修験の由来、彦山修験の霊験で構成され、彦山の中興の祖とされる法蓮《ほうれん》の記述がある。以下のとおりである。

彦山権現は天竺《てんじく》（インド）の摩訶提《まがだ》国（マガダ国）から、震旦《しんたん》（中国）の天台山《てんだいさん》の王子晋《おうじしん》の旧跡を経て、甲寅《きのえとら》年に日本の豊前国に上陸し香春岳《かわらだけ》を経て、彦山に垂迹した。地主神の北山の三の御前は権現に土地を譲り渡す間、しばらく中腹にいたが、後に許斐山《このみやま》に遷った。彦山権現は、八角の水晶の石体、三尺六寸の形となって般若窟《はんにゃくつ》に天降り、出発前に摩訶提国から投げた五つの剣のうちの第一の剣を見つけた。四十九窟には御正体《みしょうたい》を分かち、守護のために金剛童子を祀った。三所権現は法躰《ほったい》・俗躰《ぞくたい》・女躰《にょたい》として三岳に鎮座した。彦山権現は伊《い》予《よ》の国石鎚《いしづち》の嶺《みね》に第二の剣を見つけて遷り、淡路《あわじ》国楡鶴羽《ゆづるは》の峰に第三の剣、紀伊の国切部山《きりべやま》の那木淵《なぎふち》の上に第四の剣、熊野新宮の南方、神蔵峯《かんのくらのみね》に第五の剣を見つけて遷った。新宮の東方の阿須賀《あすか》社の北、石淵谷に勧請され、甲午《きのえうま》年正月一五日に再び彦山に戻った。なお、彦山に初めて登拝《とはい》した者は藤原恒雄である。

般若窟には、彦山権現は摩訶提国から如意宝珠《にょいほうじゅ》を請来《しょうらい》して納め置いた。法蓮上人はここに一二年参籠《さんろう》して金剛般若経を読誦《どくじゅ》し、彦山三所権現と八幡大菩薩に祈って宝珠を得ることを願った。白髪の老人が現れたので、弟子にして、宝珠を手に入れたら与えると約束する。その願いによって岩窟から清水が流出し、倶利伽羅《くりから》龍の口より宝珠を得た。法蓮は彦山と宇佐に詣でて御礼をした。宇佐へ行く途中で老翁に会い宝珠の譲渡を懇願されたが、渡すのが惜しくなり、火界の呪を誦《とな》えて火印を結び火の海にした。老翁は八幡大菩薩と名乗り、宝珠を得れば日本の鎮守となると告げたので、法蓮は宝珠を捧《ささ》げ、伽藍《がらん》を立て弥勒下生《みろくげしょう》を願って弥勒寺と名づけて神宮寺《じんぐうじ》とし、宝珠は宇佐宮の宝殿に納めた。その後、法蓮は般若窟に戻り、宝珠が出たことにちなんで窟を玉屋《たまや》と名づけた。宝珠の出た後から竜泉が流れ出て万病を癒した。ここは大和《やまと》国金剛山、近江《おうみ》国竹生島《ちくぶしま》と並んで日本三ヶ霊地である。

般若窟は四十九窟の中での第一の窟で、守護神は金杖天童（『鎮西彦山縁起』は童子）、毘《び》沙門天《しゃもんてん》の垂迹である。法蓮の弟子がここで千日修行を行い、伏し臥《ふ》せって霊力を得たので臥《が》験《げん》と呼んだ。行法の後、切り口三尺の桜の樹を縄により合わせることができたので木練《もくれん》上人と称した。九州で抖擻《とそう》の修行を行い、阿蘇に登攀《とうはん》した時に九頭八面の大龍と出会った。女体となって出現した十一面観音によって試練を受ける。背振山《せふりさん》の行者と験競《げんくらべ》をして引き分ける。

第二の蔵持窟《くらもちくつ》の開創は静暹《せいせん》《じょうせん》上人といい、空鉢窟《くうはつくつ》で天台の教学を習った学僧で、飛ぶ鳥を落とす呪力を持つとされた。彦山で窟に籠っていて食料が欠乏した時に護法《ごほう》を念じて空鉢《くうはつ》を飛ばして、門司《もじ》に停泊中の船から米を取り寄せた。白髪の翁が登拝して空鉢の米は彦山守護の役に立ったとわかって菩提心《ぼだいしん》を起こし、米を入れる蔵を建てて寄進した。かくして上人の令名は高まり、堂宇《どうう》が寄進されて栄え、ここを蔵持山《くらもてやま》と名づけたという。この後、第三の窟である宝珠山《ほうしゅやま》窟、第四の大南《おおみなみ》窟、第五の五窟（大行事《だいぎょうじ》窟・経《きょう》の窟・鶯《うぐいす》窟・龍《りゅう》窟・問《もん》窟）、第六の鷹栖《たかす》窟、第七の智室《ちむろ》窟、第八の今熊野《いまくまの》窟、第九の天上窟、第十の求菩提山《くぼてさん》の本地と垂迹など、それぞれの謂《いわ》れを述べて、第四十九窟に至る。

彦山中興の祖といわれる法蓮は、『続日本紀』には、医術で庶民を救った功績で大宝三年（七〇三）に豊前国の野四〇町を賜り、養老《ようろう》五年（七二一）には宇佐君の姓を賜ったと記されている。役行者と同時代人である。『彦山流記』によれば、彦山の般若窟での一二年の参籠苦行の後に如意宝珠を手に入れ、それを欲した八幡大菩薩が宇佐の神宮寺、弥勒寺の初代別当《べっとう》に迎えたとされるが、伝承の域を出ない。実際には、宇佐と彦山との関係は文献上では『人聞菩薩朝記』が初出である。史実と伝説が錯綜《さくそう》する。

洞窟中心の修行と熊野との関係

『彦山流記』で注目される点は、第一は鎌倉時代の修行は洞窟の参籠が中心であったことである。そのうちでも般若窟が第一の霊窟で、法蓮は一二年間籠居したとされる。インド伝来の如意宝珠が発見されて玉屋窟と呼ばれ、溢《あふ》れ出す水への信仰もあった。玉屋窟の名称は立《たて》山《やま》開山の玉殿《たまどののいわや》窟と同様に、開山の起源に由来する神霊（タマ）が籠る特別の場所である。善正上人の開山会《かいざんえ》は毎年一一月に玉屋谷で執行されたとの記載がある。

第二は山を弥勒の浄土と見立てたことである。修行する洞窟の数は四十九窟で、弥勒の都《と》率天《そってん》浄土の内院に擬せられていた。窟ごとに守護神が祀られて参籠が行われていた。彦山は大峯山と同様に経塚《きょうづか》が多くあり、弥勒が世に現れるまで写経仏典を経筒《きょうづつ》に入れて埋めて保存し、所願成就・極楽往生を願った。末法の世への対応である。『彦山流記』は法蓮を弥勒の化身と記し、宇佐の弥勒寺との関連も深い。第三は臥験《がげん》の言葉が表すように、山中の洞窟

玉屋窟（写真：森弘子）

での参籠で特別な験力《げんりき》を得ると考えている。法蓮・木錬・静暹《せいせん》の三人の行者の参籠と抖擻《とそう》が伝えられ、彦山修験の験力の高さを誇る。静暹上人は『信貴山縁起絵巻《しぎさんえんぎえまき》』に描かれる命蓮《みょうれん》の空鉢譚《くうはったん》と類似した話を伝えており、護法《ごほう》童子を駆使する験力があるとされた。京都・奈良との交流の諸相をうかがわせる。空鉢譚は白山の泰澄《たいちょう》、書写山《しょしゃざん》の法道《ほうどう》にも伝わる。

『彦山流記』は、熊野との関係が深い。彦山権現は中国の王子晋《おうじしん》の旧跡から甲寅の年に出て、当地に八角の水晶の石体、三尺六寸の形として天降り、その後、伊予の石鎚山《いしづちさん》、淡路島の楡鶴羽山《ゆづるはさん》、熊野の切部王子《きりべおうじ》、神倉山《かんのくらやま》、石《いわ》淵谷《ぶちだに》と移動し、再び当地に戻ったとある。『熊野権現御垂迹縁起《くまのごんげんごすいじゃくえんぎ》』（『長寛勘文』所載）では、中国から甲寅の年に王子晋が鎮西の日子之山に飛来し、形は八角形の水晶の石で三尺六寸であった。その後、石鎚山、遊鶴羽山《ゆづるはやま》、切部山《きりべやま》の西海北岸の玉那木《たまなぎ》の淵の松木本《まつきのもと》、新宮《しんぐう》南の神蔵峯《かんのくらのみね》、新宮東の阿須賀《あすか》社の北の石淵谷と移り、熊野本宮に至る、とある。どちらが元かは不明だが、彦山の縁起は熊野とほぼ同じで、彦山を出発点として熊野に到達し再び彦山に戻ったと優位性を説く。『彦山流記』には「今熊野窟」があって「熊野十二社権現と若王子《にゃくおうじ》」が勧請されたとある。

『彦山流記』に記述はないが、後白河《ごしらかわ》上皇が永暦《えいりゃく》元年（一一六〇）に洛東《らくとう》に新熊野《いまくまの》社を建立し、その財源を各地の荘園に求めた時、彦山は課役《かえき》・国役《くにやく》を免除された不輸《ふゆ》権《けん》を持つ荘園の一つであった（「新熊野神社文書」）。今熊野窟近くの岩屋には嘉禎三年（一二三七）刻銘の三つの梵字《ぼんじ》と勢至菩薩《せいしぼさつ》像が残る。銘文には、一字三礼して法華経を書写し、阿弥陀三尊を岩に彫り、三所権現を祀り、梵字を岩に刻んだとあり、供養法が具体的に述べられている。

経塚は、彦山の北岳・中岳・南岳の三つの主峰に四〇合以上の経筒の存在が確認され、南岳からは永久《えいきゅう》元年（一一一三）銘の経筒、北岳からも同時期の経筒が出土した。遺品には宋《そう》人と推定される「王七房」の銘がある経筒や、経筒に伴って統一新羅《しらぎ》時代の金銅仏もあったという。同時代の経塚は大峯山と北部九州に集中し、大陸との交渉もあった。『彦山流記』には久安《きゅうあん》元年（一一四五）に銅板経を彦山上宮に奉納したとあり、求菩提山《くぼてさん》の普賢窟《ふげんくつ》の銅版経や六郷満山《ろくごうまんざん》の長安寺《ちょうあんじ》出土の銅板法華経と同様であった可能性がある。北部九州の太宰府・彦山・求菩提山・六郷満山・宇佐には経塚文化圏が広がっていた（『山の神々』二〇一三）。平安時代後期から鎌倉時代中期の山岳信仰は彦山と大峯山や熊野が連携して、相互に独自の発展を遂げたといえる。

中世における勢力の広がり

『彦山流記』は中世彦山の勢力の巨大さを伝える。当時の領域（四至《しいし》）は、東は豊前国上毛《こうげ》郡、南は豊後《ぶんご》国日田《ひた》郡、西は筑前国上座《じょうざ》郡・下座《げざ》郡・嘉摩《かま》郡、北は豊前国田河《たがわ》郡という広大なものであった。この記録は後に密教の教理に基づく七里結界《しちりけっかい》を主張する根拠として利用された。四至の域内には彦山権現の補弼《ほひつ》神の大行事として高皇産霊神《たかみむすびのかみ》が各村の鎮守として祀られ、最盛期には四十八ヶ所、あるいは三十六ヶ所に勧請したと伝えられ、現在も高木《たかぎ》神社として残っている。彦山は強固な信仰圏を形成していた。

『彦山流記』によれば、山中では三峰に三所権現を祀り、四十九の窟に守護神の童子を配し、天台《てんだい》宗霊仙寺の大講堂を中心に堂塔伽藍《がらん》が造営され、南谷・北谷・中谷・惣持院《そうじいん》谷に二百余坊があった。大講堂に講衆《こうしゅう》一一〇人、先達《せんだつ》二〇五人がいたと記す。同書の「山内年中仏神事」によれば天台宗の仏教行事が大半で、六月四日伝教大師御忌《でんぎょうだいしぎょき》、八月如法経会《にょほうきょうえ》などが行われ、修験の行事は含まれていない。講衆を学侶、先達を行人《ぎょうにん》とみなせば、数多くの修行者が山での験力獲得を目指していたとみられる。しかし、登拝と洞窟での参籠が主体で、山から山へという修験の峰入りは体系化しておらず、本格的な修験道の成立に至る胎動期であった。

南北朝以後、彦山は中央と強いつながりをもつようになった。正慶《しょうけい》二年（一三三三）、豊前国の地頭であった宇都宮信勝《うつのみやのぶかつ》の推挙で、彦山の初代座主《ざす》として京都から後伏見《ごふしみ》天皇の皇子と伝える安仁《やすひと》親王（得度後は助有法《じょゆうほう》親王）を霊仙寺に迎えたとされる。これ以後、彦山の衆徒・社僧・山伏を統轄する世襲妻帯の座主制が成立した。座主は彦山ではなく山麓《さんろく》の筑前国黒川《くろかわ》（現・朝倉《あさくら》市）に御館《おたて》を構えて山内の政務をとった。座主制の成立によって一山組織は強化されたとみられる。座主を統領とする彦山の衆徒は宗教的だけでなく、軍事的にも巨大化した。肥前《ひぜん》の龍造寺《りゅうぞうじ》氏は田地の寄進を繰り返して彦山の懐柔を試み、豊後の大友《おおとも》氏は身内を座主に据えるように推挙するなど様々に動きをみせたが、いずれも争いとなって彦山は焦土と化した。この間、天正《てんしょう》一五年（一五八七）から慶長《けいちょう》六年（一六〇一）は女性が座主に迎え入れられており、彦山の女性に対する許容度の高さがわかる（富松坊広延《とみまつぼうこうえん》『塵壺集《じんこしゅう》』宝暦一二年〔一七六二〕守静坊蔵）。

室町時代の彦山の信仰圏の広がりは、修験の呪符《じゅふ》で除疫や福寿増長を願う牛玉宝印《ごおうほういん》（権現の眷属《けんぞく》やお使いの烏《からす》や鷹の形を文字に図案化した護符）の料紙《りょうし》の普及状況で知ることができる。彦山牛玉《ひこさんごおう》の初見は建武《けんむ》三年（一三三六）に肥前国で武士が作成した起請文《きしょうもん》で、三羽の鷹の印を用いている。戦国時代は大名や領主の間での同盟や主従関係を神明に誓うことで強固にする起請文の交換が頻繁に行われ、牛玉宝印を押した料紙が用いられた（相田一九七六〔一九四〇〕）。九州では、彦山の他には、筑前の宝満宮《ほうまんぐう》、肥後の阿蘇宮《あそぐう》、日向《ひゅうが》の鵜殿宮《うどのぐう》などの牛玉があるが、北部九州の戦国大名の多くは彦山を用いることが定式化した。彦山の牛玉宝印の広がりから、室町時代には九州全域に勢力を拡大して巨大な信仰圏を保持し全盛時代となったことが知られる。なお、熊野では烏牛玉《からすごおう》で、最も早い那智《なち》でも文安《ぶんあん》二年から明応《めいおう》三年（一四四五〜一四九四）の間であるから、彦山の牛玉は現存では最古である。牛玉宝印の護符は防疫・福寿増長の願いが込められた。

謡曲『花月』『大江山』

中世の彦山は熊野・白山・羽黒山と並び称されるようになった。その様相は謡曲などの文芸作品にうかがえる。世阿弥《ぜあみ》（一三六三〜一四四三）の謡曲『花月《かげつ》』は彦山と京都の清水寺《きよみずでら》を舞台とする話である。彦山の麓《ふもと》に住む佐藤家継《いえつぐ》の七歳の息子は霊仙寺で学問を修めていたが、寺の帰途路傍の石に腰を下ろしていたら、天狗に攫《さら》われて行方不明になった。父親は悲しみのあまり出家して、我が子を探して諸国遍歴の修行の旅に出る。京都の清水寺にお参りする。

僧は清水寺の門前の人に何か面白いものはないかと問いかけ、花月という少年が面白い曲《くせ》舞《まい》をするというので、呼び出して小歌を謡わせる。花月は桜を踏み散らす鶯《うぐいす》を懲らしめ、弓を射ようとするが、仏教の不殺生戒《ふせっしょうかい》に従って思いとどまる。花月は清水寺の由来を演じる曲舞を舞う。僧は花月が息子だと確信して名乗りを上げ、喜びの父子対面となる。花月は鞨鼓《かっこ》を打ち、天狗に攫われてからの旅路を舞で演じ、父の僧と一緒に仏道修行に出る。

また、世阿弥の弟子の宮増《みやます》作とされる謡曲『大江山《おおえやま》』は酒呑童子《しゅてんどうじ》退治の話で、源頼光《よりみつ》とその一行は鬼退治の勅命を受けて大江山に向かった。彦山の山伏に扮《ふん》して武士であることを隠して乗り込み、酒呑童子の隠れ家に一夜の宿を求める。童子は酒好きで上機嫌に酒を勧め、比叡山を追われて国々山々をめぐって当地にきた次第を語る。隠れ家を他言するなと固く約束させ酒に酔い伏して寝床へ入った。頃合いを見て頼光が閨屋《ねやや》をうかがうと、酒呑童子は恐ろしい鬼の正体を現して眠っていた。頼光は鬼の首を打ち落とし、都へ帰った。

京都周辺に彦山の山伏が広く知られていたことをうかがわせる。謡曲を通じて彦山の霊験が伝わり、全国に知名度が広がっていったのである。

峰入り

彦山の峰入りが盛んになったのは南北朝時代以後で、大峯山の吉野が南朝方、熊野が北朝方の勢力圏に入り修行に支障が出たので、守護不入権《しゅごふにゅうけん》を持って平穏であった彦山での修行が整えられたと推定されている。彦山の組織は、時代的な変遷はあるものの、「行者方《ぎょうじゃがた》」（宣度《せど》・長床《ながとこ》組、修験系）、「衆徒方《しとがた》」（如法経《ねふきょう》組、仏教系）、「惣方《そうがた》」（神事両輪《しんじりょうわ》組、神道系）の三つの集団に大別される。峰入りは「行者方」が行った。

峰入りに関しての整った記録の初見は、『彦山諸神役次第』（文安二年〔一四四五〕）で、春峰・夏峰・秋峰を行い、春峰と夏峰は彦山と宝満山、秋峰は彦山と福智山《ふくちやま》であった。彦山を胎蔵界、宝満山を金剛界とし、春峰は順峰《じゅんぶ》で胎蔵界の入峰《にゅうぶ》で従因至果《じゅういんしか》、夏峰は金胎不二《こんたいふに》入峰、蘇悉地界《そしつじかい》入峰で、彦山から宝満山まで往復一三〇キロメートルであった。秋峰は逆峰《ぎゃくぶ》で金剛界入峰で従果至因《じゅうかしいん》で彦山から福智山まで往復一四〇キロメートルであった。秋峰は北上して洞海《どうかい》湾を望む権現山まで行った。山中には阿弥陀如来が一切衆生《いっさいしゅじょう》の救済のために発願した四十八願《しじゅうはちがん》にちなみ四十八宿の拝所が設けられた。従因至果（因より果に至る）とは自らの修行により仏に至る、従果至因（果より因に至る）とは仏の悟りを衆生救済に向ける意味である（長野一九八七）。山全体を曼荼羅《まんだら》とみなし、峰や谷を仏菩薩の居所に意味づけ、拝所や行所とし、即身成仏《そくしんじょうぶつ》へと向かう。

彦山の特徴は、密教の事相に基づいて金剛界・胎蔵界・蘇悉地界の三部に充当したことである。蘇悉地界は金胎不二で究極の悟りの境地、即身即仏を意味し、山中では正灌頂《しょうかんじょう》を行う深山宿《じんぜんしゅく》（小石原《こいしばる》）に当てた。真言《しんごん》宗の開祖空海《くうかい》は金剛界・胎蔵界の両部の伝法を受け、天台宗の円仁《えんにん》は両部に加えて蘇悉地界を相承《そうしょう》したとされ、天台宗の影響が濃い。蘇悉地は虚《こ》空蔵院《くうぞういん》の働きを成就するとされ、中台八葉院《ちゅうだいはちよういん》を中心に据える胎蔵界曼荼羅の下部にある。

峰入りへの参加は一五歳からであった。春峰・夏峰・秋峰とは別に、三月一五日から五月三〇日まで（一夏《いちげ》九旬《くじゅん》）、彦山山麓の七十四ヶ所の拝所を毎日めぐる「内廻行《うちめぐり》」（一三キロメートル）と、期間内に四十二ヶ所の拝所を一度だけめぐる「外廻行《そとめぐり》」（三〇キロメートル）も行われた（「彦山《ひこさん》霊仙《れいぜん》寺《じ》境内《けいだい》大廻行《おおめぐりぎょう》守護《しゅご》神配立図《しんはいたてず》」永徳《えいとく》三年（一三八三））。内廻は三所権現・十二社権現・四十九窟・華立《はなたて》（福智山遥拝《ようはい》）など入峰と関連する拝所をめぐり、外廻は聖域の境界を守護する意味合いを帯びた。拝所は護法と呼ばれる神仏の守護霊が岩石や小祠《しょうし》に祀られていた。この行は明治初年まで継続した。

三つの集団のうち、「行者方」は胎蔵界入峰と宣度祭《せどさい》、「衆徒方《しと》」は涅槃会《ねはんえ》（二月一五日）・誕生会《たんじょうえ》（四月八日）・如法経会《ねふきょうえ》（三月二三日）、「惣方」の色衆《いろし》・刀衆《かたなし》は「松会《まつえ》」（二月一四日・一五日）の中核的担い手となった。近世では「衆徒方」の誕生会と如法経会は、「行者方」の入峰、「惣方」の松会とともに重視され、主宰者は「彦山神役」と呼ばれた。如法経会は法華経を写経して奉納する七昼夜（三月二三日から二九日）の行事で終了後は法印大和尚となる。宣度祭（二月一五日）、は「行者方」の大先達に昇進する儀礼、盛一臈祭《もれいちろうさい》（二月一四日）は「惣方」の一山一臈《いっさんいちろう》となる儀礼をいう。いずれも松会の時に執行された。

最大の行事は松会で、仏陀入滅の二月一五日に行われた。当日は暁から「衆徒方」による「涅槃会」、引き続き「惣方」が御田祭《おんたさい》・延年《えんねん》・松柱《まつばしら》などを行い、最後に「行者方」による春峰の胎蔵界入峰が行われた。先達の担ぐ笈《おい》はいのちを宿す母胎となる。春峰は四月八日の「誕生会」が出峰《しゅっぷ》で、新たないのちが誕生する。仏陀の死と誕生の仏教行事に仮託して、死から再生に向かうことを根源の主題に据えた。民衆にとっては最も大切な五穀豊穣《ほうじょう》を願う現世利益を祈願の中核に据えた。彦山の山内の三つの集団はそれぞれの役割を担いつつ民衆との接点を松会に求めていたといえよう。

即伝による修行の体系化

彦山の集落は『彦山流記』では北谷・中谷・南谷・惣持院谷の四つの谷で形成されたとあるが、一五世紀の『彦山諸神役次第』では、五ツ谷・中尾谷・西谷・下谷・智室谷・玉屋谷が記され一〇の谷に広がった。この繁栄の時代に活躍した修験者に阿吸房即伝《あきゅうぼうそくでん》がいる。

即伝は下野《しもつけ》国の日光山《にっこうさん》で修行し、永正《えいしょう》年間の初め頃に諸国行脚《あんぎゃ》の途中で彦山に来た。華蔵院大先達の承運《しょううん》に師事し「山伏道付法印証状《やまぶしどうふほういんしょうじょう》」を授与されて、永正六年（一五〇九）八月に彦山大先達となる。彦山に伝来する修験関係の行法書《ぎょうほうしょ》、印信口決《いんしんくけつ》、切紙《きりがみ》を蒐集《しゅうしゅう》して編《へん》纂《さん》する事業を行った。大永《だいえい》五年（一五二五）には加賀《かが》国白山の山麓にある那谷寺《なたでら》で『三峯相《さんぶそう》承法則密記《しょうほうそくみっき》』の草案を編んだ。白山修行の後に、戸隠山《とがくしやま》に来住して大きな影響を与えたことが天台僧の乗因《じょういん》（一六八三〜一七三九）の著作から推定される。次いで『修験頓覚速証集《しゅげんとんがくそくしょうしゅう》』を撰述して弟子の祐円《ゆうえん》に与えた。『彦山修験秘訣印信口決集《ひこさんしゅげんひけついんしんくけつしゅう》』には彦山で承運が即伝に授けた印信《いんしん》と、即伝が天文《てんぶん》一九年（一五五〇）と永禄《えいろく》元年（一五五八）に定珍《じょうちん》に与えた印信が載る。印信とは秘伝とされる峰入り作法や重要な教義を、大先達など高位の山伏が切紙に記して、山中で弟子に与えるものである。即伝の彦山での最後の消息は永禄元年で、同年六月に『彦山峯中灌頂密蔵《ひこさんぶちゅうかんじょうみつぞう》』を撰し、弟子の定珍に印信を与えた。彦山在住五〇年で、この間に全国の修験道場をめぐり儀礼の体系化に努め、特に十界《じっかい》修行と呼ばれる六道《ろくどう》と四聖《ししょう》の段階を経て、即身成仏に至る擬死再生の修行の体系化は即伝によることが多い。

　即伝の思想は江戸時代の修験道の代表的な作法書『木葉衣《このはごろも》』の中核となって、影響は全国に及んだ。修験は元々すべてを口伝で伝え、山中の修行は一切秘密とされて、記録には残らなかったが、即伝はあえて秘伝の大半を書き留め、後世に残した。即伝ほど体系的な記述を残した者はおらず、彦山の権威はこれによって高まったといえる。ただし、彦山に残っている最古の印信は『彦山修験道秘訣灌頂巻《ひこさんしゅげんどうひけつかんじょうのまき》』（寛文《かんぶん》四年〔一六六四〕書写）であり、時代は下る。

近世の彦山

天正一五年（一五八七）の豊臣秀吉による九州平定後、関ヶ原《せきがはら》の戦い（一六〇〇）を経て、細川忠興《ほそかわただおき》が領主となった。忠興は知行を彦山に寄進し、高貴の血筋の者を座主に据えた。霊仙寺大講堂を元和《げんな》二年（一六一六）に再建するなど復興に尽くし、朝廷・公家・幕府・有力大名との結縁《けちえん》を強化した。細川氏は寛永《かんえい》九年（一六三二）に肥後へ転封となり、小笠原忠真《おがさわらただざね》が小倉《こくら》城主となって彦山への寄進は継続した。勅願所との位置づけを得て、幕府からは座主の代替わりごとに江戸城で将軍に謁見することが許された。これら一連のことが引き金になって、慶安《けいあん》四年（一六五一）から彦山と京都の聖護院《しょうごいん》の間で本末論争が始まる。慶長一八年（一六一三）の修験道法度《はっと》により、幕府が全国の修験者を聖護院を本拠とする天台宗の本山《ほんざん》派と、醍醐三宝院《だいごさんぼういん》を本拠とする真言宗の当山《とうざん》派に帰属させる動きに出たことにより、聖護院は彦山を末寺と位置づけようとした。彦山が朝廷や幕府と直接接触する際には本寺である聖護院の承認を得るように申し入れがあり、彦山は抵抗して聖護院との対立は決定的になった。最終的には寺社奉行の裁定で、元禄《げんろく》九年（一六九六）に彦山の全面的な勝訴となり、彦山は天台修験別格本山となった。この背景には彦山と幕府との強いつながりや、朝廷・公家との姻戚関係があったと考えられる。聖護院の干渉の動きは羽黒山にも及び、羽黒でも抵抗の末に独自性を認められて、寛永一八年（一六四一）に東叡山寛永寺《とうえいざんかんえいじ》末になった。

彦山と朝廷との深い関わりは霊元《れいげん》法皇で頂点に達した。法皇は彦山への崇敬の念で銅《かね》の鳥居に掲げる勅額の寄進を考え、享保一四年（一七二九）に彦山に「英」の美称を冠した勅号を与える旨の院宣を下したが、実現せずに崩御した。同一九年、霊元法皇宸筆《しんぴつ》の勅号を基に勅額が創《つく》られ銅の鳥居に掲げられ、院宣によって「英彦山」と公称するようになった。

彦山は元禄・宝永《ほうえい》年間に近世の最盛期を迎え、修験道を中心とした組織・儀礼・社寺・坊舎のすべてが整い、山伏の坊家（坊と院で構成）主体に集落が形成された。全盛期には九州各地に四二万戸の信徒を有したという。檀那場《だんなば》への祈禱《きとう》や配札《はいさつ》は大きな収入源となった。祈禱札には、陀羅尼経文《だらにきょうもん》と読誦数を記した巻数《かんす》、肌身につける掛守《かけまもり》、五穀豊穣・虫除《よ》け・盗難除け・牛馬安全の御札、漁師の安全祈願の船玉《ふなだま》網守などがあった。しかし、聖護院との対立や公家との交渉に莫大《ばくだい》な経費がかかり、経済は疲弊した。寛文一一年（一六七一）以後に集落の中に町家が造られ、山内の儀礼の負担や日常生活費は増大し、人口増加が負担になった。九州一円の檀那の新規開拓も伸び悩み、経済的には停滞状態になっていった。

山と集落

彦山の中腹に展開する集落は、江戸時代には天台教学に基づく四土結界《しどけっかい》思想という独自の聖域圏の中に位置づけられた（『塵壺集』）。それは彦山三所権現の山体を中核にして四重の同心円状の四土結界を設けるという考え方である（長野一九八七）。結界の外縁の北から東は北祓川《はらいがわ》・別所《べっしょ》祓川・鷹栖岳《たかのすだけ》、南から西は玉屋祓川・小祓川・南祓川で区画した。祓川の名称のとおり、水垢離《みずごり》をして身体を清め、穢《けが》れを祓って山頂登拝を行った（図参照）。

四土結界は、山麓から山頂に向かって四つの段階があり、①凡聖同居土《ぼんしょうどうごど》、②方便《ほうべん》浄土、③実報荘厳土《じっぽうしょうごんど》、④常寂光土《じょうじゃっこうど》である。①と②の境界は銅《かね》の鳥居、②と③の境界は石の鳥居、③と④の境界は木の鳥居で結界した。①は北坂本と南坂本の百姓集落で、諸坊家の女性たちがお産をする時の産所となった。百姓であっても五穀の栽培は禁制で、坊家への供給のために蔬菜《そさい》や茶の栽培を行った。わずかな水田を結界の外で耕して収穫を得た。②は方便の迷いを脱して仏・菩薩の声を聞いて仏縁を悟るが、まだ根本の迷いは残存する世界である。山伏の坊家を中心とする十谷の集落が形成され、俗人の登拝者を宿泊させた。この域内でのお産は禁制で、出産が迫ると北坂本と南坂本の集落に移動した。③は菩薩の生まれる所で、煩悩《ぼんのう》を断ち切る断惑《だんわく》の成果が滞りなく実証された世界で死穢《しえ》や牛馬を忌《い》む。三所権現をのぞく社寺の大半はこの圏内に入る。④は山頂部の三所権現を中心とし、理想と現実の一体化した世界である。此岸《しがん》と彼岸を超越して体得される真の絶対浄土で、峰々に居ます本地仏《ほんじぶつ》は時間と空間の総合統一体であり、永遠にして絶対的存在の世界とされた。この域内では大小便・唾も忌む。この圏域で人間は清浄な自然に溶け込み融合できる。

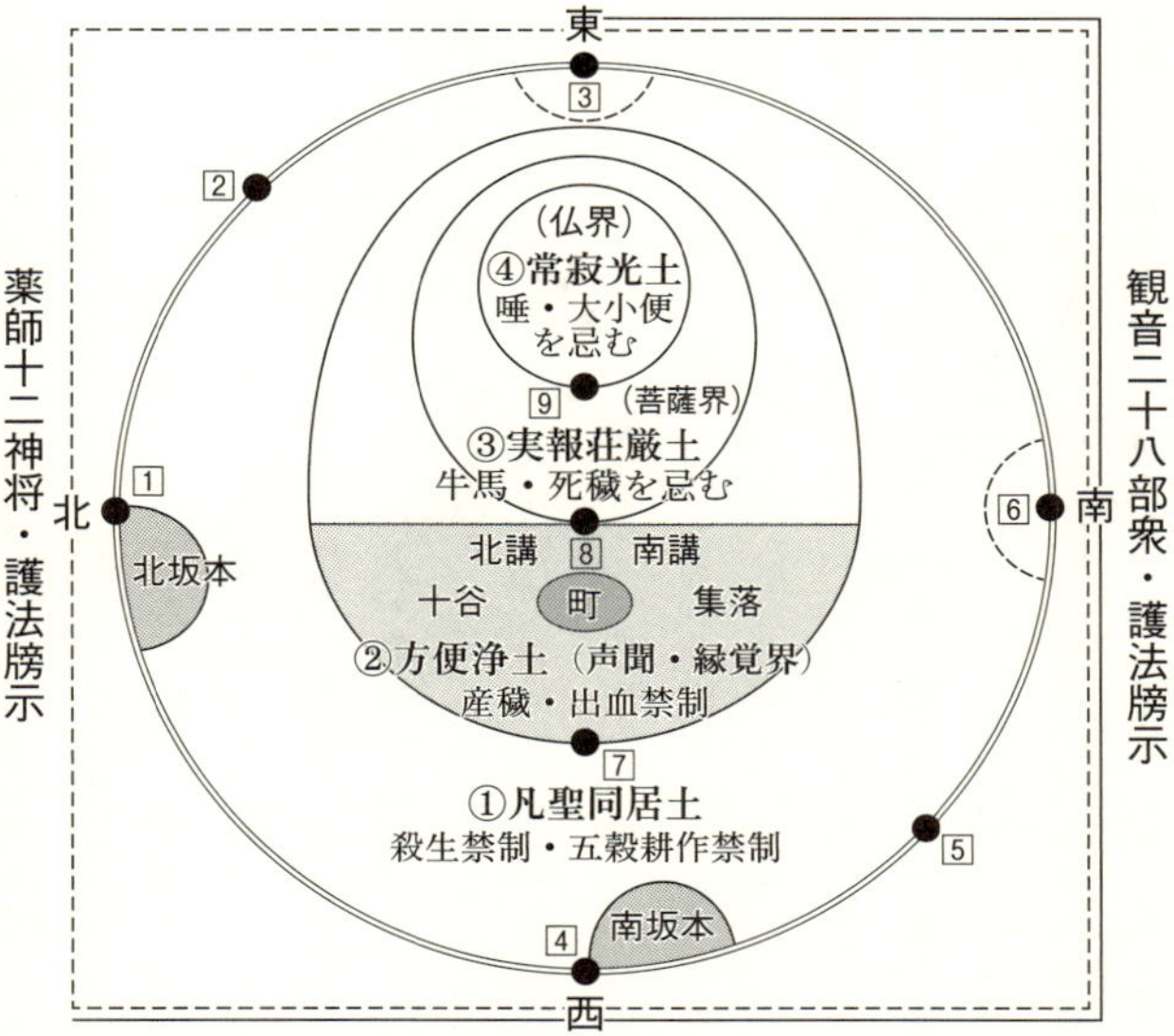

元禄16年（1703）田地１町５反余あり　高20石７斗９升

坊家集落　俗家集落　中世に存在した集落跡

霊仙寺境内界（大廻行外廻路）　制道

結界（牓示）　四土結界区分線

1 北祓川　2 別所祓川　3 鷹栖岳　4 南祓川　5 小祓川
6 玉屋祓川　7 一ノ鳥居（銅）　8 二ノ鳥居（石）
9 三ノ鳥居（木）

資料：富松坊広延、宝暦12年（1762）『塵壺集』。永徳3年（1383）『大廻行図』などによる。

図　四土結界と集落配置の概念

（出典：長野覚『英彦山修験道の歴史地理学的研究』）

集落の立地は英彦山中腹の六〇〇メートル付近の上下で、標高差一〇〇メートルの地点に形成された。明治の神仏分離直前は山伏の坊家約二五〇戸、強力《ごうりき》の庵室約四〇戸、町家と農家約五〇戸、人口は一二〇〇人を超えた。近世の最盛期の元禄・宝永の頃は宿坊約二三〇戸、庵室約三〇〇戸、町家・農家約八〇戸、人口は三〇〇〇人で巨大な門前町で都市の機能を有していた。坊家（宿坊）と庵室が実質的に山伏で、俗家とは区別されていた。俗家は農業集落の北坂本と南坂本と、商人・職人が居住する「町」にいた。坊家は妻帯の修験で戸主権を持ち、「行者方《ぎょうじゃがた》」「衆徒方《しとがた》」「惣方《そうがた》」のいずれかを担当したのである。平成二六年（二〇一四）現在、戸数八〇（旧坊家一七）、人口一四九人であり、かつての賑《にぎ》わいは消滅した。現在は福岡市内から近距離にあって豊富な自然にふれ手軽な登山を楽しむ場所、あるいは昔の山岳信仰の歴史に思いをはせる文化遺産を体験する地域になっている。

松会

江戸時代の彦山の行事の中心は松会《まつえ》であった。旧暦二月一四日・一五日に行われ、二日間で七〜八万人の参詣があったという記録もある。この行事には、「行者方」「衆徒方」「惣方」の三派の集団が個別に儀礼を行いながら五穀豊穣を祈念した。現在は、英彦山神宮の御《お》田祭《たさい》（三月一五日）と神幸祭《じんこうさい》（四月第二土曜日曜）に分離して一部が継承されている。

松会の創始者は『鎮西彦山縁起』には、増慶《ぞうけい》（九一七〜一〇〇六）と記されているが、『彦山流記』や『彦山諸神役次第』（一四四五）には松会の記載はないので完成は室町時代中期かと推定されている。ただし、『彦山諸神役次第』には「増慶社七日参り」と「増慶宮御供」が記され、双方とも姿を変えつつも現在まで継続している。後者は神幸に先立って影向《ようごう》石《せき》の上に御供物の粢《しとぎ》（水に浸した生米を砕いて様々な形にして固めたもの。古い供物の形態をとどめるといわれる）をあげて、烏が啄《ついば》めば吉兆で神輿《みこし》を出した。戦前までは烏の飛来を待ち続けたという。増慶は松会の創始者という伝説は生きている。

松会は山伏の「惣方《そうがた》」（神事両輪組《しんじりょうわ》）の担当であった。惣方は「色衆《いろし》」（陰）と「刀衆《かたなし》」（陽）の二組（両輪）からなり、陰陽和合して彦山三所権現に天下泰平・五穀豊穣を祈願した。色衆は広庭で流鏑馬《やぶさめ》・獅子舞《ししまい》・御田祭を行い、刀衆は長刀《なぎなた》・鉞《まさかり》・鉄棒作法を行う。延年《えんねん》の歌舞は色衆と刀衆が隔年で担当する。三体の神輿に三所権現の本地仏を遷《うつ》し、一の殿は釈迦如来、二の殿は千手観音、三の殿は阿弥陀如来として、色衆と刀衆が協力して担ぐ。一四日は下宮《げぐう》から御旅所《おたびしょ》へ御幸し、一五日には還幸《かんこう》する神幸祭の形式である。

一五日には大講堂の前で色衆・刀衆・先山伏による松柱作法があった。高さ一丈八尺（約五・五メートル）の松柱に幣切《へいき》り山伏が上がって、火打（点火）して御幣《ごへい》の足を焼き、御幣を一刀両断に切れば吉とする咒法《じゅほう》である。松柱を陽とし、切り落とされた御幣の白紙が周囲を取り巻く色衆（陰）の中に散っていくことで、陰陽和合によって新しい生命が誕生すると観念された（『修験六十六通印信《しゅげんろくじゅうろくつういんしん》』）。御幣の切り具合でその年の豊凶を占ったとも伝える。この日は神輿の前で、五穀豊穣を予祝《よしゅく》する御田祭が色衆によって行われ、最後に神霊の宿る籾《もみ》が配られ、参詣者は競って拾って持ち帰って田圃《たんぼ》にまいた。農耕儀礼の様相が色濃い。

江戸時代の状況は寛政《かんせい》四年（一七九二）製作の「英彦山大権現松会之図《ひこさんだいごんげんまつえのず》」（平戸市・松浦《まつら》史料博物館蔵）で知ることができる。この図には松柱起こしから松柱倒しまでの神幸祭・御田祭・宣度祭《せどさい》（行者方から大先達への昇進儀礼）が描かれている。神幸祭行列、「惣方」の供奉による神輿行列、「衆徒方《しとがた》」（如法経《ねふきょう》組）が加わった座主出仕行列、「行者方」の仏殿出仕行列などが組み合わさり、当時の華やかな様子が伝わってくる。

松会に先立つ二月晦日には、彦山から周防灘《すおうなだ》の仲津《なかつ》郡今井津《いまいのつ》の沓尾《くつお》（現・行橋《ゆくはし》市）に下って海中で禊《みそ》ぎを行い、竹筒に海水（潮井《しおい》）を汲《く》んで、三月一日に帰山し、三月二日の早朝から山内を潮井で祓い清める。これを「潮井採《しおいと》り」の神事といい、九里八丁（約三七キロメートル）の往復は現在も行われている。江戸時代は色衆・刀衆の松会担当者を「神役」と称し、一〇年にわたる行事の遂行の後に盛一﨟祭《もれいちろうさい》を行い、最高位の「一山一﨟《いっさんいちろう》」の地位に登りつめた。松会には彦山の儀礼が仏教や修験の外被をまといつつ農耕儀礼として展開し、民衆に支えられていた様相が顕著にみられる。

神仏分離以後

明治元年（一八六八）九月一六日、彦山座主霊仙寺座主の教有《きょうゆう》は僧籍を返上して、英彦山神社大宮司になり、すべての山伏は還俗《げんぞく》し、一部は神職となった。神仏分離は彦山においては、徹底した神道化の方向で推し進められた。明治四年五月に国幣《こくへい》小社、明治三〇年には官《かん》幣《ぺい》中社に昇格したが、修験道の組織・儀礼は崩壊し、江戸時代からの連続性は松会の一部が維持され、山内の各集落の講が残ったにすぎない。

ただし、峰入りは、明治の終わり頃まで行われ、直方《のおがた》市上境《かみざかい》の古老の話では、疲れ果てた山伏は眠りながら歩いていたので「居眠り山伏」と呼ばれたという。畑の日吉《ひよし》神社では修行の一環として相撲をとっていたとされる。峰入りは断続的には復活したが、全面的な再興にまでは至らなかった。千年の伝統は国家権力によって一挙に崩壊した。

現在は筑紫《つくし》平野を中心に「彦山権現講」が組織され参詣は細々と続いている。旧宿坊は門前集落として昔日の面影を留め、坊の子孫は仏像・曼荼羅・法具を密《ひそ》かに持ち伝えてきた。昭和四二年（一九六七）から四月一五日の神幸祭に児島五流《こじまごりゅう》修験による採燈護摩供《さいとうごまく》（文字は天台宗は「採」、真言宗は「柴」）が行われ、高住《たかすみ》神社（旧・豊前坊）は昭和五二年（一九七七）から一一月三日の祭事に採燈護摩供と上宮登拝の入峰《にゅうぶ》を始めた。福岡県福間町《ふくままち》金剛寺による行場の巡拝、求菩提山《くぼてさん》龍王院による奥駈《おくが》け、など単発での修行は数多く行われてきた。修行路は現在は熊野古道に倣って「峰入り古道」と呼ばれている。しかし、その後も紆余《うよ》曲折があり本格的な復興は難しい。

祭事の中核であった松会は彦山六峰《ひこさんろっぽう》と呼ばれる求菩提山（護国寺《ごこくじ》）・松尾山《まつのおやま》（医王寺《いおうじ》）・檜《ひ》原山《ばるさん》（正平寺《しょうへいじ》）・蔵持山《くらもてやま》（宝船寺《ほうせんじ》）・福智山《ふくちやま》（宝覚寺《ほうかくじ》）・普智山《ふちさん》（等覚寺《とうがくじ》）に伝わった。現在、松会は求菩提山、檜原山、松尾山、普智山で御田植祭として残り、普智山等覚寺だけが祭柱での幣切《へいき》り神事を伝える。等覚寺は現在では白山多賀《はくさんたが》神社（苅田町《かんだまち》）となり、行事は四月第三日曜日に行われる。松庭を祭場として、獅子舞《ししまい》、鬼会《おにえ》、種蒔《ま》き、田打ち、はらみ女、おとんぼし（案山子《かかし》）、田植え、楽《がく》打ち、山伏の鉞《まさかりま》舞いや薙刀《なぎなたま》舞いが行われ、最後に施主が祭柱に登って幣切りをする。なお、獅子舞は昭和三三年（一九五八）、楽打ちは平成一六年（二〇〇四）、鉞舞は平成八年から加わるなど変化が多い。幣切りの担当は施主で盛一﨟《もれいちろう》と呼ばれる儀礼の主宰者で、種蒔きも行う。旧坊家が輪番制で平等に担当してきた。盛一﨟は松会の役職で、英彦山では役を務めることで地位が上昇する位階制を取っていた。求菩提山でも英彦山と同様の地位上昇の体系として展開したが、等覚寺は平等性を保った。松会は彦山から各地に伝播してそのまま受容されたのではなく、相互伝播や在地への適応を通じて個性的に展開した。

かつての修験の行事や拠点は文化財の指定を受けるようになった。普智山等覚寺の松会は平成一〇年に国の重要無形民俗文化財に、求菩提山は「求菩提の農村景観」として平成二四年に重要文化的景観に登録された。中世の山岳寺院の遺跡が残る首羅山《しゅらさん》（久山町《ひさやままち》）は平成二四年、太宰府と密接な関係をもつ山岳信仰と修験道の山としての宝満山《ほうまんざん》（太宰府市）は平成二五年に国史跡に指定され、現在、英彦山も国史跡を目指して総合調査が進められている。山岳信仰は急速に保護の対象に取り込まれつつあり、文化資源化への道を歩み始めた。英彦山は新たな時代に入ったといえるのかもしれない。

第四章　富士山――日本人の心のふるさと

日本の最高峰

富士山《ふじさん》（三七七六メートル）は秀麗な山容を持ちその美しさで人びとを魅了する。山中に川をもたない独立峰で、山に降り積もった雪は山麓《さんろく》に豊富な湧水として出現し人びとに恵みをもたらす。一方、火山活動は自然災害を引き起こして人びとを恐怖に陥れてきた。山の在《あ》り方を複雑に見せる日本最高峰の富士山は、平成二五年（二〇一三）には「富士山―信仰の対象と芸術の源泉」として世界遺産に登録された。登拝《とはい》口は駿河《するが》国側には表口（大宮《おおみや》口・村《むら》山《やま》口）、須山《すやま》口、須走《すばしり》口、甲斐《かい》国側には吉田《よしだ》口と船津《ふなつ》口があり、富士山が山岳霊場として展開していく過程で、登拝口に浅間社《せんげんしゃ》が祀《まつ》られ、拠点の集落が形成され参詣者を受入れる宿坊が成立した。宿坊の経営では、大宮口は富士山本宮浅間大社《せんげんたいしゃ》の社人《しゃにん》、村山口は富士山興法寺《こうぼうじ》の衆徒、吉田口は北口本宮富士浅間《ふじせんげん》神社の御師《おし》が活躍した。江戸時代には富士登拝のブームが起こり、江戸八百八町に八百八講と呼ばれる多数の富士講《ふじこう》が組織された。神仏分離の再編

富士山
富士河口湖町
河口浅間神社
河口湖
冨士御室浅間神社（里宮）
精進湖
西湖
北口本宮
冨士浅間神社
忍野八海
本栖湖
精進口
船津口
山中湖村
山中湖
吉田口
冨士御室
浅間神社（本宮）
富士山
人穴
須走口
お中道
富士宮市
須走浅間神社
御殿場市
富士宮口
白糸の滝
須山口
大宮・村山口
山宮浅間神社
村山浅間神社
須山浅間神社
富士宮駅
富士山本宮浅間大社
愛鷹山
富士駅
駿河湾
沼津駅

を経て信仰は衰えたが、現在は登山ブームで賑《にぎ》わっている。

古代の富士山

富士山への信仰は考古学の成果に基づけば縄文時代中期まで遡《さかのぼ》る。静岡県富士宮《ふじのみや》市の千《せん》居《ご》遺跡や山梨県都留《つる》市牛石《うしいし》遺跡の配石遺構は富士山を拝むことを意識しているという。文献上の初出は奈良時代の『常陸国風土記《ひたちのくにふどき》』筑波《つくば》郡条（養老《ようろう》四年〔七二〇〕頃成立）の「福慈《ふじ》の神《かみ》」の伝承である。それによると、昔、駿河の国の福慈神は、祖先である「神祖《みおや》の尊《みこと》」が来て宿を乞うたが、「新粟《わせ》の初嘗《にいなえ》」の日で家中が物忌《ものい》みをしているとして断った。そのため、福慈の岳（富士山）は冬も夏も雪が降り霜が降りて、人びとは登らず、飲食も供えなくなったという。筑波山《つくばさん》が多くの男女の集う歌垣《うたがき》の山として賑わっているのと対照されている。

有名な山部赤人《やまべのあかひと》の短歌「田児の浦ゆ　うち出《い》でて見れば　真白にぞ不尽《ふじ》の高嶺《たかね》に　雪はふりける」（『万葉集』巻三・三一七）や、高橋虫麻呂《たかはしのむしまろ》の長歌「富士の高嶺は　天雲も　い行《ゆ》きはばかり　飛ぶ鳥も　飛びも上《のぼ》らず　燃ゆる火を　雪もち消《け》ち　降る雪を　火もち消ちつつ言ひも得ず　名づけも知らず　くすしくも　います神かも　……宝とも　なれる山かも　駿河なる　富士の高嶺は　見れど飽かぬかも」（同・三一九）に雪が降り積もり噴煙たなびく様が歌い込まれ、その姿に感嘆している。奈良時代の富士山は活火山として巨大な力を見せつけていた。

噴火の歴史

富士山は八世紀末期に火山活動が活発化した。『続日本紀《しょくにほんぎ》』には天応《てんおう》元年（七八一）に噴火と降灰とあり、『日本紀略《にほんきりゃく》』には延暦《えんりゃく》一九年（八〇〇）に大噴火、延暦二一年にも噴火している。朝廷は卜筮《ぼくぜい》を行い疫病が流行《はや》ると出たので、駿河・相模《さがみ》の両国に鎮謝の祭と読経を行わせて鎮めようとした。仏教儀礼による鎮撫《ちんぶ》は経文の呪力への信頼に基づくのであろう。

富士山の神名は「浅間神《あさま》」として『文徳実録《もんとくじつろく》』の仁寿《にんじゅ》三年（八五三）の条に初めて現れる。霊験《れいげん》著しい「名神」と記され、神位として従三位《じゅさんみ》をあてて鎮撫した。火山の暴威は神の力と考えていたのである。『日本三代実録《にほんさんだいじつろく》』によれば、貞観《じょうがん》六年（八六四）には大噴火が起こり、甲斐国側に甚大な被害が出た。北西の側火山《そっかざん》から大量の溶岩流が北麓の湖に流れ込み、生物は死に絶え住まいを破壊し、青木ヶ原《あおきがはら》と西湖《さい》・精進湖《しょうじ》・本栖湖《もとす》の景観はこの時に作られた。朝廷は占いを行い、浅間神に仕える神官が祭を怠ったことが噴火の原因と出たので、駿河国に奉幣《ほうへい》を命じて神を鎮める祭を行わせた。

しかし、貞観七年（八六五）に甲斐国八代《やつしろ》郡の郡司、伴真貞《とものまさだ》に神が憑依《ひょうい》して「我は浅間《あさま》の明神《みょうじん》なり。此の国に斎《いっ》く祀らるを得む」と欲して、様々に災害を引き起こしたと宣べた。

「早く神社を定め、兼ねて祝禰宜《はふりねぎ》を任じ、宜《よろ》しく潔《きよ》め奉祭《たてまつ》るべし」と託宣を告げ、伴真貞の体は八尺に伸びたり二尺に縮んだりという不思議を起こした。国司の占いも同様の託宣で、明神の願いをかなえるべく、伴真貞を祝《はふり》とし、同じ郡の伴秋吉《とものあきよし》を禰宜《ねぎ》として神宮として祀った。『日本三代実録』貞観七年一二月九日条に現地視察した国府の使者の報告があり、溶岩は社宮、石の門、高閣になぞらえられ、「彩色の美麗言《ささ》うに勝《すぐ》ふべからず。望請《のぞみこ》はくは、斎《いつ》き祭り、兼ねて官社に預らん」と述べ、朝廷が奉幣を捧げる官社に加えた。これが現在の河口浅間神社《かわぐちあさま》で、貞観七年の創建とし、その位置は河口湖《かわぐち》から貞観大噴火の火口を望み、溶岩流を拝める。神社の拝殿前の「美麗石《ひいらいし》」は溶岩の美麗さの故事にちなんで名づけられ、踏めば草鞋《わらじ》の緒が切れるという禁忌《きんき》があった。この場所は縄文時代に遡る遺跡で、古くからの富士山の遥拝地《ようはいち》であったと推定されている。

貞観年間は富士山の大噴火だけでなく、貞観一一年（八六九）の陸奥《むつ》国大地震、貞観一三年の出羽《でわ》国鳥海山《ちょうかいさん》（史料では飽海《あくみ》郡山上の大物忌《おおものいみ》神社）噴火と続き、朝廷は自然の猛威を神の偉大な力の顕現とし、祟《たた》りを恐れ神位を捧げて鎮めることに奔走した。浅間大神《あさまのおおかみ》は国家祭祀の対象になって官社に祀られた。

『富士山記』の世界

平安時代初めに富士山に関する詳細な記録が著された。都良香《みやこのよしか》（八三四〜八七九）の『富《ふ》士山記《じさんき》』で、藤原明衡《ふじわらのあきひら》撰の漢詩文集『本朝文粋《ほんちょうもんずい》』巻第一二（康平《こうへい》年間〔一〇五八〜一〇六五〕成立）に収められている。これによると、貞観一七年（八七五）一一月に旧例にならって祭祀を行ったところ、白衣《びゃくえ》の美女が二人出現して山上で舞ったという。「古老伝えて云《い》はく、山は富士と名づく。郡名を取るなり。山に神有り。浅間大神と名づく」と神名を記し、山頂について具体的に景観を描写する。「頂上に平地あり。広さ一許里。その頂《いただき》中央の窪《くぼ》下《した》の体、炊甑《すいそう》のごとし。甑底《そうてい》に神池あり。池中に大石あり。石の体は驚奇にして宛《あたか》も蹲《うずくま》る虎のごとし」とある。雪は春夏とも消えず、「白沙《はくさ》山を成す。攀登者《はんとうしゃ》は、腹下に止まり、上に達するを得ず」として白沙が流れ下るので登攀《とうはん》は困難で麓《ふもと》から拝むだけだが、役居士《えんのこじ》（役行者《えんのぎょうじゃ》）は登拝した。大きな泉があり、山麓から出て、最後は大河となる。山の東には新山があり、元は平地だったが一〇日で山になったとされ神が造ったに違いない、と記し噴火の状況を生き生きと伝える。

浅間大神を祀り、豊富な水と火山への畏《おそ》れへの信仰があった。現在の富士山本宮浅間大社（富士宮市）は、大同《だいどう》元年（八〇六）に坂上田村麻呂《さかのうえのたむらまろ》が、山宮から遷座して社殿を建立したと伝えるが、境内には伏流水が湧き出す「湧玉《わくたま》の池」がある。すでに天暦《てんりゃく》年間（九四七〜九五七）に駿河守平兼盛《かねもり》は「使ふへきかすにをとらむ浅間なるみたらし河のそこにわく玉」

と詠んだ。恵みをもたらす水の信仰が続いてきた。湧水と噴火、富士山の自然への畏怖が伝わる。

山に登拝した末代上人

富士山登拝は『日本霊異記《にほんりょういき》』上巻第二八話に「駿河富岻嶺《ふじのみたけ》」への役行者の登拝、法隆寺《ほうりゅうじ》東院《とういん》旧蔵の『聖徳太子絵伝《しょうとくたいしえごよみ》』（延久《えんきゅう》元年（一〇六九））には聖徳太子の黒駒による登拝が描かれている。しかし、いずれも伝説の域を出ず、富士山への本格的な登拝は、噴火が小康状態になった一二世紀以降である。噴火は貞観六年、承平《じょうへい》七年（九三七）、長保《ちょうほう》元年（九九九）、長元《ちょうげん》五年（一〇三二）、永保《えいほう》三年（一〇八三）と続き、小康状態となる。その後は、宝永《ほうえい》四年（一七〇七）に大噴火が起こり、現在に至るまでの大休止が続く。

『本朝世紀《ほんちょうせいき》』久安《きゅうあん》五年（一一四九）四月一六日条には、駿河国の末代《まつだい》は富士山登頂数百回に及び、富士上人と呼ばれ、山頂に大日寺《だいにちじ》を建立したと記す。末代は慈覚大師円仁《じかくだいしえんにん》の事績にあやかり、関東の庶民への勧進《かんじん》のために一切経《いっさいきょう》（如法経《にょほうきょう》）の書写を勧めて歩いていたが、写経の料紙《りょうし》が六百巻余った。そこでこれを携えて京都に上って鳥羽《とば》法皇に献上し、法皇は写経事業を勧めて多くの人が結縁《けちえん》した。経典は完成して供養が行われ、末代は一切経を賜って富士山頂に埋経したと伝える（久安五年五月一三日条）。昭和五年（一九三〇）に山頂の三《み》島ヶ岳《しまがたけ》から出土した経巻群がこれではないかといわれている。

末代上人は名前から判断すると、末法《まっぽう》の世を生き抜く決意を持った人物かもしれない。日本では最澄《さいちょう》の筆とされる『末法燈明記《まっぽうとうみょうき》』に基づき永承《えいしょう》七年（一〇五二）から末法に入ると信じられ、この前後に、末法の世に経典が失われることを恐れて、経筒《きょうづつ》に入れて地中に埋納する慣行が盛んになった。これは作善《さぜん》行為（善行を積むことで仏菩薩の慈悲にあずかる）で後に経塚《きょうづか》と名づけられた。当初は弥勒《みろく》出世の時までの保管を意図したが、次第に極楽往生や現世利益の願いがこめられた。最古の経塚は修験道の根本《こんぽん》道場とされる大峯山《おおみねさん》の山上ヶ岳《さんじょうがだけ》で、藤原道長《みちなが》が寛弘《かんこう》四年（一〇〇七）に埋納した。末代上人の事績は山岳信仰が仏教化され日本独自の経塚を発生させた経緯を物語る。

火山活動の沈静化で、古代では遠方から遥拝していた富士山が平安時代末期には登拝対象になる時代に移行し、浅間大神は大日如来《だいにちにょらい》を本地仏《ほんじぶつ》とした富士浅間大菩薩《ふじせんげんだいぼさつ》へと変容した。鎌倉時代になると『吾妻鏡《あづまかがみ》』治承《じしょう》四年（一一八〇）八月一八日条には、源頼朝《よりとも》の日々の勤行《ごんぎょう》を御台所《みだいどころ》が伊豆山法音尼《いずさんほうおんに》に依頼する記事に、般若心経《はんにゃしんぎょう》を唱える対象に「富士大菩薩」が含まれている。本地垂迹《ほんじすいじゃく》思想の定着である。

『浅間大菩薩縁起』

中世になると富士山に関わる縁起《えんぎ》が書かれる。末代上人の事績は、称名寺《しょうみょうじ》旧蔵本『浅間《せんげん》大菩薩縁起《だいぼさつえんぎ》』（建長《けんちょう》三年〔一二五一〕）によれば、伊豆国の生まれで俗名は有鑑《ゆうかん》、伊豆走湯山《そうとうさん》で修行を重ね各地をめぐり、浅間大神の眷属《けんぞく》、三宮《さんのみや》、悪王子《あくおうじ》、剱御子《つるぎのみこ》から末代上人と名づけられた。長承《ちょうしょう》元年（一一三二）四月一九日に富士山登頂、岩窟に仏具類（閼伽器《あかき》、鈴、剣、金二両）を納め、六月一九日に登拝して剣と金二両を納めた。翌年四月五日に登頂して如法経一部一〇巻と面八寸の鏡に不動三尊像を鋳顕《ちゅうけん》した鏡像を納めたとされる。

『浅間大菩薩縁起』は多くの示唆を与える。第一は伊豆修験と富士信仰が関連していた可能性である。後白河《ごしらかわ》法皇撰『梁塵秘抄《りょうじんひしょう》』（治承《じしょう》四年〔一一八〇〕頃）に「四方《よも》の霊験所は。伊豆の走り湯、信濃《しなの》の戸隠《とがくし》、駿河の富士の山、伯耆《ほうき》の大山《だいせん》、丹後《たんご》の成相《なりあい》とか。土佐《とさ》の室生門《むろうと》、讃岐《さぬき》の志度《しど》の道場とこそ聞け」とある。東国では伊豆山（走湯山）と富士山と戸隠山が挙げられていた。伊豆は讒言《ざんげん》で葛城《かつらぎ》から追放された役小角《えんのおづぬ》の遠流《おんる》の地とされ（『続日本紀』巻一文武天皇三年五月丁丑条）、昼は伊豆、夜は富士に飛んで修行したという（『日本霊異記』上巻二八話）、役行者の由縁の地である。走湯山は温泉の湧き出る聖地で天台《てんだい》系の修行者が活躍した。

第二は本地垂迹《ほんじすいじゃく》の展開である。浅間大神は菩薩とされ、山頂に大日堂を建立し本地仏は大日如来であった。山頂に大日如来の教令輪身《きょうりょうりんじん》の不動を刻んで鏡像を納めたという。鏡は神の御正体《みしょうたい》で明王を刻むのは神仏習合である。また、末代上人の俗名の有鑑のアリとは顕《あらわ》れる、鑑は鏡に通じるとすれば、まさしく神霊が顕現する祭具と同じ意味となり、神霊との合一を意味する。シャーマンを基盤に仏教化して発展した神仏習合の舞台が山岳であった。各地の山の開山者の名称にアリが含まれるのは偶然ではない。

第三は末代上人が最初の登拝者ではなく先駆者がいたことの示唆である。富士山への登拝者として、年代不詳の金時《きんとき》上人、天元《てんげん》六年（九八三）の覧薩《らんさつ》上人、天喜《てんぎ》五年（一〇五七）の日代《にちだい》上人が記されている。伊豆の『走湯山縁起《そうとうさんえんぎ》』の開祖三仙人「松葉《しょうよう》」「蘭脱《らんだつ》」「金地《こんぢ》」と類似する。伝承の域は出ないが、九世紀頃に富士山登拝をした山林修行者の記憶がとどめられ、村山修験の活動への底流をなしていたと推定される。本縁起には末代上人は「富士の峯に攀《よじのぼ》らんとする念を発し、山宮に参籠《さんろう》し、一百ヶ日の間、大仏頂三落叉《だいぶっちょうさんらくさ》を満じおわんぬ「有鑑下り、山宮に至り、三ヶ日の間を経。宮司より始め、神官に至るまで、古老人ら、有鑑讃歎《さんたん》の示現を蒙《こうむ》らざる者なしと云々《うんぬん》」と記され、末代上人（有鑑）の参籠潔斎を経ての登頂や、下山後の山宮での三日間の儀礼などが行われていた。

西南麓の富士山本宮浅間大社の創祀地と伝える山宮浅間神社（社殿なしの遥拝所）での発掘調査で、一二世紀中頃から後期にかけて祭場が整備され、富士山を遥拝する露天の祭場であったことがわかった。一一世紀後半から一二世紀に浅間大社境内の整備が進み、大宮司館が成立し、駿河国一宮になる。大宮司の富士氏は富士郡領の和邇部《わにべ》氏を祖先に持つとされ、世襲で職を務め明治に至った。一二世紀から一五世紀には大宮司館跡から貿易陶磁が出土し巨大な富を蓄えていたことがわかる。

かぐや姫

中世は本地垂迹の思想が展開し、富士山の本地は大日如来、垂迹は浅間大菩薩とされ、富士山縁起によれば赫夜姫《かぐやひめ》と結びついていた。日本最古の物語とされる『竹取物語』(平安時代前期)は、「竹取の翁《おきな》」が竹の中から見出《みいだ》して育てたかぐや姫が、貴公子の求婚にも帝《みかど》からの召し出しにも応じず、富士山に登り八月の満月の夜に「月の都」へ帰る。しかし、『神《しん》道集《とうしゅう》』「富士浅間大菩薩事」では、竹林から生まれた「赫野姫《かぐやひめ》」は国司の娘として育ち、成長して富士山の仙女と名乗り、神となって出現する。仙女の表現には神仙思想の残滓《ざんし》がある。一三世紀の『浅間大菩薩縁起』では浅間大菩薩を赫夜姫、愛鷹明神《あしたかみょうじん》と犬飼《いぬかい》明神を竹取翁と嫗《おうな》とし(西岡二〇〇四)、『浅間御本地御由来記《せんげんごほんじごゆらいき》』(室町時代)は木花咲耶姫《このはなさくやひめ》が垂迹神で本地は浅間大菩薩である。『富士山縁起《ふじさんえんぎ》』(天文《てんぶん》二三年〔一五五四〕書写)はカクヤ姫は求婚者を退けて富士山に登り、富士浅間大菩薩として現れたとある。

かぐや姫は中世では富士山の祭神となり、本地は浅間大菩薩、垂迹は木花咲耶姫とする説が成立した。この時代は表口が村山修験《むらやましゅげん》を中心に栄え、大宮口も同様で、一六世紀前期成立の『富士参詣曼荼羅《ふじさんけいまんだら》』は田子《たご》の浦の海岸で浜垢離《はまごり》をする道者の姿が描かれ、表口の大宮境内の湧玉《わくたま》池の水垢離《みずごり》が描かれる。ただし、女性は村山口の中宮付近までが結界地点だった。多くの白衣の道者が禊《みそ》ぎをした後に、列をなして山頂の大日如来を目指して登拝する姿が克明に描かれ、ご来光を拝んだ。大宮口には一六世紀中頃に三十余りの道者坊があったが、江戸時代初めには一〇坊足らずに減ったという。近世の富士信仰の中心は表口から北口へと移っていった（大高二〇一三）。

村山修験

古代の国家祭祀の富士山に対して、中世の富士山では南麓の駿河国村山口（富士宮市）を拠点とする村山修験が栄え、活動は七〇〇年間に及んだ。末代上人の山岳登拝が修験道へと展開したと考えられる。伝承では末代上人は、村山に伽藍《がらん》を建立し、富士山興法寺で即身《そくしん》成仏《じょうぶつ》して入定《にゅうじょう》したとされ、開山の大棟梁権現《だいとうりょうごんげん》と崇《あが》められてきた。『浅間大菩薩縁起』は村山修験の根本縁起《こんぽんえんぎ》で、末代上人の事績だけでなく、山頂が八峰で、山中が三つの層に分かれ一層が眷属神《けんぞくしん》にあたるなど、山全体を霊山として意味づける。富士山は役行者《えんのぎょうじゃ》の開山で、末代上人が伽藍を建立し、一四世紀に頼尊《らいそん》が興法寺別当《べっとう》といわれる三坊と行法や組織を整えたとされる。大棟梁権現社を所管する大鏡坊《だいきょうぼう》、大日堂を所管する池西坊《ちせいぼう》、浅間神社を所管する辻之坊《つじのぼう》は、村山三坊《むらやまさんぼう》と呼ばれて、富士参詣者の管理を行った。古くは走湯山《そうとうさん》を中心とする伊豆修験との関係が強かったが、一五世紀には聖護院《しょうごいん》との関係が深まり、本山《ほんざん》派修験（天台系）に所属した。発掘調査で村山浅間神社の境内では、竈《かまど》を持つ竪穴建物跡から甲斐型土器、墨書《ぼくしょ》土器、緑釉《りょくゆう》陶器、灰釉《かいゆう》陶器など九世紀から一〇世紀の遺物が出土し、山林修行者の活動がしのばれる。

村山大日堂蔵の文明《ぶんめい》一〇年（一四七八）在銘の木造大日如来坐像の胎内銘に池西坊の名がみえる。文明一八年（一四八六）には京都の聖護院門跡の道興准后《どうこうじゅごう》が東麓の須山と南麓の村山を来訪したと『廻国雑記《かいこくざっき》』（長享《ちょうきょう》元年〔一四八七〕）に記され、当時の有力な信仰集落であった。村山口は中世には八合目以上の頂上所有権を持っていたので隆盛をきわめ、大宮口と拮抗《きっこう》して繁栄した。村山修験は今川《いまがわ》氏の庇護《ひご》を受けて強大な勢力を誇ったが、その滅亡と運命をともにして、本山派の聖護院末に組み込まれ、徐々に衰退する。江戸時代初期は、村山修験は富士山興法寺を拠点に、村山三坊（大鏡坊・池西坊・辻之坊）と、他の同行の修験者を合わせて「山伏十三人衆」と称して活動を続けた。村山はその後も、『富士山禅定図《ふじさんぜんじょうず》』や『富士山略縁起《ふじさんりゃくえんぎ》』の版行を行うなどして、正統性を誇示し、往古の復活を試みたが徐々に衰退への道をたどった。

村山修験は「富士峯修行《ふじみねしゅぎょう》」という独自の入峰《にゅうぶ》修行を行い、修験者は修行で得た験力《げんりき》に基づいて回国《かいこく》し、配札《はいさつ》と加持祈禱《かじきとう》を行って檀那場《だんなば》を形成していた。俗人に富士山登拝を勧め、自らが先達《せんだつ》となって道者たちを山頂登拝に導き、信仰集落は徐々に勢力を拡大した。ただし、修行は秘儀で文字で記すことは禁じられ、修行者も少数に限定されていた。史料上の初見は天文二〇年（一五五二）九月一一日付けの今川義元朱印状《よしもとしゅいんじょう》である。実態は近世の地誌『駿河《するが》記《き》』（文化《ぶんか》一五年（一八一八））に記され、日程は七月二二日に入峰、八月一六日帰村で、『駿河志料』（文久《ぶんきゅう》元年（一八六一））によれば、役行者以来の伝法と伝え、俗人の富士山登拝を禁じた上で、発心門《ほっしんもん》から拝所に札打ちをしながら山頂登拝をし、その後、一合目の御室《おむろ》で八月二日までの山籠勤行《さんろうごんぎょう》をした。引き続き東麓に出立し、宝永山《ほうえいさん》—須山口中宮浅間社—御室丹生《にゅう》明神—北畑《きたばたけ》村五鬼善鬼《ごきぜんき》社—須山村朝日《あさひ》観音堂—愛鷹山《あしたかやま》（字堂ヶ尾《あざどうがお》）—金沢《かなざわ》村浅間社—景ヶ島《きょうがしま》観音—千福《せんぷく》村十二所権現社—三島明神—大畑《おおはた》村熊野権現社—沼津《ぬまづ》日吉《ひよし》山王社—吉原《よしわら》駅—杉田《すぎた》村八大金剛童子《はちだいこんごうどうじ》—雷《かみなり》村薬師堂をめぐって村山に帰ってきた。修行の内容は極秘であるが、各拝所でノゾキ（覗）の行、護摩行《ごまぎょう》、ハネ木の行などが行われた。大正時代初期の修行覚書では七月二二日の山籠勤行は「胎内五位」とされ、山中を胎内に見立てた擬死再生の行と推定される。中断はあったが昭和一〇年代まで継続したとされる（大高二〇一二）。

修験道の行法や思想は富士講の中に拡散して浸透し民衆化していった。富士山が一合目から十合目に区分される由来は、山岳登拝を人間が仏に至る十の段階（地獄、餓鬼、畜生、修羅、人、天、声聞《しょうもん》、縁覚《えんがく》、菩薩、仏）に充当した修験の十界《じっかい》修行の転用で、前半は六道《ろくどう》、後半は四聖《ししょう》をたどる擬死再生の修行を行い、即身成仏を遂げる。山頂で大日如来の密厳《みつごん》浄土、阿弥陀如来の極楽浄土に到達したと観念され、八葉九尊《はちようくそん》に見立てる。太陽の御来光を拝んで死後の成仏を願い、現世利益の様々な祈願を太陽に込めて再生と復活を願った。

富士講の開祖——角行の伝承

富士信仰の在り方を根本的に変えたのは、富士山北麓を中心に活動した長谷川角行《はせがわかくぎょう》（後に藤原角行。一五四一〜一六四六）である。富士講の講徒に伝わる秘伝書『御大行之巻《おんたいぎょうのまき》』（元《げん》和《な》六年〔一六二〇〕。原本無）によれば、天文一〇年（一五四一）肥前《ひぜん》国長崎に生まれ、一八歳の時に治国済民祈願のため諸国霊場巡拝の旅に出る（別伝では大峯山《おおみねさん》修行など修験の行をしたという）。永禄《えいろく》二年（一五五九）陸奥《むつ》国達谷窟《たっこくのいわや》で役行者《えんのぎょうじゃ》の夢告《むこく》を受けて、富士山西麓の人《ひと》穴《あな》に入り、四寸五分の角材の切り口の上に立ち続ける行法を千日行った。永禄三年（一五六〇）庚申《こうしん》年の結願の日に、仙元《せんげん》大菩薩から「角行東覚《かくぎょうとうかく》」の行名と「神授の御文句」を授かって、名を角行、藤仏と名乗り、一切衆生《いっさいしゅじょう》の救済を目指した。

元亀《げんき》三年（一五七二）に北口から初めての富士登拝を行い、天正《てんしょう》元年（一五七三）の近江《おうみ》琵琶《びわ》湖での百日水行を皮切りに、各地で水行をして験力を蓄え、弟子二人を得て、天正七年（一五七九）に富士の人穴に戻る。水行の行場は富士山麓の「内八海《うちはっかい》」と各地の湖水の「外《そと》八海《はっかい》」であった。元和六年（一六二〇）庚申年に江戸で「つきたおし」（コレラか）という流行病がひろがり、角行は江戸に出て真筆の護符「ふせぎ」（風先侎）を与え、これによって病気が治癒したので、多くの信者を獲得した。一〇六歳の死去まで不眠、断食、富士登拝、御中道《おちゅうどう》など難行苦行を重ねたとされる。神からの指示は異体字（独特の文字）で書き記され、三六〇字を作ったという伝説的な人物である。上吉田《かみよしだ》の北口本宮富士浅間神社の参道脇にも寒中、裸で三〇日の立行《たちぎょう》をしたと伝承される立行石《たちぎょういし》が残る。角行は死後に霊神《れいじん》とされ、後に江戸の富士講が隆盛を迎えると開祖とされた。角行自筆の『諸神法之巻』は富士講の根本教義を伝えるとして重視されているが、多くの自筆文書は公開されないままだという。秘密のヴェールに包まれた行者である。

富士講の始まり——村上光清と食行身禄

角行の法脈は日旺《にちがん》、旺心《がんしん》、月旺《げつがん》と続き、月旺には月心《げっしん》と月行《げつぎょう》の弟子がいて、月心は形を伝える正統派、月行は心を伝える別派とされ二つに分かれた。

月心の法脈は次男の村上光清《むらかみみつきよ》（一六八二〜一七五九）が継ぎ六世となる。村上家は江戸小《こ》伝馬町《でんまちょう》で葛籠《つづら》問屋を営む商家で、光清《こうせい》は月心に師事して富士登拝や人穴修行をした。祈禱は角行直筆の文字を軸物に仕立てた「御身抜《おみぬき》」と呼ばれる曼荼羅《まんだら》風の掛軸を本尊として拝んだ。中央に「明藤開山《みょうとうかいさん》」（明らかに富士を開くの意味）、角行が唱えた「御神語」を異体字で「徧侑大髸 妙 王髸躰 拾 坊光侑心《ごうくうたいそくみょうおうそくたいじゅうぼうこうくうしん》」、創造神を「𩑛 便《もとのちちはは》」などと書いた軸物で、一部に折本や巻物などの伝書もある。御身抜は肌守りにもした。光清は財力豊富で、北口本宮富士浅間神社（富士吉田市）の改修を行い、幣拝殿《へいはいでん》・神楽《かぐら》殿・随神門《ずいしんもん》・手水舎《ちょうずしゃ》は現存する（仁王門と鐘楼堂は明治に撤去）。豊かさゆえに「大名光清」と呼ばれた。江戸で組織された村上講（藤《ふじ》の丸《まる》講）は隆盛をきわめたが、祈禱色が強く枝講を許さず、昭和に至ってほぼ消滅した。この派を「光清派」や「村上派」という。血脈は御殿場《ごてんば》市の「富士教」に伝わり、現在は御法家第二〇世と称している。

月行の法脈は食行身禄《じきぎょうみろく》（一六七一〜一七三三）に伝えられた。身禄は寛文《かんぶん》一一年（一六七一）、伊勢《いせ》国一志《いちし》郡に生まれ、俗名を伊藤伊兵衛《いへえ》という。食行とは断食、身禄とは未来仏の弥勒にちなむ。天和《てんな》三年（一六八三）に江戸に出て商いをして財を蓄え、元禄《げんろく》元年（一六八八）日本橋《にほんばし》銀町《しろかねちょう》の煙草《たばこ》屋、月行に師事して富士信仰を志し、享保《きょうほう》二年（一七一七）に月行の死後に六世となった。享保一五年に富士山頂で仙元大菩薩にまみえ、富士入定《にゅうじょう》を決意して、蓄財は悪であるとして六〇歳で財産を処分し、以後は油売りの行商で生計をたてて布教活動に勤《いそ》しみ、「乞食《こじき》身禄《みろく》」と称された。在家主義をとり、「衆生《しゅじょう》済度《さいど》」を本願として加持祈禱は行わなかったともいう。

身禄の思想は享保七年（一七二二）から一四年（一七二九）までかけた『一字《いちじ》不説《ふせつ》之巻《のまき》』に詳しく述べられている（岩科一九八三）。国土の創世神話が語られ、「ちちはは様」の胎内《たいない》窟《くつ》での誕生、観音と「人穴」誕生譚《たん》、富士山の名の由来、人間の誕生、菩薩の種としての穀物起源譚が語られ、山中の釈迦《しゃか》の割石《わりいし》で女綱と男綱をつないだこと（男女和合）、食行の修行体験などが語られる。階層や身分を超えた平等思想を説く富士信仰の特徴が伝えられている。同書は『御《お》添書《そえがき》の巻』『お決定《けつじょう》の巻』とともに、身禄の思想を伝える根本の三冊の書となった。

身禄像（上吉田、旧外川家蔵／写真：著者）

享保一七年（一七三二）に西国で大飢《だいき》饉《きん》が発生して江戸の米相場が高騰し、享保一八年に米問屋の高間《たかま》伝兵衛《でんべえ》を標的に打ち壊しが始まった。この騒動に対して身禄は人びとの苦悩を自らの体に引き受ける「代受苦《だいじゅく》」を実践し、「おふりかわり」で世の中の生活を一新する「世直し」の行為に出た。それが「断食入定《だんじきにゅうじょう》」で、享保一八年六月に富士山北口七合五尺の「烏帽子岩《えぼしいわ》」で富士の雪水を飲むだけの三一日間の行の果てに入定《にゅうじょう》した。これは「弥勒《みろく》の世」の到来を約束する救済を目指すという未来への期待とともに、世界を創造した神々が再臨して現状を統御して「身禄《みろく》の世」を構築するという現世的な願いもこめている。

入定には諸説あり、隆盛をきわめる正統派の村上光清には及ばず、人心をつかむには入定が効果的と判断したとか、後世に名を留めるための餓死だという批判もある（『嬉遊笑覧《きゆうしょうらん》』巻七「身禄がこと」）。入定までに食行が弟子に語った『三十一之巻』が遺《のこ》された。そこでは『一字不説之巻』の思想がさらに深められている。「仏と人とは本来一体である」（一仏一体）、「人間はみな同じで、男女は平等である」（同じ人間）と説き、「生業《なりわい》の精勤」「父母への孝」「忠孝の心得」「登拝と精進潔斎《しょうじんけっさい》」をあげて、「来世におけるよりよい再生」（生増《うまれます》の理《り》）を説いた。信仰をもって家業に励めば功徳が増すとし、人間平等・男女平等を説き、勤勉力行、諸事倹約を勧める道徳思想は多くの人びとの共感を呼んで富士講の隆盛を導き、元祖食行身禄と称えられ、「身禄講に非《あら》ざれば富士講に非ず」とさえいわれた。「光清派」が角行以来の慣行に忠実であったのに対し、「身禄派」は身禄の教義を中心に布教した。御身抜《おみぬき》も簡略化され、明藤開山の上に阿弥陀の三尊仏を表す「参」の字を加え、五行の文字（唱え言）で構成する五行御身抜が定型となった。高名な御師《おし》や先達が書いたものが価値が高いとされる。

富士講は食行の三女・花（一行）から、養子の参行《さんぎょう》へと受け継がれ、丸嘉《まるか》講、丸参《まるさん》講、丸《まる》鳩《はと》講、さらに一山《いっさん》講、永田《ながた》講、丸藤《まるとう》講、山吉《やまよし》講、山真《やましん》講など、身禄の縁者、直弟子、孫弟子が講を組織して、枝講から別講へと広まった。文化二年（一八〇五）には江戸八百八講といわれ、文化文政期に爆発的に広がり、幕府は禁制令を発して制限を加えようとしたが、効果は薄かった。富士講は、山岳登拝を行う木曽御嶽《きそおんたけ》講とも重なり合って発展した。富士講は中部・関東、北陸・東北、関西に広がり、甲州街道がよく利用され、高尾山とも密接な関係が生じた。登拝の拠点としては北麓の上吉田《かみよしだ》が便利で、御師《おし》集落として繁栄した。その熱気の名残は北口本宮富士浅間神社の参道や境内に林立する石塔にうかがえる。毎年、八月二六日に上吉田で行われる「鎮火大祭」、俗称「吉田の火祭り」は山仕舞いの行事で、講社も多く参加して往時の様子をしのばせる。

富士講と富士塚と御師

江戸時代の半ば以降、民衆の経済的な上昇で富士登拝の大衆化が到来し、北口からの登拝道も整備された。各講は笠印《かさじるし》をつけた講紋（講印）を持ち、これをあしらったマネキという幟《のぼり》を持って登拝した。特に庚申年《こうしん》（江戸中期以降では、一七四〇年、一八〇〇年、一八六〇年）は富士山が出現した御縁年《ごえんねん》とされ、三十三回の登拝を一度になしとげると観念された。女人禁制も一部緩和されたので多くの参詣者が訪れた。富士講の文献上の初見は、寛政《かんせい》七年（一七九五）の「町触れ《まちぶ》」である。富士講の流行は錦絵に多く描かれて風刺されている。

富士参詣は講活動の中心で、精進潔斎を行い、頭に宝冠を戴《いただ》き白衣《びゃくえ》（行衣《ぎょうえ》）を着て金剛《こんごう》杖《づえ》を突いて、「六根清浄《ろっこんしょうじょう》、お山は晴天」と掛け声をして登る。江戸から吉田は健脚で片道三日、御師《おし》の宿で一泊し、強力《ごうりき》を雇って七合目まで丸一日、翌日は夜中に出て山頂でご来光を拝んで、下山後は山麓で宿泊する。そして翌日に帰途につく。時間と費用がかかるので、講の成員がお金を集めて代表を選び、祈願を託して登拝させる「代参講《だいさんこう》」が発達した。富士山とともに相模の大山《おおやま》（雨降山《あふりさん》）に登拝して、富士の火口を陰、大山の山容を陽に見立てて相互で陰陽和合とし、江《え》の島《しま》で精進落としをすることも多い。参加する若者にとっては成年式であるが、世間を知り娯楽を楽しむ機会にもなった。

講ごとの毎月の集まりではオガミ（拝み）を行う。祭壇に軸製の三巻の掛軸を本尊として祀る。これを御三幅《ごさんぷく》といい御身抜、食行身禄像、小御嶽《こみたけ》様（小御嶽石尊大権現）、あるいは中央に木花開耶《このはなさくや》姫 命《ひめのみこと》の軸物を掛ける。勤行教典の『御伝《おったえ》』を読み上げ、富士山の形に護摩木《ごまき》を組んで「お焚《た》き上げ」をする。炎で数珠や行衣を清め、浅間様へのお伺いを書いた紙を燃やして灰の舞い上がり方で占いをした。

江戸の各所には富士塚が築かれた。溶岩や土で作ったミニチュアの富士で、体力的に登拝が無理な老人や子ども、登拝を許されていない女性、毎年お参りできない人も富士塚の参詣で富士登拝と同じご利益が得られるようにという願いが込められている。江古田《えごた》（東京都練馬区）、豊島長崎《としまながさき》（同豊島区）、下谷坂本《したやさかもと》（同台東区）、木曽呂《きぞろ》（埼玉県川口市）の四基（重要有形民俗文化財）が当時の様相をよく伝える。富士参詣は現在では衰退したが、七月一日の山開きには富士塚で盛大なお祭をする所も多く、七富士参りで講同士が交流する。縁起物も出す。神龍と富士山型の麦落雁《むぎらくがん》は駒込《こまごめ》富士で、下谷富士は蛇土鈴《へびどれい》、十条富士は麦藁蛇《むぎわらへび》である。

富士講の中でも「丸藤講《まるとう》」は活発であった。身禄の弟子で高田村の植木職人、高田藤四郎《たかだとうしろう》は身禄の死後三年目の元文《げんぶん》元年（一七三六）に講「身禄同行」を興した。後の「丸藤講」である。安永《あんえい》元年（一七七二）六月一五日の暁、啓示によって瑞雲《ずいうん》のたなびく先をたどっていき、「胎内窟」を探し当てたとされる。これが「船津胎内《ふなつたいない》」で現在も藤四郎ゆかりの講社はここで「胎内潜《くぐ》り」をする。身禄三十三回忌（一七六五年）に富士塚の築造を発願し、富士山の頂の熔岩や石を運んで安永八年（一七七九）に「高田富士」（現・新宿区西早稲田）を築いた。これは最古の富士塚で、水稲荷《みずいなり》神社境内にあったが、早稲田大学の拡張工事で移転した。講の活動は続いている。

丸藤元講が保持する『御伝《おつたえ》』の縁起では「富士山は天地開闢《かいびゃく》から出現の御山にして万物出生の根源なり」とし、祭神は木花開耶姫命《このはなさくやひめのみこと》とする。大山祇命《おおやまつみのみこと》の娘で、天孫降臨で天降《あまくだ》った瓊々杵命《ににぎのみこと》が娶《めと》ったとされる。後に「守護神浅間大菩薩」となった。そして、山は雲と霧に覆われていたが、第七代の孝霊《こうれい》天皇元年、庚申《かのえさる》の年の六月朔日《ついたち》卯の刻（午前六時ごろ）に雲が晴れて山容が現れたので、霊山《れいざん》と名づけたとある。富士塚とともに、東京とその周辺に残る富士見台や富士見坂の地名、葛飾北斎《かつしかほくさい》の『富嶽《ふがく》三十六景』や安藤広重《あんどうひろしげ》『不二《ふじ》三十六景』などの浮世絵、お風呂屋の「銭湯富士」に至るまで、富士山は庶民に親しまれてきた。

富士講とともに発展したのは御師《おし》である。北口山麓では河口浅間神社の御師が古く、室町時代末期に川口（河口）に御師集落ができて、船津を経て登拝した（川口口あるいは船津口）。その後、慶長《けいちょう》一一年（一六〇六）に上吉田の下宿の街並みが整備され、北口本宮冨士浅間神社の御師が大きく発展して吉田口が栄えた。御師の数は文政《ぶんせい》三年（一八二〇）には八二軒、安政《あんせい》三年（一八五五）には九三軒に達した。御師は講（講社）の登拝者（道者）への宿坊の提供、教義の指導、祈禱、取次業務などにあたった。収入は宿泊料、山役銭《やまやくせん》（通行料）、御祓《おはら》い料、御礼、御布施で、講と一度縁を結ぶと師弟関係となり、他の御師の宿坊に泊まることはない。宿坊と講と地域は固定している。御師は夏山登拝（七月一日から八月二六日）が終わると、江戸を中心に檀家回りをして御札を届け祈禱を行った。明治以降も講社活動は活発で鉄道網など交通の整備が進むと登拝者は増えた。しかし、戦後は勢いが鈍り、五合目小御嶽《こごたけ》までの富士スバルラインの開通（一九六四年）以後、急速に衰えた。現在は上吉田に昔の面影を残す御師の家は二軒しかない。

富士講の再編――小谷三志と女人禁制

村上光清や食行身禄の後に富士信仰を広めたのは小谷三志《こたにさんし》（一七六六～一八四一）であった。明和《めいわ》二年（一七六六）に武蔵《むさし》国足立《あだち》郡鳩ヶ谷《はとがや》宿《しゅく》（現在の埼玉県川口市鳩ヶ谷）に生まれ、寛政《かんせい》四年（一七九二）の元旦に地元と近辺の浅間社に参拝して富士信仰の道に入った。文化六年（一八〇九）に江戸へ出て富士講七世の伊藤参行《いとうさんぎょう》（禄王《ろくおう》、六王）に師事して、禄行三志《ろくぎょうさんし》の行名を授かる。食行の教義を忠実に解釈した「不二孝《ふじこう》」を創唱し不二道孝心講《ふじどうこうしんこう》を組織した。参行と三志は、富士信仰の呪術性を否定して、「通俗道徳」の教えに転換させ、天子・将軍・国王・親の恩に報い、孝行・勤勉・倹約・社会奉仕を説いた。心学や報徳社の運動に近いとされ、三志は尊王思想に呼応する意識もあったという（安丸一九七四）。

具体的な実践は「親孝行」「家内和睦」「家業精励」「ご国恩報じ」「人助け信心」である。男女平等の精神に基づき、身禄百年忌にあたる天保《てんぽう》三年（一八三二）旧暦九月に江戸深川《ふかがわ》の鎌倉屋十兵衛の娘「たつ」を連れて女人の初登拝を敢行した。江戸時代には女性の登拝は表口（村山・大宮）は中宮八幡《ちゅうぐうはちまん》、東口（須走《すばしり》）は中宮小室社、北口（吉田・船津）は二合目御室浅間神社（本宮）まで、御縁年の庚申年には北口の女人登拝は四合五勺《よんごうごしゃく》の御座石《ございし》浅間神社までとされていたので、この禁制を打破したのである。御室には一二世紀後半に造立の神像が祀られ、由緒ある結界である。天保九年以後は、女性の遥拝所としては「女人天上」（女人来迎場）が吉田口二合目に設けられ、解禁は万延《まんえん》元年（一八六〇）の御縁年以後、なし崩し的に進み、明治五年（一八七二）に正式に解禁となった。三志は富士講中興の祖といわれる。講は弟子の柴田花守《しばたはなもり》によって受け継がれ、明治の神仏分離を乗り越え、明治一一年（一八七八）に「実行社《じっこうしゃ》」を設立して、明治一五年（一八八二）に実行教《じっこう》となって法統を守った。

富士講から教派神道へ――丸山教と扶桑教

幕末から明治にかけて富士講の影響を受けた神道系の宗教団体が成立し、教派神道として明治期に隆盛をきわめたものに丸山《まるやま》教と扶桑《ふそう》教がある。山岳修行によって得た神秘的体験や特別な力を持つカリスマへの信心が中核にある。

丸山教の開祖、伊藤六郎兵衛《いとうろくろうべえ》は文政《ぶんせい》一二年（一八二九）に武蔵国橘樹《たちばな》郡登戸《のぼりと》村（現在の神奈川県川崎市登戸）の農家に生まれ、幼名を清宮米吉《きよみやよねきち》といった。天保五年（一八三四）、六歳の時に熱病にかかり生死の間をさまよい蘇生《そせい》したが、夢の中で白髭《しらひげ》の老人に連れられて大きな社に参拝し、「今後信心せよ」と言われたという。蓮華《れんげ》の台座にのる夢を見たりした。嘉《か》永《えい》五年（一八五二）に伊藤家に婿《むこ》養子に入った。ここは富士信仰の篤信者の家で、断食や水行などの修行に入った。明治三年（一八七〇）に行われた「二十一日間の断食」の結願に六郎兵衛を「地の神一心行者」とするお告げが下った。修行は「天地の神と同根同泰」といわれ、神と人の関係は「人は神の御末」で、松の木の幹は神、人はその枝葉にあたると説いた。

明治六年（一八七三）に実家に伝わった丸山講《まるやまこう》を復興し、浅間神社宮司の宍野半《ししのなかば》の勧めで明治八年に「富士一山講《いっさんこう》社」と合併して「富士一山講丸山教会」となる。一山講は明治一五年（一八八二）に、神道扶桑《ふそう》派（扶桑教）の傘下教会となった。六郎兵衛は明治一七年に富士山頂での御来光時に「天明海天」という神人合一観を体現した。明治一八年に丸山教会は離脱して神道本局に所属し、「神道丸山教会本院」と改称した。神道十三派（教派神道）の一つである。明治一〇年代に農民から支持されて隆盛をきわめ、「世直し」思想などで、西欧化を進める政府と対立し、明治二〇年代に弾圧されて衰退した。その後は、二宮尊徳《にのみやそんとく》が組織した報徳社《ほうとくしゃ》に接近して、勤勉・実直の道徳を説く神道教派として存続し、昭和二一年（一九四六）に丸山教となった。一〇年ごとに大祭があり、最近は平成二六年（二〇一四）三月に行われた。

北口本宮富士浅間神社に礼拝する富士講（写真：著者）

扶桑教の開祖、宍野半は薩摩《さつま》郡隈之城《くまのじょう》村（現・鹿児島県川内《せんだい》市隈之城）に生まれた。明治元年（一八六八）に京都に上って平田《ひらた》鉄胤《かねたね》の門下となり、明治五年（一八七二）に教務省へ出仕した。慶應四年（一八六八）の神仏判然令《しんぶつはんぜんれい》、明治五年の修験道廃止の太政官《だじょうかん》布告、明治六年の民間祈禱師の活動禁止などの神道国教化政策は富士信仰の在り方を大きく揺るがした。神仏分離、神社の序列化、祭神の確定などで民間信仰は危機に直面した。明治六年に宍野は駿河国富士浅間神社（現在の富士山本宮浅間大社）の宮司職を拝命した。各地の富士講から宍野のもとへ富士信仰の継続についての嘆願が寄せられ、これに応じて明治六年に「富士一山講社」を設立して対応し、明治八年に「富士一山教会」から「扶桑教会」へ、明治一五年（一八八二）

に「扶桑教」へと名称を変えて教派神道として存続した。富士信仰と関係のない教会も内部に含むが、現在も活動を継続している富士講には、扶桑教が大きな影響を与えた。

富士山への山岳信仰を活動力の源とする宗教は数多い。特に日蓮《にちれん》系が目立ち、富士山南麓の表口の近くに日蓮正宗の大石寺《たいせきじ》がある。日蓮宗の本山である身延山《みのぶさん》は富士山の真西で、奥の院の七面山は春秋の彼岸の中日には、富士山頂から昇る太陽を拝むことができる。巨大な宗派を形成する仏教教団も根底に山岳信仰を持つことで安定した地位が確保できる。

富士信仰の行方

平成二五年（二〇一三）六月に富士山はユネスコの世界遺産に登録され、構成遺産は一五ヶ所となった。その中には修行場も含まれ水に関わる場所が多い。富士講の道者は登拝に先立ち八つの湖沼で水行を行ったとされる。現在は観光客で賑わう忍野八海《おしのはっかい》の湧水は「元八海《もとはっかい》」や「根元八湖霊場《ねもとはっこ》」と呼ばれたが、一時期は衰退した。市川大門町《いちかわだいもんちょう》の名主、大寄友右衛門は、天保の大飢饉に苦しむ忍野《おしの》の村人のために富士信仰に救いを求めて大我講《たいが》を興し、天保一四年（一八四三）に禊《みそ》ぎの地として八大龍王を祀り、石碑に御詠歌を刻んで、出口池《でぐちいけ》から菖蒲池《しょうぶいけ》までの巡礼道を整えた。厳格な精進潔斎の後、浅間神社から富士山を目指したとされる。山麓では「内八海」と呼ばれる山中湖《やまなか》、明見湖《あすみのうみ》、河口湖、西湖、精進湖、本栖湖、四尾連湖《しびれのうみ》、須湖《すうみ》（泉津湖《せんずのうみ》）をめぐる行も行われた。白糸の滝を始め景観地も多い。豊富な水は富士信仰の根源である。

平成七年の阪神淡路大震災以降、中越地震、東日本大震災、木曽御嶽山《きそおんたけさん》噴火と続く近年の状況は、富士山が活発に火山活動を続けていた貞観年間と類似するとされる。宝永山《ほうえいざん》の噴火（一七〇七年）以来、富士山の活動は休止したが、一度噴火すれば首都圏を巻き込んで甚大な自然災害をもたらすことは間違いない。端正な姿は自然の猛威と表裏一体である。一国の首都に近接してそびえ立つ日本最高峰の富士山は、日本最多の都市生活者と運命共同体を形成している。

第五章　立山──天空の浄土の盛衰

古代の立山

北アルプスは日本を代表する山脈で本州の根幹をなす。その中でも古くから山岳信仰の対象とされたのが立山《たてやま》である。立山は富山県東部に位置し、一般には立山連峰と呼ばれる雄《お》山《やま》・大汝山《おおなんじやま》・別山《べっさん》の総称で、最高峰は大汝山（三〇一五メートル）である。北に剱岳《つるぎだけ》（二九九九メートル）、南に浄土山《じょうどさん》（二四五〇メートル）がそびえ、西方の尾根の大日岳《だいにちだけ》（二五〇一メートル）や南方の薬師岳《やくしだけ》（二九二六メートル）も修行の場であった。

最も古い記録は奈良時代の『万葉集』に遡《さかのぼ》り、天平《てんぴょう》一九年（七四七）に越中《えっちゅう》の国守であった大伴家持《おおとものやかもち》は「立山賦《たちやまのふ》」で、「すめ神の　うしはきいます　新川《にいかわ》の　その立山《たちやま》に　常夏に　雪降り敷きて……」（巻一七・四〇〇〇）と詠《よ》み、神が住まいし夏でも雪をいただく畏怖すべき対象として立山を讃えている。当時は山々の連なりをタチヤマと呼び、タチとはそびえ立つ山容を表すとともに、神々の顕現の意味も持たせていたと考えられる。現在でも氷見《ひみ》から能登《のと》にかけての海岸から見遥《みはる》かす立山連峰は、壮大な屏風《びょうぶ》のような見事さでタチヤマを実感させる。『万葉集』の時代は、山は遥拝《ようはい》するもので、登ることは想像もできない時代であった。立山とともに『万葉集』に歌い込まれた高山は富士山で、この二つの山は当時の代表的な霊山《れいざん》であった。立山に関する具体的な記録は平安時代以降で、『延喜式神名帳《えんぎしきじんめいちょう》』（延喜五年〔九〇五〕編纂《へんさん》開始）には雄山の記載があり、現在も絶頂にあって立山神を祀《まつ》る雄山神社と同じ場所と思われる。

錫杖の発見

立山の山岳信仰に仏教的な色彩が加わったのは平安時代である。その証左となるのが、明治四〇年（一九〇七）七月に陸軍参謀本部の命令で陸地測量のために柴崎芳太郎《しばざきよしたろう》が劒岳に初登頂した時に発見した錫杖頭《しゃくじょうとう》である。年代は平安時代初期と推定され、鉄刀とともに発見された。錫杖は山々で道なき道をたどって修行する山岳行者の法具で、後に修験者《しゅげんしゃ》が使うことになる。劒岳は「人間登るべからず」「人間登ることかなわず」といわれた神聖な山で、未踏峰と思われていたにもかかわらず、この急峻《きゅうしゅん》な山によじ登った行者がいたことが明らかになった。また、大日岳でも明治二六年（一八九三）に温泉探しで入山した村人が平安時代初期の錫杖頭を見つけた。大日岳は立山の西方にあって、大和《やまと》の金峯山《きんぶせん》に見立てられていた修行の山で、山麓《さんろく》の芦峅寺《あしくらじ》の行者が近世までは修行していた記録が残る。

平安時代初めの山岳行者は寂静の地を求めて山林修行を行う仏教の思考に基づく行であり、験力《げんりき》を得るために山岳登拝《とはい》をする修験の前身であった。立山での修験の本格的な活動は、鎌倉時代以降である。なお、柴崎の記録は新田次郎《にったじろう》が小説『劒岳　点の記』（一九七七）に描き、木村大作監督によって平成二一年（二〇〇九）に映画化されて評判になった。

山の神と仏

山を神の顕現や神の居ます処《ところ》とする考え方は縄文時代にまで遡ることが、遺物や遺構から推定されている。日本各地の様々な山の信仰に、大陸から伝来した道教思想が結びつき、仏教の影響、特に密教が加わり、陰陽道《おんみょうどう》も混入して神仏混淆《こんこう》の修験道へと展開した。大きな転機は平安時代中期の本地垂迹《ほんじすいじゃく》による権現《ごんげん》思想の考えが生まれたことであった。権現とは「権《かり》に現れた」という尊称で、本来は仏であるが日本では仮に神となって出現したとする。

不可視の神が目に見える存在となって現れるという独自の神仏習合の論理である。立山の神は立山権現《たてやまごんげん》と呼ばれ本地は阿弥陀如来《あみだにょらい》、劒岳の神は刀尾《たちお》権現（刀尾天神）で本地は不動明王《ふどうみょうおう》とされた。神名は江戸時代には記紀神話の神と結びつけられて、立山神は伊弉諾尊《いざなぎのみこと》、劒岳神は手力雄尊《たじからおのみこと》とされたが、立山神を伊弉諾尊・伊弉冉尊《いざなみのみこと》の両神としたり、劒岳神を素《す》戔男尊《さのおのみこと》とする記録も残るなど様々な考え方があった。在地の山の神を古代神話に結びつけて正統性を得ようとしたのである。

地獄の思想

立山信仰の特色は山中《さんちゅう》他界《たかい》が現実の山に現出していると考えたことで、地獄谷《じごくだに》の信仰が古い。『今昔物語集《こんじゃくものがたりしゅう》』巻一四第七は「日本国ノ人、罪ヲ造《つくり》テ多ク此《こ》ノ立山《たちやま》ノ地獄ニ堕ツ」と記し、現世で罪を犯した者の多くが、死後に立山地獄に堕ちるという話を載せた。山中他界の考えが仏教思想に結びついた。現在でも、室堂《むろどう》付近の山中は火山活動が活発で、熱湯や熱泥をあげ、噴煙をあげ轟音《ごうおん》を響かせる。谷には有毒の亜硫酸ガスが立ちこめ、飛ぶ鳥も落ち、一木一草も生えない荒涼たる情景を呈している。ここを人びとは地獄谷と呼び、仏教の教説で説かれる地獄がその姿を現世に現したものと考えた。立山には三六〇ヶ所もの多くの地獄があるという。民衆は人が死んだ後には霊魂は山に行くと信じ、死者の世界が山にあると考えたが、特に立山は具体的な風景によって人びとにその想いを実感させたといえよう。ただし、立山の場合は納骨の習俗は希薄で高野山《こうやさん》などとは異なっていた。

『本朝《ほんちょう》法華《ほっけ》験記《げんき》』巻下第一二四話では、修行者が立山詣で、近江《おうみ》国蒲生《がもう》郡の仏師の娘の亡霊に会う。この女は前世で父が仏物《ぶつもつ》を売って衣食にあてていた罪により立山地獄に堕ちて苦

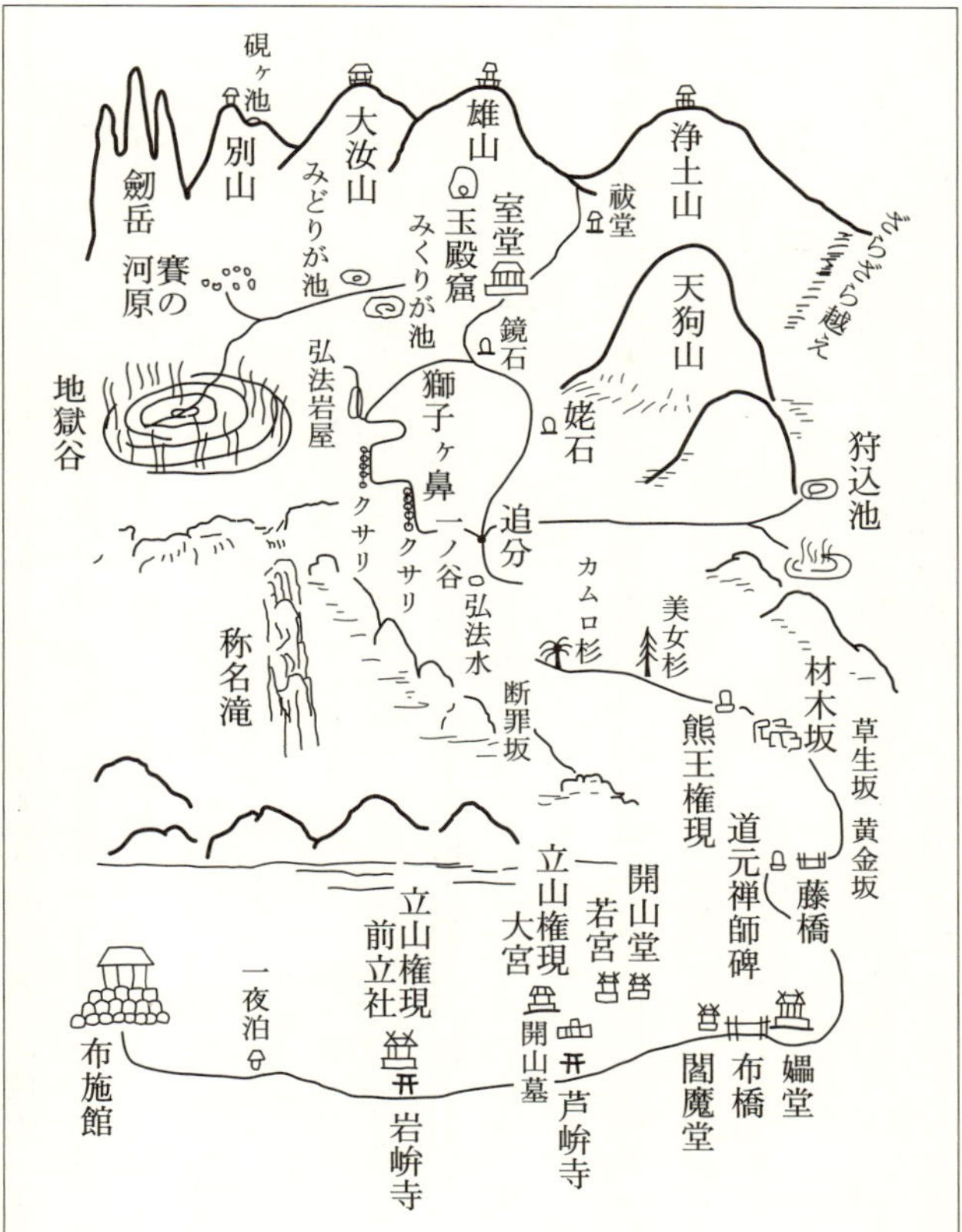
硯ヶ池
大汝山
雄山
浄土山
別山
劒岳
みどりが池
玉殿窟
室堂
祓堂
ざらざら越え
天狗山
賽の河原
みくりが池
鏡石
地獄谷
弘法岩屋
獅子ヶ鼻
姥石
狩込池
クサリ
クサリ
一ノ谷
追分
弘法水
カムロ杉
美女杉
称名滝
断罪坂
材木坂
熊王権現
草生坂
黄金坂
道元禅師碑
藤橋
立山権現大宮
若宮
開山堂
立山権現前立社
一夜泊
布施館
開山墓
閻魔堂
布橋
媼堂
芦峅寺
岩峅寺

図　立山の伝承地図

しんでいると告げた。父母への伝言を託し、遺族が法華経書写の供養により観音の救《たす》けを受けて救済されたという。法華経写経の霊験と功徳を述べている。写経の功徳は『法華経』「普賢菩薩勧発品《ふげんぼさつかんぼっほん》」に説かれ、広く民間に浸透した。

『今昔物語集』巻一四第七は『本朝法華験記』とほぼ同じ内容で、三井寺《みいでら》の僧が立山詣をした話となっている。巻一四第八では、越中国の書生の妻が亡くなり四十九日の追善供養の後、残された三人の子どもが聖人を伴って立山地獄へ赴き、亡母の声を聞いた。亡母は苦しみを逃れるために、『法華経』千部の書写を依頼した。完成して法会《ほうえ》を催すと、母が地獄を離れて忉利天《とうりてん》（仏教の世界観で、宇宙の中心にある巨大な山・須弥山《しゅみせん》の頂上のこと。亡者の罪を判定する帝釈天《たいしゃくてん》がいるとされる）に転生した夢告《むこく》を受ける。巻一七第二七話では、僧延好《えんこう》が立山に籠っていると、夜の丑《うし》の刻（午前二時ごろ）に人影が現れて、京都七条の大家の娘の亡霊と名乗り地獄に堕ちて苦しんでいると告げる。亡霊は父と兄に地蔵の供養をしてもらうように伝言を託す。京七条の生家を訪ねて、地蔵菩薩一体を造立し、『法華経』を書写して供養した結果、亡霊は苦しみから救済されたという。当時の人びとは観音や地蔵の霊験を信じ、法華経の功徳を得て、死者の滅罪供養を行っていた。

鎌倉時代以降の文献は開山伝承と絡ませて阿弥陀如来の霊験を語る。『元亨釈書《げんこうしゃくしょ》』には、海蓮《かいれん》・蔵縁《ぞうえん》などの僧が立山・白山《はくさん》で修行したとある。立山と白山には大汝山、別山、弥陀《みだ》ヶ《が》原《はら》、室堂など類似した地名や伝承が多く、女人禁制の伝承も似ている。『平家物語』巻第五の八「文覚荒行《もんがくあらぎょう》」には文覚《もんがく》の修行した山が列挙され、「白山・立山・富士の嵩《たけ》」と三山が連記されて代表的な修行の場とされていた。白山信仰は中世に隆盛をきわめた。江戸時代の延《えん》宝《ぽう》年間（一六七三～一六八一）には立山・白山・富士山を日本三霊山として、三山を順番に登拝する三禅定《さんぜんじょう》（禅頂《ぜんちょう》）の風習が生まれた。三山を巡拝した画家の池大雅《いけのたいが》は自らを「三岳道者」と称した。

地獄からの救済は、『宝物集《ほうぶつしゅう》』（治承《じしょう》年間〔一一七七～一一八一〕）や『三国伝記《さんごくでんき》』（応永《おうえい》年間〔一三九四～一四二八〕）に記され、絵巻物に描かれて人びとの間に浸透した。鎌倉時代の一三世紀の絵巻『地蔵菩薩霊験記《じぞうぼさつれいげんき》』（アメリカ・フーリア美術館蔵）には『今昔物語集』巻一七第二七話に基づく京七条の娘が全裸で悲しみにくれる姿や、地蔵が娘の身替わりとなって針の山に登り地獄の責苦を受ける姿が生々しく描かれ、民衆の切実な願いが表現されている。立山地獄は、一一世紀から一二世紀頃には全国に名を知られていたが、普及に際しては、源《げん》信《しん》が『往生要集《おうじょうようしゅう》』（寛和《かんな》元年〔九八五〕）で厭離穢土《えんりえど》、欣求《ごんぐ》浄土を説き地獄を描写したことや、地獄絵や六道絵《ろくどうえ》が描かれたこととの影響が大きい。

室町時代には、この地に題材を採った謡曲『善知鳥《うとう》』が成立する。これは陸奥《みちのく》の外ヶ浜《そとがはま》の猟師が、善知鳥という鳥をたくさん捕まえて殺した報いで、死後に立山地獄に堕ち、責め苦に苛《さいな》まれ、立山に禅定《ぜんじょう》(高山への登拝修行)する僧に救《たす》けを求める話である。立山地獄に堕ちると説く話は女性が多いが、ここで初めて男性が登場する。そして女性については罪業よりも血の穢《けが》れのゆえに地獄に堕ちるという考えが強調されていく。

『今昔物語集』巻一四第七話は立山地獄で苦しむ女性たちが、帝釈天《たいしゃくてん》の住処《すみか》とされる忉利天《とうりてん》に転生する話を伝え、「天帝釈《てんたいしゃく》冥官《みょうかん》ノ集会《しゅうえ》シ給《たまい》テ、衆生ノ善悪ノ業ヲ勘《かんが》ヘ定ムル所也」と記している。立山連峰の別山が帝釈岳で、山頂に奉祀《ほうし》されていた「銅造男神立像《どうぞうだんしんりつぞう》」(寛喜《かんぎ》二年〔一二三〇〕銘、富山県〔立山博物館〕蔵、重要文化財)は帝釈天像と推定されている。ちなみに、在銘には「立山禅頂《ぜんちょう》」とある。別山では七月下旬から八月中旬に雪解け水を湛《たた》えた「硯《すずり》ヶ池《がいけ》」が出現する。山麓の芦峅寺《あしくらじ》・岩峅寺《いわくらじ》では、立山大権現《たてやまだいごんげん》の護符である牛玉札《ごおうふだ》をはじめ多様な木版摺札《もくはんずりふだ》や真言《しんごん》を連ねた木版を押した経帷子《きょうかたびら》(死者に着せて極楽往生を願う衣)などを頒布したが、これらを擦る墨の水は、硯ヶ池の水を使う習いであったらしい。女人救済の切実な願いは帝釈天が祀られる山頂の水によって成就されると考えられていた。

開山伝承

立山の開山伝承の最も古い記述は、『伊呂波字類抄《いろはじるいしょう》』(天養《てんよう》元年〜治承五年〔一一四四〜八一〕)十巻本所載「立山大菩薩顕給本縁起」である。それによれば、文武《もんむ》天皇の大宝《たいほう》元年

（七〇一）に、越中守の佐伯有若《さえきありわか》が、狩りに出かけて白鷹《しらたか》を逃がしたので、これを追って立山に入ると、熊が現れたので弓で射た。その血の跡をたどり、山を登って行くと玉殿窟《たまどののいわや》に至った。岩屋に入ると熊が金色の阿弥陀如来に変貌したので、奇瑞《きずい》に驚いて菩提心《ぼだいしん》を起こし、弓を折り剃髪《ていはつ》して僧侶となった。そして慈興《じこう》と名乗り、山麓の五智寺《ごちじ》の薬勢《やくせ》を師匠として、協力して山中に堂社を建て、立山を開いたとされる。この縁起には立山には八大地獄（等《とう》活《かつ》・黒縄《こくじょう》・衆合《しゅうごう》・叫喚《しょうかん》・大叫喚・焦熱《しょうねつ》・大焦熱・阿鼻《あび》）があり、亡者の罪状に応じた責苦の等級が定められ、各地獄が十六の別所を持ち、総計百三十六の地獄があると描写された。

鎌倉時代の『類聚既験抄《るいじゅうきげんしょう》』「越中国立山権現」によれば、大宝元年に、狩人が山中で熊を射たが、熊は阿弥陀如来と化し、畏怖して立山権現の本地の顕現として崇拝したと伝える。菩薩号は権現号に変わる。無名の狩人《かりゅうど》の開山伝承が古型である可能性は高い。一方、佐伯有若は長い間、架空の人物と考えられてきたが、京都の『随心院文書《ずいしんいんもんじょ》』に「越中守従五位下佐伯宿禰《すくね》有若」と署名された延喜五年（九〇五）の古文書が木倉豊信によって発見されて実在の人物であることが判明した。開山伝承は一〇世紀に遡る可能性がある。『神道集《しんとうしゅう》』（正平《しょうへい》一三年〔一三五八〕頃）の「越中国立山権現事」には、本地は阿弥陀、十二所権現は立山権現の王子で十二光仏であり、大宝三年に出現したとある。いずれも阿弥陀如来が救済者で浄土教の影響が色濃い。

熊が阿弥陀に化す伝承は『三国伝記』「熊野権現本縁事《くまのごんげんほんえんじ》」に記される熊野権現の由来でも同様で、猟師の近兼《ちかかね》が熊に矢を射かけ、血糊《ちのり》の後をたどると石窟内で光り輝く阿弥陀如来を拝し、弓矢を折って出家したという。平安時代には阿弥陀如来を本地とする熊野本宮《くまのほんぐう》へ参詣して浄土往生を確証しようとする上皇や宮中貴族の熊野詣《くまのもうで》が盛んに行われた。神仏の使いとしての熊の出現と阿弥陀信仰、そして、十二所権現は熊野と立山との相互交流を物語る。平安時代には芦峅寺《あしくらじ》・岩峅寺《いわくらじ》の他に立山外宮《たてやまとつみや》があり、『若王子文書《にゃくおうじもんじょ》』嘉応《かおう》元年（一一六九）に「越中立山外宮　新熊野領」と記され、熊野との関係の深さがうかがえるが外宮の所在はわからない。狩人による開山伝承は高野山・伯耆大山《ほうきだいせん》・英彦山《ひこさん》などと共通している。狩人が山中に入り、動物や鳥に導かれて、地主神や仏・菩薩と出会って祀り、自らが開山者となる、あるいは狩人に案内された俗人や修行者が開山する。神は仏教化されて阿弥陀如来、観音菩薩、地蔵菩薩として顕現する。元々の信仰の担い手は狩猟民で、仏教の影響、特に不殺生戒《ふせっしょうかい》が意識されて信仰心に目覚める。人間の禁足地の聖域が、仏菩薩の居地となることで開山に導くという流れである。

開山伝承は江戸時代にはさらに変化する。『和漢三才図会《わかんさんさいずえ》』「立山権現」（正徳《しょうとく》三年〔一七一三〕）では大宝元年に布施川《ふせがわ》・片貝川《かたかいがわ》の畔《ほとり》に居を構えていた越中国司佐伯有若の子、有頼《ありより》が鷹狩りに失敗し、父の秘蔵の鷹を逃がしてしまった。追跡して山中深く分け入ると熊の妨害に会う。熊を弓矢で射て、血の跡をたどり山中深く分け入り急坂を登りつめると玉殿窟に至り、熊が金色の阿弥陀如来に変じた。有頼は殺生を恥じて弓矢を折り出家して慈興と称して開山に尽くしたという。現在、地元の芦峅寺・岩峅寺に伝わる「立山縁起」はほぼ同様で有頼の開山を説く。芦峅雄山《あしくらおやま》神社では本宮に有若、摂社《せっしゃ》の若宮に有頼を祀るとされ、七月二五日・二六日の例大祭に出る二基の神輿《みこし》は年に一度の「父子の出会い」を果たすといい、双方の華鬘《けまん》は伝説にちなむ白鷹と熊である。芦峅寺では慈興（有頼）を開山と説くが、岩峅寺では中興の祖である。慈興よりもさらに遡った開山者がいた可能性があり、劒岳や大日岳で発見された平安時代初期の錫杖頭は古層の歴史を物語る。

しかし、有若と有頼のアリはアレ、つまり顕現を意味し、ヨリとはヨリツク、憑依《ひょうい》を意味し、シャーマン的な人物を史実に仮託して語った可能性が高い。山での修行は神霊と交流して一体化することが根底にある。修験者は守護霊である不動明王そのものとなり、山中で即身成仏《そくしんじょうぶつ》を遂げるとされた。狩人が山中の神に加護を願い、神秘的な体験を得て開山を導く。伯耆大山の開山者は狩人の依道《よりみち》といい、ヨリが名称に使われ、羽黒山《はぐろさん》を開いた能除太子《のうじょたいし》は元の名を参拂理大臣《みふりのおとど》といい、ミフリは憑依して身を震わせる神がかりの状態を想起させる。アリワカからアリヨリへの変化はシャーマンのあり方をより強調したようにも思える。

立山信仰の発祥の地、玉殿窟《たまどののいわや》は印象に残る場所である。立山連峰を直近の正面に望み、目の前は常願寺川《じょうがんじがわ》の源流地帯で瀬音が異様に高く響く。南側に十六羅漢《じゅうろくらかん》像が安置される虚《こ》空蔵窟《くうぞうくつ》、北側に玉殿窟がある。古い修験の行場には虚空蔵が祀られていることが多く、真言宗の影響もさることながら、豊饒《ほうじょう》の源泉を宿す男神のようである。現在も東面する洞窟には多くの石仏があり、玉殿窟には矢傷を受けた阿弥陀仏が安置されていた。川にかかる来迎《らいごう》の滝は雄山に登拝する行者が身を清める所である。玉殿窟とは、タマ、つまり霊魂や神霊の籠る岩窟であり、聖地にふさわしい心和む場所であった。ここで参籠すれば早朝には東方の立山の尾根を越えた太陽の光がさんさんと降り注いで洞窟内を照らしだし、神秘的な雰囲気が醸し出されたであろう。英彦山の玉屋窟と似たような雰囲気が感じられた。

山麓の寺院と集落

『伊呂波字類抄《いろはじるいしょう》』には、慈興《じこう》は常願寺川の北岸に芦峅寺《あしくらじ》、岩峅寺《いわくらじ》、安楽寺《あんらくじ》、高禅寺《こうぜんじ》、禅光《ぜんこう》寺《じ》を建立し、薬勢《やくせ》が南岸に本宮《ほんぐう》、光明山《こうみょうさん》、法恩寺《ほうおんじ》を創建したと記している。芦峅寺は「根《こん》本中宮《ぽんちゅうぐう》」と記され、岩峅寺より上位にあった。藤原明衡《あきひら》撰『新猿楽記《しんさるがくき》』（康平《こうへい》年間〔一〇五八～一〇六五〕）には「度々大峯《おおみね》葛木を通り、辺道を踏んで年々、熊野、金峯《きんぶ》、越中立山、伊《い》豆《ず》走湯《はしりゆ》、根本中堂《こんぽんちゅうどう》（比叡山《ひえいざん》）、伯耆大山、富士御山《みやま》、越前白山、高野、粉河《こかわ》、箕面《みのお》、葛川《かつらがわ》寺《でら》の洞《ほら》をめぐり、行を競ふ、験を挑まざるは無き山臥《さんが》修行者なり」とあり、山岳修行の場となっていた。芦峅寺雄山神社の開山堂には鎌倉時代初期と推測される慈興《じこう》上人坐像が安置され、閻魔堂《えんまどう》には平安時代と推定される不動明王像の頭部が残る。おそらくは山野を駈《か》けめぐる修験の抖擻禅定《とそうぜんじょう》する根拠地が鎌倉時代には山麓に成立し、立山七末寺が整備された。ただし、後世まで残ったのは芦峅寺と岩峅寺だけであった（寺名は一山寺院組織の名称）。芦峅寺は後に中宮寺《ちゅうぐうじ》と呼ばれた。しかし、江戸時代の『和漢三才図会』には岩峅寺を「麓《ふもと》の大宮《おおみや》」、立山寺とも称したとあり立場は逆転した。

双方は立山連峰を遥拝《ようはい》する場所にある。常願寺川の河岸段丘上の芦峅寺からは中央に前山の与四兵衛山《よしべえやま》、その奥に立山の雄山《おやま》が望まれる。与四兵衛山の南麓には薬勢の修行地、五智《ごち》原《はら》があったという。岩峅寺は扇状地の扇頂にあって、旧地とされる神宮寺《じんぐうじ》（熊野神社社地）や天林《てんばやし》から望めば中央手前に大日岳、その奥の左に劒岳、右奥に立山という配置になる。双方ともに山の神が前山を経て降臨するような場所である。寺院は天台《てんだい》宗に属してはいたが真言宗の影響もあり、山中には弥陀ヶ原《みだがはら》の弘法清水、獅子ヶ鼻《ししがはな》の弘法の修行場、弘法大師創建という大日岳の大日堂《だいにちどう》などの伝説が残る。

江戸時代には寺社を中心に集落が成立し、衆徒《しゅうと》と称して集落を形成した。一般に日本各地の霊山では、こうした人びとを御師《おし》と呼んだが、立山では衆徒と称する。衆徒は経論《きょうろん》の学習や法会《ほうえ》を司《つかさど》る学侶を意味する言葉で、学問専一の誇りを示した。その布教地も「霞《かすみ》」

ではなく「檀那場《だんなば》」と呼んだ。芦峅と岩峅のクラには立山独自の「峅」の字、芦峅寺の姥堂《うばどう》の姥に「媪」の字を使うなど独自性を強調した。延宝三年（一六七五）の芦峅寺文書には「入峰《にゅうぶ》のご祈禱も相絶え罷《まか》り有り申し候《そうろう》」とあって山中での峰入り修行は廃絶して、修験としてよりは、宿坊を営み、信者とともに生きる道を選択した。

江戸時代には、越中を支配した加賀藩主の前田《まえだ》氏が立山を保護して、芦峅寺と岩峅寺を藩の祈願所とした。その特異性は比叡山延暦寺と本末関係を持たない無本山天台宗を維持したことである（福井二〇〇六）。芦峅寺は強固な一山の自治組織を作り、中核は立山大権現に奉仕する衆徒や社人などの宿坊家で構成された。目代《もくだい》・別当《べっとう》・院主《いんじゅ》・長官《ちょうかん》などの役職があり、各坊は妻帯世襲で登録の年齢順に昇格する制度であった。享和《きょうわ》元年（一八〇一）には、芦峅寺には三十三坊の衆徒（僧職）と五軒の社人、岩峅寺は二十四坊すべてが衆徒で立山権現には社僧として奉仕した。衆徒たちは各地をめぐる回国《かいこく》や回檀を通じて、立山の霊験を説き、登拝（禅定）を勧めたが、檀那場は、岩峅寺は地元の越中・加賀・能登・越後の一部、芦峅寺は地元を除く四十八ヶ国で、さらに坊ごとに細かく回国の場が決まっていた。

江戸時代中期以降は経済活動が活発になり、民衆の間にも山岳登拝が盛んになった。衆徒は檀那場を設けて信者を組織化して立山講《たてやまこう》を結成した。立山禅定《たてやまぜんじょう》に来た講員は道者《どうしゃ》と呼ばれ、山先達《やませんだつ》の「中語《ちゅうご》」が付いて登拝した（江戸時代後期には三〇～四〇名）。神仏と人間の間で拝所では霊験や伝説を語り、願い事を取り持つ役で芦峅寺、岩峅寺、上滝《かみだき》の特権であった。衆徒集落の発展で、芦峅寺・岩峅寺から常願寺川沿いに登って、材木坂《ざいもくざか》から立山を目指す登拝道が隆盛をきわめた。他の登拝路の根拠地としては上市町大岩《かみいちまちおおいわ》の真言宗寺院の大岩山日石寺《おおいわさんにっせきじ》があり、剱岳の前立《まえだち》とされ不動明王の巨大な磨崖《まがい》像（平安時代作）がある。ここから大日岳に登り剱岳を遥拝する道があったという。

剱岳を本拠とする地主神は刀尾《たちお》権現と呼ばれ、神の顕現（タチ）を表す古い神である。立山前立の岩峅寺には摂社に刀尾社があり、芦峅寺では旧本堂の大宮は立山権現、摂社の若宮は刀尾権現という。芦峅寺の対岸の本宮には立蔵《たちくら》神社が鎮座する。山麓には十数社の刀尾社があり地主神の可能性が高い。佐伯有頼が鷹を追って山中に入った時、刀尾天神がその行方を教えたという伝承もある。剱岳は不動明王、立山は阿弥陀如来を本地とし、一方は遥拝のみ、他方は登拝と対照的に捉えられていた。また、芦峅系の縁起では開山にあたり鷹は不動に、熊は阿弥陀に化すとして双方を併記するが、岩峅系は熊のみが阿弥陀に化したと説き、曼荼羅《まんだら》にも熊だけを描くなど微妙な違いがある。

回国にあたって大きな役割を果したのが、立山御絵伝《たてやまごえでん》（または立山絵図）と呼ばれる絵解き用の図幅で、現在は立山曼荼羅《たてやままんだら》と総称されている。秋の末頃から各地に出かけて行き、決められた村々の寺や庄屋などで図幅を掲げて地獄・極楽の絵解きをして、罪あるものは地獄に堕ちると説き、罪障消滅のための立山禅定を勧めた。いわゆる唱導《しょうどう》である。最後に神札・護符・絵図・経帷子《きょうかたびら》などを配り、山の薬草から作った薬も持参し、家々に預けて翌年の回国時に代金を徴収した。この方法が富山の薬売りに影響を与えたという。

岩峅寺は絵解き配札《はいさつ》の他に、出開帳《でがいちょう》と称して、立山の神仏像や宝物を神輿に載せて運び、加賀藩領をめぐって各地に滞在して開帳し、立山の霊験を説いて、莫大《ばくだい》な賽銭《さいせん》を集めた。芦峅寺は回国配札と女人救済を意図した布橋灌頂《ぬのはしかんじょう》（後述）が収入源で、媼堂《うばどう》を中心に活動したのに対して、岩峅寺は立山権現を中心とし、各地の回国と立山登拝の山役銭《さんやくせん》（入山料）や室堂の宿泊料によって経済的基盤を得ていた。江戸時代以降は、山麓の藤橋《ふじはし》から上は岩峅寺の支配下で、山役銭は岩峅寺が独占していた。護符も岩峅寺は「立山大権現」と記したが、芦峅寺は「御祈禱之札立山何坊」とあるだけで、芦峅寺は岩峅寺に対して劣位に置かれた。相互は性格を異にしており、近世にはしばしば対立し、訴訟沙汰にもなった。

立山曼荼羅の世界

立山曼荼羅は、三十数本が確認されているが、最も古いのは、富山市梅沢町《うめざわちょう》の光明山来《らい》迎寺《こうじ》蔵本で一七〜一八世紀とされ、江戸時代中期である。来迎寺は薬勢《やくせ》の故地、五智原にあったという由緒ある寺である。寺ごとに作られ描写は個性的であるが、芦峅寺《あしくらじ》系、岩峅寺《いわくらじ》系、その他（魚津《うおづ》の大徳寺《だいとくじ》、富山の来迎寺）の三種に分けられる。

絵解き台本である『立山手引草《たてやまてびきぐさ》』（岩峅寺延命院蔵）によると、開山縁起、立山禅定案内、立山浄土、立山地獄、芦峅寺の布橋灌頂《ぬのはしかんじょう》の五つの主題がある（林一九八四）。絵解きでは、①開山の様相を述べて聖地の成立とそれに基づく各地の由来を語ってその謂《いわ》れを追認し、過去と現在の連続性を確認する、②地獄と極楽を語り他界の有様を述べて、それに照らして現世での行いを正す、③布橋灌頂や立山禅定など修験道の影響を受けたこの土地独自の儀礼に言及し、登拝の功徳を強調して参詣を勧める等の点が挙げられるであろう。

曼荼羅に戻ると、岩峅寺系統は布橋灌頂を描かないのが特色で、芦峅寺との対抗関係から意識的に排除したとみられる。岩峅寺系には、地獄を描かない図幅もある。一般に芦峅寺系は地獄・阿弥陀三尊・聖衆来迎を上部に大きく描いて、来世での救済に重点を置くのに対して、岩峅寺系は地獄は第一幅、来迎は第四幅に収め、禅定の様相を写実的に描いて登拝を強調し、現世での功徳の増進に重点を置く。双方の絵解きにも差異があった。

曼荼羅の描き方を検討しながら、登拝路をたどっていくことにしたい。芦峅寺系の曼荼羅は、描写はほぼ定型化している（岩鼻一九八九）。基本的には四幅で各部分は上・中・下に分かれる。大仙坊《だいせんぼう》本（富山県［立山博物館］蔵、次頁上図）や相真坊《そうしんぼう》本を参照すると、左から第一幅は上に劒岳、中に地獄、下に有頼が居住した布施《ふせ》館がある。第二幅は上に立山連峰、中

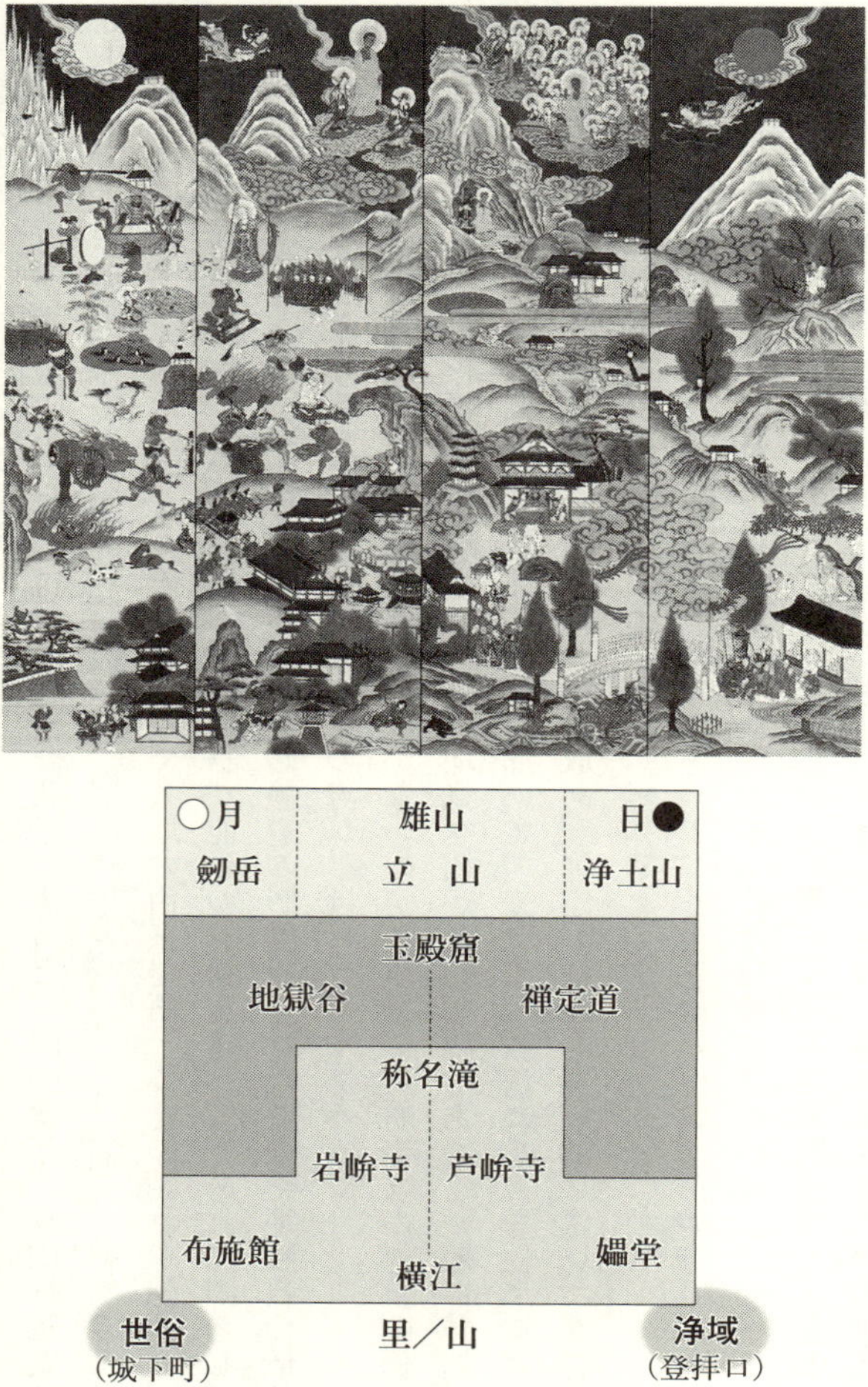

○月
雄山
日●
剱岳
立　山
浄土山
玉殿窟
地獄谷
禅定道
称名滝
岩峅寺
芦峅寺
布施館
横江
媼堂
世俗
（城下町）
里／山
浄域
（登拝口）

図１　立山曼荼羅の構図

に賽《さい》の河原や施餓鬼《せがき》供養、下に岩峅寺が描かれる。第三幅は上に雄山と玉殿窟《たまどののいわや》、中に立山禅定道、下に芦峅寺がある。第四幅は上に浄土山、中に刈込池《かりこみいけ》と禅定道、下に布橋灌頂と媼堂が描かれる(図1)。

曼荼羅の下部

下部では布施館《ふせ》・岩峅寺《いわくらじ》・芦峅寺《あしくらじ》・媼堂《うばどう》が焦点である。布施館は立山の北西の布施川《ふせがわ》と片《かた》貝川《かいがわ》の合流点(滑川《なめりかわ》)付近とされ、立山曼荼羅では雲烟《うんえん》を使って岩峅寺に隣接して描かれる。常願寺川の道筋は開山伝承と同じ道をたどる。斎沢《いつきざわ》(魚津市)にあった立山信仰の古い拠点は洪水で荒廃した。

第一幅に岩峅寺を大きく描く曼荼羅もあるが、その場合は左端に大鳥居があり、世俗との結界が明確である。岩峅寺と芦峅寺の境界には、三途《さんず》の川や死出山《しでのやま》(現在の千垣《ちがき》の東方)があり、山中他界へ入るので、里と山の境界ともいえる。実際にこの付近を歩いていると、常願寺川が狭まり森林が鬱蒼《うっそう》と茂り、異界に入ったような感覚がある。有頼が熊に出会って矢を射た所が横江《よこえ》(横矢)で、熊の血を見たのが千垣《ちがき》(血懸)など地名伝説が残るが、境界を意識した後世の附会《ふかい》であろう。第二幅と第三幅は、樹木とともに岩峅寺、芦峅寺の伽藍《がらん》配置を中央部にかけて突出するように描くことが多いが、絵解きの主体がこの地の衆徒である以上それは当然である。

第四幅に媼堂《うばどう》を描くことはほぼ一定しており、岩峅寺系統でも同様である。芦峅寺と媼堂の境は布橋《ぬのはし》（六字橋、天《あめ》の浮橋《うきはし》）で、媼ヶ谷《うばがたに》（媼堂谷）にかかる状景が書き込まれる。かつては秋の彼岸の時に、布橋灌頂《ぬのはしかんじょう》が行われ、川の西側の閻魔堂《えんまどう》で懺悔《ざんげ》した後に、女人たちが白布を敷いた布橋を渡って対岸の媼堂へ入り、経文や名号《みょうごう》を唱え、最後に後戸が開け放たれ、夕日に輝く浄土山、雄山、大日岳等を拝んで浄土入りを確証したとされる（この説には福井充による異論もある）。布橋は境界で村人はこの川向こうを死霊の行く先と信じ、東方は他界であった。橋の先には村の家屋はなく墓所で、六地蔵などの石仏や夥《おびただ》しい石塔がある。

一方、画面の右端には称名川《しょうみょうがわ》に架かる藤橋《ふじはし》が描かれる。道元が来山した時に、激流で渡ることができずにいた時に、猿が現れて藤蔓《ふじづる》を編んで橋にして渡したという伝承にちなむ（曹洞《そうとう》宗の永平寺《えいへいじ》の僧侶は毎年立山登拝をしていた）。藤橋は登拝口でこれ以後は浄域に入る。下部は基本的には里と山の中間領域であり、宿坊のある両峅《りょうくら》の衆徒集落を主体とし、世俗の場から橋や川、鳥居や楼門などの境界をいくつか乗り越えて、段階的に山の入口に近づいていく過程が描かれる。全体の方向性は、常願寺川の下流から上流へという動きで、結果的には西から東へと進む行程に沿った描き方をしている。

曼荼羅の中部

曼荼羅中部の描写は、左に地獄、右に禅定とほぼ二分されており、中央に称名滝《しょうみょうのたき》が描かれることが多い。名称の由来は念仏の声に聞こえるからで浄土宗の法然《ほうねん》の伝説が伝わる。称名滝は落差四〇〇メートルで、不動明王の顕現ともいい、近寄ることは禁忌《きんき》で禅定道の伏《ふし》拝《おがみ》から遥拝した。剱岳と並ぶ人間の立入りを許さない聖地であった。この滝は、地形上からみても、山岳の中腹にあって上部と下部の結節点をなしていると同時に、他界からの出口であった。脇には赦免滝《そうめんたき》が流れ下り、地獄からの解放を表していた。禅定路は、下部右端の藤橋から上部中央の雄山を目標とする斜め上方への動きを示している。

吉祥院《きっしょういん》本には、藤橋では川で水垢離《みずごり》をとる姿が描かれ、浄域に入る。白衣《びゃくえ》となって山に登る姿が見える。途中は緑の樹木と茶色の山腹で表され、伝承地が点在する。女人結界《にょにんけっかい》を犯して山に登ったことで生じた神仏の祟《たた》りが描かれている。若狭小浜《わかさおばま》の止宇呂尼《とうろに》が従女二人を連れてきた。尼が材木を跨《また》いだら岩に変わったという材木坂、連れの壮女は美女杉に、童女は禿《かむろ》杉に変化した。尼が童女を叱って小便をした叱《しか》り尿《ばり》、尼が石になった姥石《うばいし》、尼が山頂目がけて投げた鏡が石になった鏡石などが残る。別伝では尼は開山の慈興《じこう》（有頼）の乳母《うば》、有若の母ともいう。類似の伝承が残る白山では、開山の泰澄《たいちょう》の母が母御石《ははごいし》に変わったと説く。高僧の母が女人結界で足止めされ姥神として祀られることは各地にみられる。禁忌を犯した女性の名は、白山では融《とおる》の婆、伯耆大山《だいせん》は登攬尼《とらんに》、金峯山は都藍尼《とらんに》で、トオル、トウロなどは一般名称の可能性が高く、柳田國男《やなぎたくにお》は巫女《みこ》の総称と考えた（柳田一九九八〔一九四〇〕）。

曼荼羅の上部

曼荼羅の上部には、女人結界、弘法大師、畜生道、餓鬼道、悪天狗退治、善知鳥《うとう》の伝説、地名には弥陀ヶ原、悪蛇退治の刈込池、一の谷の鎖場、獅子鼻、伽羅陀山《からだせん》などが描かれる。弥陀ヶ原は上下の境界で、女性はこの下では杉、上では石に変わる。高度差による植物相の変化も反映しているのかもしれない。弥陀ヶ原は湿原地帯で、阿弥陀の浄土であるが、池塘《ちとう》は餓鬼の田圃《たんぼ》と呼ばれ、山中の餓鬼が実らない稲を植えて苦しむという伝承があり、地獄の様相も見せる。地獄と極楽が同居する。禅定道には三十三観音を祀り、地蔵の石仏や十王子も祀られる。十王思想の影響もあるなど複合的であった。

禅定道は行場を経て室堂平《むろどうだいら》に至る。上部の山岳風景は、壁のような立山連峰の描写で、峨々《がが》たる岩山が白色を交えつつそびえ立つ。右から浄土山、立山（雄山、大汝山、富士《ふじ》の折立《おりたて》、真砂岳《まさごだけ》、別山）、劒岳（岩峰の一つ一つ自然の塔が立つ）に大きく三分され、右上方に太陽、左上方に月を描き、浄土山や一《いち》の越《こし》の彼方《かなた》からの二十五菩薩来迎（聖衆来迎）、立山の中央の彼方から阿弥陀三尊の来迎が描かれて、九品《くほん》の浄土が現出する。これに対して、劒岳は地獄の針の山である。立山を胎蔵界《たいぞうかい》、劒岳を金剛界《こんごうかい》とする説もある。

雄山の直下、曼荼羅の中央部の上部に開山ゆかりの玉殿《たまどの》窟《いわや》があり、矢をうけた阿弥陀と不動明王が描かれ、右手が浄土、左手が地獄と描き分けられる。別山の下には現在も賽の河原があるが、それに照応するように地蔵が亡者を救済する光景がある。ここでは施餓鬼《せがき》供養もなされ、山中の死霊を弔う僧の姿が見える。浄土と地獄の境界であり、その先は地獄である。

絵の中央部の左手は、山中の地獄谷にあたる部分で、八大地獄や百三十六地獄があり、鬼が死者を責める光景が生々しい。特に血の池地獄は「女人月水産穢《さんえ》の集まる池なり」とされ、地獄に堕ちた女人を救済する血盆経《けつぼんきょう》を岩峅寺《いわくらじ》の僧侶が読んで投じて供養する光景が見られる。立山曼荼羅は死後の極楽往生を求めて浄土を目指す民衆の願いをすくい上げて描く。究極の動きは左下から右上へと向かい、観念上の転換点は中央の称名滝で、他界と現世の境界とみなされた。

登拝の行程

立山に登るには、岩峅寺《いわくらじ》や芦峅寺《あしくらじ》の先達の導きが不可欠であり、祈願をこめて里から山へと道をたどる。芦峅寺を早朝に出立して、弥陀ヶ原を経て、地獄谷を通って室堂までが一日行程である。翌日は最初に浄土山へ登り、一の越を経て雄山参拝、別山で劒岳遥拝、賽の河原を経て、開山の地の玉殿窟に至り、地獄谷をめぐって室堂に帰着する。「六根清浄《ろっこんしょうじょう》、お山は晴天」と唱えて浄土山・雄山・別山をめぐることを「三山かけ」といった。翌日は鏡石・媼石《うばいし》から追分《おいわけ》へ、そして藤橋に戻る。峰々には阿弥陀と同体異名の十二光仏が居ますという。谷から山へ、山から谷への禅定の過程は、浄土と地獄を経巡る。一度現世で死んで甦《よみがえ》る再生の修行で、最終的には浄土入りを確証した。曼荼羅上でいえば、道者は右下の登拝口から登り始めるが、自らを亡者に擬しており、現世で犯した罪ゆえに地獄へと向かう。地蔵や観音の庇護《ひご》を得て、来迎する阿弥陀の導きにより浄土に至るという緊張関係が禅定には見られた。曼荼羅では左上の地獄へ引き寄せられる方向性と、右上からの来迎で救済される方向性が交錯する。一方、登拝者の曼荼羅の見方は全体を左下から右上へ向かう線で二分し、左上半分を他界、右下半分を現世とし、他界の中が地獄と浄土に二分されるという単純な見方であったかもしれない。この絵は民衆には地獄絵や来迎絵と呼ばれていたのであり、浄土に至るには男性は禅定、女性は布橋灌頂《ぬのはしかんじょう》による往生が求められた（図2）。宗派を問わ

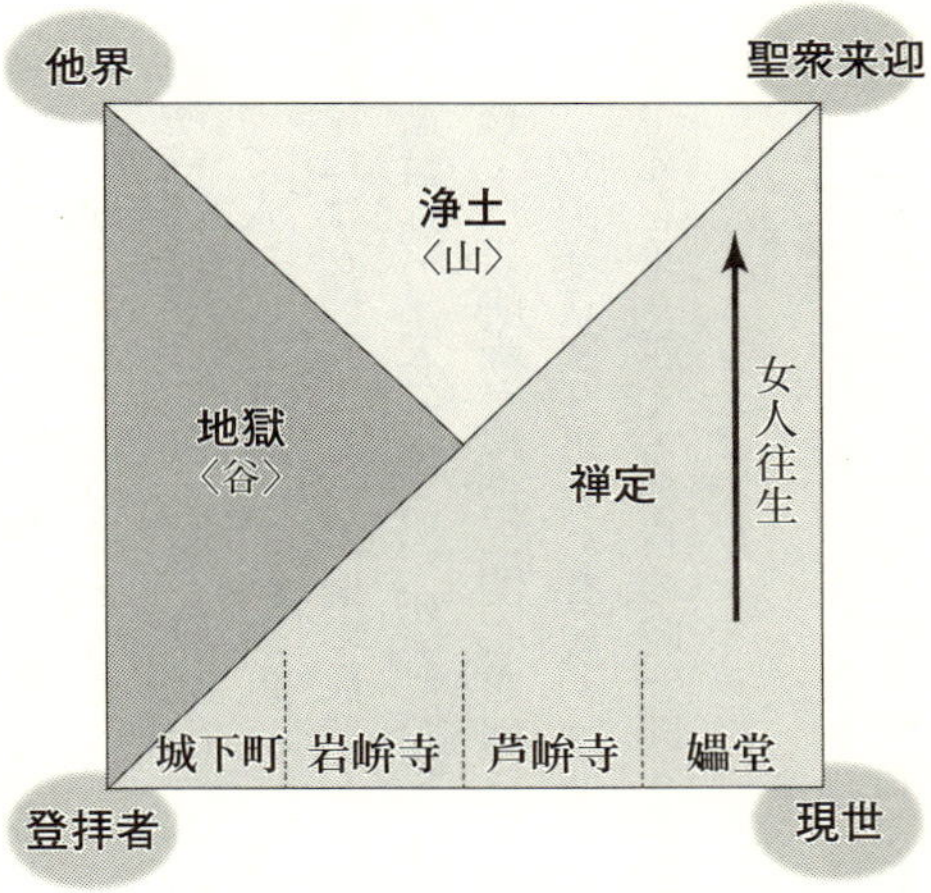

図2　民衆から見た立山曼荼羅

ず、地獄からの救済と女人往生に強い関心を向けたことが立山の特色であった。

山への信仰は農耕守護の願いがこめられ、豊饒《ほうじょう》の源泉を求めた。曼荼羅の中心には開山伝承の軸、つまり熊と出会った横江から、熊が変身した阿弥陀と出会う玉殿窟、さらに仏菩薩の来迎する雄山へと達する垂直軸がある。これは水の軸でもあり、玉殿窟は常願寺川の源流で、水は称名滝を経て里へと流れ下る。中央に聖域の称名滝が描かれているのは、生命の源、豊饒と再生をもたらす水への信仰がすべての原点という意識があるためであろう。山は水分《みくまり》として農耕に不可欠の水をもたらし、人びとを豊かにする源泉で、時には大洪水を出して、村々を破壊し尽くす。立山から流れ下る常願寺川は暴れ川で有名であった。生活の繁栄と安泰のために、立山の神仏への祈願は必須であった。立山は頂上の神霊を重んじたので、里に招いて現世の人びとの願いに応えるために、山麓のクラ（峅）と呼ばれる場所に神霊の降臨所かつ遥拝所として寺を設けて里宮《さとみや》の機能を持たせ、春になると山の神を迎えた。

岩峅寺では春は四月八日、秋は一一月三日に例祭を行っているが、山の神は春に山から里に下って人びとを守護し、秋に再び山に返っていくという考え方である。一方、芦峅寺では、春彼岸には女性による百万遍の数珠くりの先祖供養、秋彼岸には布橋灌頂、盆には施餓鬼供養と血盆経《けつぼんきょう》の法会を行い、死霊供養と浄土入り、女人往生を祈って奉仕した。数珠くりは今も続く。岩峅寺が現世に関心を向けたのに対して、芦峅寺は来世での救いを目指したといえる。立山曼荼羅は現実の景観と想像上のイメージとを重ね合わせ、「絵解き」という語りで、生死を乗り越える独自の時空間を創造し、人びとに救済の道を指し示した。

芦峅寺の媼堂

立山は各地の霊山と同様に女人禁制であり、そのため芦峅寺《あしくらじ》には山に登拝できない女人のための礼拝場として媼堂《うばどう》があった。媼堂には媼尊《うばそん》が祀られ、俗称オンバサマで、『御媼尊縁起《おうばそんえんぎ》』（文政《ぶんせい》三年〔一八二〇〕）によれば、天地の始まりに、この地に五穀と麻の種を持って天下ってきたと伝えられ、死後は「生死《しょうじ》の惣政所《そうまんどころ》」である冥界《めいかい》の主宰神になり人間の死を司ったという。冥界の住者であれば醜いのも当然で、伊弉冉《いざなみの》尊《みこと》を彷彿させる。十王思想の影響で奪衣婆《だつえば》ともみなされる。他方、乳房をだらりと垂らし、醜い形相もあり山の女神や山姥《やまんば》と考えられる。山中の獲物や食物など富をもたらす女神の形象化で、狩猟民と農耕民の双方を守護し、母なる山を体現する。

元々は芦峅寺の脇を流れる媼谷川の水分《みくまり》にあたる来拝山の水の神で、大日岳の末端に祀られる山の神でもあった（福井二〇〇六）。媼神から媼尊へ、そして本地は大日如来となった。『媼堂《うばどう》秘山口伝《ひざんくでん》』には「造化三神」で「天地万物の母体の徳を現し、寿命長久、五穀豊穣、子孫繁昌《はんじょう》、諸願成就の誓をたてたまふによつて、媼の御字を以《もっ》てして媼尊と崇め奉る」とある。「媼」の字は農耕の守護を表したとも、万物の母神を表したとも伝える。

毎年一回召し衣の着替えをする。死装束で返し針や留め玉をしない。六一歳以上の老女が斎戒して正月六日から苧《お》（麻）を積んで糸をうみ機《はた》で織った（現在は木綿の晒《さら》し布）。二月五日（立春の翌日）に仕上げ、二月九日（コト八日の翌日）に開山堂で拝んだ後に、「お召し替え行事」を行った（現在は三月一三日）。春迎えにあたり着せ替えで媼尊の活力を更新する。山中に自生する苧は山の神からの授かり物で、お召し衣の製作には労働と忍耐を要した。閉経後で還暦を過ぎた穢《けが》れなき女性が精進潔斎して執《と》り行う厳重な神事であった（福井二〇〇六）。

媼尊（写真：著者）

この慣行は東北地方で旧家に祀られる木偶《でく》のオシラサマが、正月一六日や三月一六日に村の老女が着替え（オセンダク）をして、巫女《みこ》のイタコが遊ばせることと類似する。北方系シャーマニズムの流れかもしれない。東北では奪衣婆《だつえば》と姥神の習合も見られる。下北《しもきた》半島の恐山《おそれざん》への大畑《おおはた》口の正津川《しょうづがわ》集落では登拝者は三途の川を渡って山に登る。橋を渡った対岸はあの世と観念され、優婆堂《うばどう》があり優婆が祀られる。奪衣婆ともいわれるが、子授けや安産の姥神でもある。橋の袂《たもと》には、各地の「関《せき》の姥《うば》」のように境界の女神が祀られ、道祖神《どうそじん》、賽の神、奪衣婆と重なる。

立山の場合は、媼尊は立山権現の母、または佐伯有頼の母という伝承があり、開山者の母が女人結界や女人堂に祀られる日本各地の伝承と符合する。一方、岩峅寺《いわくらじ》では媼尊は卑賤《ひせん》な奪衣婆とみなしており、明治の神仏分離で媼堂が解体された時、この見解が行政側に採用されて媼尊像は四散した（媼堂は基壇のみ残存。媼尊五体は閻魔堂に安置）。多様な観念と記憶が長い歴史の流れの中で重層化して蓄積されたのが媼尊である。地元では独自の文字の媼《うば》で表記して、象徴の森の奥深さを凝結して示した。媼尊には布橋灌頂では女人成仏や死後の救済が願われたが、作神で狩猟神でもあった。

布橋灌頂

芦峅寺《あしくらじ》は布橋灌頂《ぬのはしかんじょう》という独特の女人救済の儀礼をかつては秋の彼岸の中日に行っていた。来世での成仏、地獄極楽の強調、地獄に堕ちる恐怖からの救済を説いてきた立山衆徒が、民衆、特に女性に対して現世でできる最大の儀礼であった。

布橋については慶長《けいちょう》一九年（一六一四）に加賀藩初代藩主、前田利家《としいえ》夫人の芳春院《ほうしゅんいん》と二代目藩主利長《としなが》夫人の玉泉院《ぎょくせんいん》が芦峅寺の中宮姥堂を訪問して、布橋の儀礼を行ったとする史料が初出である（福江二〇〇六）。

橋の名称は延享《えんきょう》四年（一七四七）頃には神道風に「天《あめ》の浮橋《うきはし》」と呼ばれ、後には両岸を金剛界・胎蔵界の両界曼荼羅に見立て神仏習合となった。江戸時代前期は芦峅寺には社人が多かったが、中期頃から衆徒が増えて仏教的性格を付与されたという。天保時代に至って布

布橋灌頂（写真：著者）

橋の呼称が定着し、灌頂の名称は文化《ぶんか》二年（一八〇五）が初出で、文政《ぶんせい》一二年（一八二九）頃に布橋大灌頂となった。仏教的な意味づけには真言僧の働きかけが推定されている。衆徒たちは各地で立山曼荼羅を絵解きして強力に布教し、特に女人救済を説き、地元の越中だけでなく近隣の国々からも多数の女性信者が集まったという。芦峅寺はこの行事で多額の寄進を得て財政的基盤を安定化させた。

儀礼は、女人たちが閻魔堂《えんまどう》で懺悔《ざんげ》して閻魔大王から裁きを受け、目隠しをされて僧侶に導かれて明念坂《みょうねんざか》を下る。道には三本の白布が敷かれて、媼ヶ谷に渡された布橋を経て対岸の媼堂まで続く。布橋では心がけの悪い者は転落して竜に呑《の》まれるとされた。橋は現世と他界の境界で、此岸《しがん》は胎蔵界、彼岸は金剛界ともいう。橋を渡ると累々たる墓があり、六地蔵の脇を通って媼堂へ入る。中には根本の三体の媼尊と日本六十六ヶ国にちなんだ六十六体の媼尊があった（現存最古の像は永和《えいわ》元年〔一三七五〕）というから異様な光景であった。扉が閉じられ、暗闇の中で線香がたかれ寿司づめになった状態で、来迎僧の読経、南無阿弥陀仏《なむあみだぶつ》、南無大師遍照金剛《なむだいしへんじょうこんごう》など自己の宗派に応じて経文や名号を唱えた。ここでは特定の宗派にこだわらない。

最後に後戸《うしろど》を開け放つと、遥《はる》か東方に夕暮れの残光に輝く神々しい立山が遠望され、恍《こう》惚《こつ》の境地で伏し拝む。終了後、信者には媼尊の護符、変女転男の御札、血盆経《けつぼんきょう》の血脈《けちみゃく》が配られ、たとえ血の穢れがあっても男性に生まれ変わって往生できるとした。使用された千三百六十反の白布は、別山頂上の硯《すずり》ヶ池《がいけ》の水で経を書いて経帷子《きょうかたびら》に仕立て、流れ灌頂《かんじょう》で供養した後に各地の信者に配られた。死後にこの経帷子を着ると極楽往生が約束されたといい、真剣な願いがこめられた。この儀礼は開山の母の葬礼の法式に従うとされ、死んで甦ることで浄土入りを果たす。擬死再生の精神は男性の禅定や修験道の峰入りとも共通するが、山麓で女性に限定して実施したのが布橋灌頂であった。

しかし、近年になって新たな見解が福江充によって提示され、天保三年（一八三二）を境に布橋の儀礼は送り出す側（先導師）から迎え入れる側（来迎師）、つまり閻魔堂よりも媼堂に比重が移り、堂内での法要の重要性が高まったという（福江二〇〇六）。血脈授与が重要視されたからである。最後は劇的に立山の夕日を拝んだかどうかは、建物の構造上は否定的だという。立山の布橋灌頂については歴史的変遷を明確に把握する必要がある。

布橋灌頂と類似した行事と言えば、奥三河《おくみかわ》の花祭で安政《あんせい》三年（一八五六）を最後に途絶えた「大神楽《おおかぐら》」の生まれ清まりや浄土入りがあり、白山《しらやま》を作り無明橋《むみょうばし》を渡って中に入り、神仏と一体化して極楽往生を確証した（早川一九七一～七二〔一九三〇〕、武井一九七七、山本二〇〇三）。「大神楽」は四日四夜の儀礼で、江戸時代初期に豊根村《とよねむら》の修験が創始したとされる。現在の花祭の舞庭《まいど》は「山」と観念されている。中世の神仏習合に淵源《えんげん》を持ち、江戸時代を通じて複雑に展開した甦りの儀礼を通じて人間の身体と精神を作り変える試みが、大自然を舞台に行われていた。布橋灌頂は明治の神仏分離で廃絶したが、布橋は昭和四四年（一九六九）の「風土記の丘」設置の際に復元し、平成三年（一九九一）に富山県［立山博物館］が開館し、媼堂跡を整備してテーマパークの「まんだら遊苑」を作った。平成八年の国民文化祭に合わせて布橋灌頂が一三六年ぶりに再現され、平成一七、一八、二一、二三年、平成二五年に「心の癒しの儀式」として開催された。平成二三年には日本ユネスコ協会連盟の「プロジェクト未来遺産」に登録された。プロジェクト未来遺産は長い歴史と伝統のもとで豊かに培われてきた地域の文化・自然遺産を未来に伝える市民活動を援助する民間ユネスコ運動で、観光庁の後援を得て平成二一年に始まり、毎年一〇ヶ所ずつ登録されてきた。まさしく

「創られた伝統」として甦りを果たしたのである。

近代登山から観光地へ

明治の神仏分離以後は芦峅寺《あしくらじ》は雄山神社祈願殿、岩峅寺《いわくらじ》は雄山神社前立社壇《まえだちしゃだん》と呼ばれ、山頂の立山権現は雄山神社に改称して祀られ、仏教色を一掃し、神と仏は切り離された。ただし、他の山岳信仰の山と異なるのはあくまでも頂上を峰本社とする伝統を護《まも》ったことであり、昭和二〇年（一九四五）に至るまで県知事が奉幣使《ほうへいし》として登拝する慣行が続いた。

明治以後は越中の男子は立山登頂を成し遂げて一人前とみなされて後に、若者組への加入や結婚の資格を得るという考えが強まった。山頂に小石を奉納すると「立山大権現」と染め抜いた赤幡が頂ける。赤幡を持ち帰ると村や町の境界まで多くの人が迎えに出て、お祝いをした。成人になるための通過儀礼としての立山登山が機能した。学校行事にも組み込まれた。明治五年の女人禁制解禁によって女性の登山が解禁されて登山は大衆化し、昭和九年（一九三四）に中部山岳国立公園の指定を受けた。立山は山岳部の訓練の場として活用される機会も増え近代アルピニズムが隆盛をきわめた。富山県山岳連盟（昭和三二年結成）はシンボルマークを剱岳山頂から出土した錫杖頭とし、連盟旗につけてヒマラヤの未踏峰に挑んだ。古代の山岳信仰に由来する遺品をシンボルとしたことは、近代登山が古くからの禅定につながっていることの証《あかし》といえるかもしれない。

しかし、立山登拝の禅定道は現在では歩く人がいない。昭和四六年（一九七一）に富山県室堂と長野県扇沢《おうぎざわ》を結ぶ、「立山黒部《くろべ》アルペンルート」が開通し、富山市から電車・ケーブルカー・バスを乗り継いで標高二三〇〇メートルの室堂平《むろどうだいら》に達し、バスとケーブルで黒部ダムへ、そして対岸にわたり扇沢から大町《おおまち》へと出る。立山は登山の概念を打破して、年間一〇〇万人の観光客を集める大観光地に生まれ変わった。

基壇だけが残る媼堂跡に立って、白雪に輝く立山連峰を見つめ返す。かつての巨大な再生空間は綺麗《きれい》な芝生に変わり、その手前には立山の歴史と自然についての映画が上映される遙《よう》望館《ぼうかん》がある。映画が終わると、媼堂で体験したと同じようにスクリーンが上がって、現実の立山を望むという演出がつく。観客は一斉に歓声を上げる。しかし、何かが虚《むな》しいのである。それは、死の克服についての練り上げられた思考の不在とでもいうべきであろうか。浄土入りや禅定は、神仏習合の論理を縦横無尽に展開することによって、死に挑戦し人生の壁を乗り越えようとする試みであった。こうした思考の究極に生成された救済観に身を任せて死んでいった人びとは、現代人よりも幸福な人生を生きたのであろうか。長い人生を他界の存在を支えとして充実して生きぬくこと、立山信仰が現代に投げかける問いは、可能性に満ちた永遠の課題である。

第六章　恐山——死者の魂の行方

独自の景観

本州の北端の下北《しもきた》半島に位置する恐山《おそれざん》は、死者の魂の赴く所として知られ、山中に展開する荒涼たる風景で人の感情を揺さぶる。死後すぐに恐山に行けば亡き人と会えると語る者は多い。平成二三年（二〇一一）三月一一日に起こった東日本大震災と大津波によって多くの人びとの生命が奪われたが、その後しばらくして恐山には遺族のお参りが続き、現在では少数になった盲目の巫女《みこ》のイタコが語る死者の声に耳を傾けた。言い残したことがたくさんあったに違いない。そう信じる遺族にとって、諦めきれない突然の死によって生じた心の空隙を埋めるためには恐山に来るしかない。現代の救済の場として恐山は甦《よみがえ》った。

恐山は下北の要衝である田名部《たなぶ》から北西に位置し、周囲八キロメートル余りの円形のカルデラからなり、中央には直径二キロメートルほどの宇曽利《うそり》湖（標高二一四メートル）がある。澄みわたった湖と珪砂《けいしゃ》の堆積した浜辺は浄土世界を彷彿《ほうふつ》させ、極楽浜《ごくらくはま》と名づけられている。

外輪山は、南方にそびえる釜臥山《かまふせやま》（八七九メートル）を最高峰として、屏風山《びょうぶやま》、大尽山《おおづくしやま》、小尽山《こづくしやま》、北国山《ほっこくざん》、剣山《つるぎのやま》、地蔵山《じぞうやま》（伽羅陀山《からだせん》）、鶏頭山《けいとうさん》などの山々が連なり、「八の山」、「八の岳」といわれ、八葉蓮華《はちようれんげ》に見立てられ浄土世界になぞらえられる。湖から流れ出す川は「八つ滝」となって流れ落ち、最後は正津川《しょうづがわ》に入って海に入る。八葉蓮華は水にも及ぶ。

極楽浜から総門を経て仁王門、常夜灯のある参道をたどると、正面に「上寺《うわでら》」と呼ばれる地蔵堂《じぞうどう》本殿がある。正式には釜臥山菩提寺《かまふせやまぼだいじ》といい、田名部の曹洞宗《そうとう》円通寺《えんつうじ》が管理する。背後には西から東へ三つの火口丘が連なり、賽《さい》の河原《かわら》の地蔵堂の奥山は鶏頭山、本堂の背後は地蔵山、温泉の背後は剣山という。特に鶏頭山に死者の霊が集まるとされ、子どもが好きな食物や玩具《おもちゃ》が拝所に供えられる。本堂の西側には血の池地獄、無限地獄、修羅王地獄、金掘地獄、畜生地獄、法華地獄、猟師地獄、百姓地獄など「百三十六地獄」と呼ばれる荒涼たる風景が広がる。多くの硫気孔《りゅうきこう》からガスが噴出して土が積みあがり、硫黄《いおう》などの鉱物で水の色が赤や緑に変化し、この世の地獄を思わせる。賽の河原の地蔵堂の周辺には赤いよだれかけを着けたおびただしい数の地蔵の石仏が祀《まつ》られ、風が吹くと風車《かざぐるま》が静かに回りだし、幼くして亡くなった子どもたちへの母親の想いが心に沁《し》みる。両親たちは賽の河原で難儀している子どもを救うために地獄めぐりをして供物を捧《ささ》げ、子どもに代わって小石で仏塔を積み、あの世で不自由なく暮らせるように、帽子、履物、菓子、玩具、手拭、金銭などを供える。

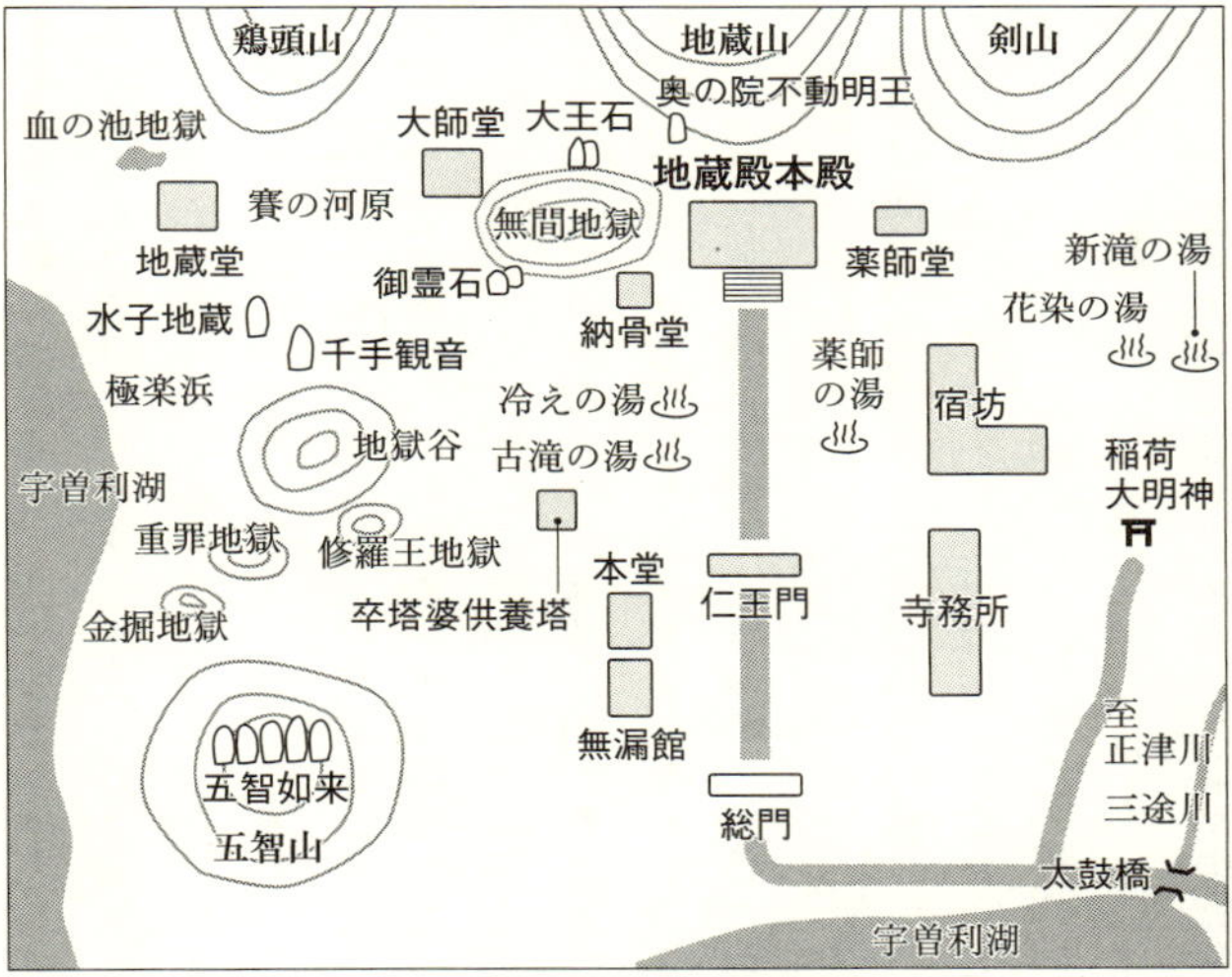

図　恐山山内の配置図

恐山の主尊は地蔵である。

山中の各所に、水子《みずこ》地蔵、千手観音《せんじゅかんのん》、大師堂、五智如来《ごちにょらい》、大王岩などが祀られ、納骨堂、無縁塔、卒塔婆《そとば》供養塔、御霊石《みたまいし》など死者供養の場が散在する。御霊石は大晦日《おおみそか》の夕方に亡者に供える御霊飯《みたまめし》に似ているという。他方、本堂の東側は剣山の山麓《さんろく》で薬師堂と降魔石《ごうまいし》がある程度で地獄の名称はない。温泉が各所に点在し、古滝《ふるたき》の湯、冷《ひ》えの湯、薬師《やくし》の湯、花染《はなぞめ》の湯、新滝《しんたき》の湯の五つの湯がある。薬師の湯は眼《め》の湯ともいい、眼病に効くとされる。総じて湖の北岸では、西方は地獄の世界で地蔵と観音が救済の菩薩として祀られ、東方は薬師の瑠璃光《るりこう》浄土に見立てられる。

参詣者は本尊にお参りし、西で死者を供養して、東で湯浴をすることで甦りを果たした。夕暮れになると参拝者やイタコが三々五々温泉に入浴する。昭和五〇年代に訪問した時は男女混浴であったが、別に臆する気配もない。温泉は薬湯といわれて病気治しの効能があり、特に恐山での湯治の効果は絶大と信じられた。温泉の効能は恐山の縁起にも記され当初からのご利益であったが、温泉は登拝者《とはい》の楽しみでもあり、入浴後、外の広場は夜には盆踊りの場になる。村の婆《ばば》たちの一年に一度の娯楽であった。

恐山では夏でも雲が立ちこめることが多く、肌寒くて雨もよく降る。朝日は早く差し込み夕方は早く暮れ、寂しげな風情が漂い死者との対話の場にふさわしい。山上だから死者の霊が容易に降りてきて現世の人びとと話ができるのだという。恐山は山と湖と温泉の総称であり、変化に富む景観が醸し出す独特の風情が他界を幻視する場として人びとに強く訴える。

恐山の歴史と伝承

恐山はかつて宇曽利山《うそりやま》と呼ばれ、中世にはこの地は糠部《ぬかぶ》郡宇曽利《うそり》郷といわれ地域を代表する山であった。この地の住人は、「人間は死ぬと『お山さ行く』」というが、「お山」とは恐山を指す。新仏《しんぼとけ》が出た家では百ヶ日から一年の間に死者の歯骨を持って、恐山へ夏参りに行き、僧侶にお経をあげてもらって納骨堂に納める。恐山は里から近い山で死者の霊が集まるといわれ、福島・山形・宮城などのハヤマやモリノヤマに感覚的には近い。信仰の起原は明らかではないが、仏教以前の様相を留めているのであろう。

恐山の開創は慈覚大師《じかくだいし》円仁《えんにん》とする伝承が『奥州《おうしゅう》南部《なんぶ》宇曽利山《うそりやま》釜臥山《かまふせやま》菩提寺《ぼだいじ》地蔵大士《じぞうたいし》略縁《りゃくえん》起《ぎ》』（文化《ぶんか》七年〔一八一〇〕）に記されている。それによると円仁は唐の天台山《てんだいさん》での修行中に霊夢を見た。聖僧が忽然《こつぜん》と現れて、「帰朝後に王城を去ること東方に三十余日ばかりの行程の所に霊山があって、温泉が湧き出て諸病を治す。そこは炎に包まれた地獄で誰も知らない。汝《なんじ》はその場所で地蔵を一体刻んでお堂を一宇《いちう》建立して仏道を弘《ひろ》めよ。自分は天竺《てんじく》の伽羅陀《からだ》山《さん》の主で諸尊に悟りを開かせた者だ」と名乗った。目が覚めると机の上には『地蔵経《じぞうきょう》』一巻があった。円仁は帰朝後、唐で見た夢の光景を求めて東北を巡錫《じゅんしゃく》して教えを広めて歩いた。松島《まつしま》の青龍寺《せいりゅうじ》（瑞巌寺《ずいがんじ》）、山形の立石寺《りっしゃくじ》（山寺《やまでら》）を開いた後に、下北の釜臥山に登攀《とうはん》して経典を唱えて密教の行法を修行していると山神が来て珍しい膳を提供した。

ある日、鵜鳥《うとり》が飛来し、北方を見ると湖水があって猛火が延々と立ち上り温泉が湧き、地獄や浄土の様相を呈していたので、霊夢と照応すると考えて地蔵の像を刻んで一宇を建立して菩提寺《ぼだいじ》と名づけた。鵜がはばたいてこの地を教えたので「鵜翦山《うそれさん》」とした。「然《しか》るに世人《せじん》宇曽利山と呼び、また現在地獄の相を見聞するより諸人恐怖せるを以《もっ》て、恐山と称す。また、釜をふせたる形なるより土人以て釜臥山と号す」と地名の由来を説く。時に貞観《じょうがん》四年（八六二）であったという。そして、地蔵の霊験は病気治し、子授け、武運長久、火事除《よ》け、雷除け、盗難除け、五穀豊穣、海路平安などと多様に説かれ現世利益を強調している。ウソリはアイヌ語の湾や入江の意味のusorという説もあるが、独特の風景から恐山が通称となった。

『略縁起』によれば、円仁の開創以後、一時荒廃したものの、寺院は徐々に整えられて、地蔵堂を本殿とする修験寺院の恐居山金剛念寺、別称「峰《みね》の寺《てら》」最宝院《さいほういん》が建立された。享《きょう》徳《とく》・康生《こうせい》年間の頃（一四五二～一四五七）の田名部《たなぶ》の目代《もくだい》、蠣崎蔵人信純《かきざきくろうどのぶずみ》が反乱を企てて、金剛念寺の別当《べっとう》であった大締《だいてい》が味方した。乱の平定後、大締は斬首の刑に処せられ、長禄《ちょうろく》元年（一四五七）には「峰の寺」も破却されて恐山の信仰は中絶したという。その後、大永《だいえい》二年（一五二二）下総《しもうさ》国の山王山東昌寺《さんのうざんとうしょうじ》の僧侶、宏智聚覚《こうちじゅがく》が田名部に円通寺を開基し、荒廃した恐山を再興して宗派を天台宗から曹洞宗に改め、寺号を釜臥山菩提寺と改めた。新しい寺号は修行場の釜臥山と死者供養の恐山を合体した巧みな命名で、円通寺の管理下に入った。

『略縁起』は地蔵菩薩の霊験譚《れいげんたん》を主軸にして、温泉の効能を説くなど現在に至るまでの信仰の根幹を提示している。慈覚大師円仁の開創はおそらくは天台系の修行者が保持していた伝承であろう。恐山の近世以前の伝承は信憑性《しんぴょうせい》に乏しいが、天台系の修験者の修行場であった可能性はある。本堂の地蔵堂の背後には不動明王が祀られている。『延命地蔵菩薩経《えんめいじぞうぼさつきょう》』は地蔵と不動は「二而不二《ににふに》」（二つであって二つではない）と説くが、不動を守護仏とする修験の影響を感じさせる。不動と地蔵、そして地神を祀る釜臥山（本地釈迦《ほんじしゃか》）は一直線上にあって相互に一体であり、仏教の外被をまとった民間信仰が中核にある。

また、開創を貞観四年に設定したのは円仁の史実と符合させるためであろうが、地震・津波・噴火など天災が頻発した貞観年間の世相不安に対して、人びとの願いをかなえる強い力が要請されたことの反映かもしれない。慈覚大師開創伝承は、後に進出した円通寺の僧侶も承認せざるを得ず、逆に権威づけとして組み込んだと推定されている（宮本・高松一九九五）。現在でも円通寺には慈覚大師の真筆という『紺紙金泥法華経《こんしこんでいほけきょう》』一巻が寺宝として伝わる。伝承は遺物を通して権威を維持し、史実へと昇華させるのである。

江戸時代の死者供養

『略縁起』は恐山の由来と地蔵の霊験を説き、経典では『延命地蔵菩薩経』の影響が色濃いが、実際の中身は民間信仰である。ただし、地蔵の霊験は現世利益を主体とし、死者供養には言及がない。しかし、江戸時代の一八世紀後半には恐山が死者供養の場であったことは、菅江真澄《すがえますみ》の記録でわかる。菅江は宝暦《ほうれき》四年（一七五四）三河に生まれ、天明《てんめい》三年（一七八三）以来二八年間旅を続け、恐山には寛政《かんせい》四年（一七九二）一〇月、五年五月・六月、六年二月・三月に訪れている。菅江真澄は『奥の浦うら』で、寛政五年（一七九三）六月二三日の地蔵会《じぞうえ》を次のように記した。

「夜が明ければ地蔵会であると、昨日から仮小屋をたてて、あれこれの用意をしている。午《うま》未《ひつじ》頃（正午から午後二時）から各地の村里の人びとが大勢集まってきて、国々の修行者は鉦《しょう》鼓《こ》を打ち鈴を振り鳴らし、阿弥陀仏を唱えている。卒塔婆塚《そとばづか》の前には、いかめしい棚を造り、薄《すすき》を刈って敷き、高い板屋の木を二本、左右にたてて、唐葵《からあおい》、撫子《なでしこ》、女郎花《おみなえし》、紫陽花《あじさい》、連《れん》銭《せん》、馬形《うまかた》などの草花をあげ、七つの仏の幡《はた》をかけて、閼伽水《あかみず》を供えてある。御堂から柾仏《まさぼとけ》（檜《ひのき》の柾板《まさいた》に祖先の戒名を書いたもの）といって、仏名を書いてもらった薄いそぎ板を、一本六銭で求め、老若男女、手ごとに持って来てこの棚に置き、水を汲《く》んであげ、『ああはかないものだ。わが愛する花と見ていた孫子よ、こうなってしまったか、わが兄弟、妻子よ』と、あまたの亡き魂呼《たまよ》びに泣き叫ぶ声、念仏の声が山にこたえ、木霊《こだま》に響いている。『親は子の子は親のため　なき魂を　呼ばふ袂《たもと》の　いかにぬれけん』。小さい袋の中からうちまき（散米）を出して、水を注いだ女が『我が子が賽の河原にいるならば、いま一目見せて』とうち嘆いて、しぼんだ常夏《なでしこ》をこの棚の上においた」。

大勢の人びとが恐山の地蔵の大祭の時に山に登ってきて、身内の者が供物を捧げて死者の霊を呼び出して、棚の前で供養する様子が描かれている。日が暮れると、堂舎が人で埋まり、寝る場所もないくらいの大混雑であったという。参詣者は恐山の地蔵会での死者の霊との対面を真剣に考え、個別に親族の供養を行っていた。

明けて翌二四日は、「夜の明けてゆくころ、たくさんの人が『南無伽羅陀山《なむからださん》の延命地蔵、六つのちまたにおわしますならば、わが黄泉《よみ》の苦しみを除き、楽を与え給え。十種の幸を賜い給う御誓いのあな尊《とおと》さよ』と言って、並んで数珠を押し揉《も》み、額にあててふし、頭の被《かぶ》り物の落ちるのも知らず、わが子、わが孫の亡き魂を数えあげては涙を落としている」と記す。

菅江真澄は、円通寺の僧が読経して地蔵堂の背後の伽羅陀山と地獄の隅々まで回って供養し、昼頃にはみな帰ったと伝えている。ここでいう「六つのちまた」とは六地蔵のことで、地蔵菩薩は釈迦入滅後、弥勒下生《みろくげしょう》に至るまでの間に、地獄・餓鬼・畜生・修羅・人間・天の六道輪廻《ろくどうりんね》の世界に能化《のうげ》分身《ぶんしん》して、衆生《しゅじょう》を救うとされる。地蔵に祈願して子どもや孫の供養をして、地獄の十王に「十種の幸」を願って救いを求める。当時は幼くして亡くなる子どもが数多く、親より先に死んで不孝をかけたとして地獄に堕ち鬼の責苦にあっているとされ、生みの親は精神的にも肉体的にもこたえることが多かった。菅江真澄の丁寧な記述からは、死者との交流をねんごろに行う恐山の光景に心打たれた様子が読み取れる。

菅江真澄はまた『奥の浦うら』の文中に、恵心《えしん》（源信《げんしん》）がこの地に来て仏像を刻んだという伝承を書き留めており、浄土教の影響が強く及んだことが推定される。さらに円空《えんくう》が刻んだ仏像があったことも記録した。円空は美濃《みの》出身の修験で各地の山を遍歴し、仏像を刻みつつ遊行《ゆぎょう》し、下北には寛文《かんぶん》八年（一六六八）にやって来た。むつ市の常楽寺《じょうらくじ》や円通寺に造像があり、恐山の千体地蔵仏の一部も円空作というが、儀軌《ぎき》に則《のっと》った作例が多く、壮年や老年の自由闊達《かったつ》で斬新な作風ではない。

参詣道と優婆

恐山への参詣道（街道《けど》）は田名部《たなぶ》口・大湊《おおみなと》口・大畑《おおはた》口・川内《かわうち》口の四つで、大湊と大畑は漁業者や廻船問屋《かいせんどんや》が利用し石塔など多くの寄進を行った。江戸時代後期には大畑が最も栄えたが、明治時代に入って鉄道とバスの開通後、大部分の参詣者は田名部を利用するようになった。田名部の吉祥山円通寺《きっしょうざんえんつうじ》（曹洞宗）は上寺（地蔵堂）を管理していた。文久《ぶんきゅう》二年（一八六二）に慈覚大師一千年祭が執行され、田名部からの恐山までの参詣道の一丁（約一一〇メートル）ごとに、一四二基の丁塚《ちょうづか》が建てられた。一方、大湊の常楽寺（真言宗）から恐山までの参詣道には三十三観音が建てられた。観音像は商人の寄進が多く、先祖代々の菩提を弔うとともに衆病悉除《しつじょ》・心身堅固・志願成就・家内永昌・海上安全など現世利益が祈願された。また、恐山境内にある弘化《こうか》三年（一八四六）から文久元年（一八六一）までの四三基の常夜灯の石灯籠《いしどうろう》は、地元だけでなく松前《まつまえ》・能登《のと》・加賀・福井・大坂・泉州《せんしゅう》堺《さかい》の廻船問屋の名前が刻まれ、海運業者が北前船《きたまえぶね》の航海安全を願う信仰が篤《あつ》かったことがうかがえる。

大畑の参詣道は北東の正津川《しょうづがわ》からで、津軽海峡沿岸の村々や対岸の北海道松前からもやってきた。山麓《さんろく》には浄土宗の優婆寺《うばでら》があり本尊は阿弥陀如来で脇侍《わきじ》に優婆像を祀る。ここは聖域に入る前の禊所《みそぎじょ》でもあった。昭和一六年（一九四一）までは優婆寺は優婆堂と呼ばれ大《おお》畑町宝国寺《はたまちほうこくじ》持ちのテラコ（庵）だったという。元々は天和《てんな》三年（一六八三）に正津川村の村人から宝国寺に寄進されたとされ、村人のお堂として機能していた。

菅江真澄は寛政四年（一七九二）一〇月に来て「正津河という村に小川があった。この水源は宇曽利山で、古い名は三途《さんず》の川といい、慈覚大師作の優婆の像があったのが、洪水のために山上から流れ出たので、そのまま村にお堂を建ててあがめている」と報告している（『牧の冬枯』）。さらに一二月に再訪した時には、村長《むらおさ》が「正津川の優婆堂を拝みなさい。尊い御仏です。慈覚大師が魂をこめて作られたので、このひかりに恐れて、おいぬ（狼）、うちな（ムジナ）はけっしてこの村にはいってこない。また、狐《きつね》、狸《たぬき》にだまされたものもいない」（同前）と言われて参詣に訪れた。当時の優婆は平等庵に安置され本尊の地蔵の左にあって、黒い麻衣が掛けられていたという。平等庵とはいわゆるテラコで僧侶のいない民間のお堂と見られ、民間信仰の様相を伝える。優婆に詣でて三途の川（正津川）を越え死後の世界へ入ると観念される。

優婆は亡者があの世に行く時に渡る三途の川の袂にいて着衣をはぎ取る奪衣婆《だつえば》（胞衣婆《えなば》）のことで、閻魔《えんま》大王から審判を受ける時に生前の罪の軽重を計る役を務める。奪衣婆は正《しょう》津川婆《づがわばあ》さんや葬頭河婆《そうずがばあ》ともいう。奪衣婆は『地蔵十王経』（『地蔵菩薩発心因縁十王経《じぞうぼさつほっしんいんねんじゅうおうぎょう》』、一二世紀末の偽経）に初出し、鎌倉時代に外来の十王思想の影響を受けて普及し、南北朝時代には奪衣婆は姥神《うばがみ》と習合した（川村二〇〇〇）。大畑の優婆像は経文に描かれた通りの恐ろしい形相である。ただし、別説では優婆堂には優婆夷《うばい》という女性の仏教信者が祀られて性格は温和とされ、安産や子育ての祈願もされる。山中の富や生産を差配する山の神の姥神が仏教化されて優婆に変容したのである。また、別の解釈を加えれば、当時、男性の優婆塞は半僧半俗の修験（山伏）を意味していた（『奥の浦うら』）から、優婆夷は対をなす巫女《みこ》とも推定できる。姥神と巫女は重ねあわされている。地元の伝説では優婆像の由来を次のように伝えている。

「その昔、宇曽利湖を中心に蓮華八葉の状をなせる釜臥、大尽、小尽、北国、屏風、剣、地蔵、鶏頭各山々から流れ出る水が宇曽利湖を氾濫《はんらん》させ、たちまちにして三途の川のたもとにある優婆堂は、正津川婆さんと一緒に川を下り、太平洋に面した部落に流れてきました。そして橋のたもとに取りかかっていました。村の人たちは驚いてさっそく拾い上げ、恐山にもどし安置してきました。数年経《た》ち、またもや湖の氾濫で正津川婆さんが流れ下り、村人は再度恐山に登り元のところへ安置して帰りました。数十年すぎてまたもや宇曽利湖が大増水になり三度目の下山でお堂とともに若木の松の木に乗って下って来ました。村の古老たちは不思議に思い正津川婆さんにたずねました。婆さんは『恐山の三途の川で亡者の衣類を剝ぐのがもう疲れた。正津川の人たちはみんないい人ばかりでこれから正津川に住んで赤子の安産や、悪い病気等がはやらないようまもりたい』と言うのです。古老たちはさっそく相談して村に小さなお堂を建てることにし、三途の川の正津川婆さんは正津川村に安置されることになりました。それからは恐山に参拝する信者は必ず正津川の優婆さんに立ち寄りお参りをし、恐山参りをするようになりました。婆さんと一緒に恐山から流れてきた若木の松の木は古老たちにより川の側《そば》の高台に植えつけられ『優婆の松』として大事に守られていました。松の木も津軽《つがる》海峡の潮風を受けながら、だんだん大きくなり、恐山恋しい恋しいと恐山の方へなびき立派な大木になりました。その松の木の隣りに一戸の漁家あり、村人はいつしかその家を『松の木』というようになりました」(『大畑町史』)。

優婆は姥神であり、宇曽利湖の女神あるいは恐山の山の神で、山から里に下って村人の守護神となった経緯が語られている。山と里の境界に祀られる女神が、仏教の影響を受けて三途の川の袂にいる奪衣婆と見なされて、死者の衣を剝ぐという悪い性格に貶《おとし》められた。しかし、「衣を剝ぐのに疲れた」というユーモラスな表現で、安産・子授け・疫病除けなど身近な願い事をかなえる姥神の本来の性格を表すことになった。

三度にわたって里に下りる試みを行い、元に戻しても流れ下ってきたが、三回目は「松の若木」に乗って下ってきたとあり、神霊の来訪の意味が濃厚である。影向《ようごう》の松として知られるように、松は神霊が憑《よ》りつく木である。伝説の松を植えつけ、近隣の家を「松の木」と名づけるなど、特定の家筋が松の祭を継続してきたことを推測させる。「松の木」が擬人化され人間のように扱われる様相に民衆の心意が読み取れる。子どもはかつては他界から現れるという信仰もあったので、境界の女神が安産や子授けの神となることは当然であった。優婆寺は花嫁人形の奉納供養が盛んで、若くして未婚で亡くなった人たちの死後の結婚を成就させるとして信仰を集めていた。死者の結婚適齢期に人形の奉納が行われ、死者の霊も普通の人と同様に年齢を経る。この習俗は津軽に盛んで下北には見られない信仰で、よそ者によって維持されている。優婆への民衆の信仰を通して仏教の下に隠れた心意の深層を覗《のぞ》き込む想いがする。

婆講

恐山には周辺の町や村から定期的に参拝する習俗があった。東通村《ひがしどおりむら》小田野沢《おだのさわ》は、田名部《たなぶ》から二〇キロメートルの半農半漁の村で、婆様《ばばさま》と呼ばれる老女が主体となる婆講《ばばこう》や地蔵講《じぞうこう》が組織されている。七月の恐山大祭には毎年、婆連中を中心に多くの人びとがお参りに行った。七月二二日の早朝に出発して田名部まで徒歩で約五時間かけて歩き、恐山への到着は夕方になった。菩提寺の宿坊で一泊して湯治を楽しむ。翌日に地蔵尊に参拝し卒塔婆を買って先祖の供養をする。幼児を亡くした人は賽の河原で石積みをして供物をそなえて供養し、海で死んだ人の場合は小舟を作って供物や賽銭を入れて宇曽利湖に浮かべて供養する。登拝《とはい》できなかった人びとに頼まれた卒塔婆を買い、イタコの口寄せを聞いて死者の霊と対話したり、虫除けや災害防止の札を受けたりしてくる人もいる。登拝から戻った七月二四日には婆連中が墓地入口前にあるテラと呼ばれる建物に入って念仏をあげる。死者の魂は恐山に往くとされるので、婆さまは冗談に「わい（私）は、もう年だから恐山に嫁に往く」などという。

婆講の活動としては、「地蔵様の命日」とされる毎月二四日にテラに集まって念仏を唱えるだけでなく、正月一六日（仏の正月）・二月二〇日（涅槃会《ねはんえ》）・五月八日（成道会《じょうどうえ》）・春彼岸・八月の盆の一五日・秋彼岸にテラで念仏をあげ、正月には大黒舞《だいこくまい》の門付《かどづ》けをする。葬式や疫病流行時には大きな数珠をくって念仏を唱える百万遍《ひゃくまんべん》（ジュズフキ）を行う。一方で三月と九月の一六日には臼《うす》に米を入れて杵《きね》でついて「農神様」を祀る。杵の音で農神様と山の神が交替するという。民間信仰の主役は老女で婆講は死者や先祖の供養を行いながら、現世利益に関わるなど幅広く活動していた。正月一五日の小正月は「女の正月」といい田植え踊りや餅つき踊り、オシラサマ遊ばせなど女性が主役である。正月の神楽《かぐら》や能舞《のうまい》、そして夏祭は若者組が担い手だが、女性の比重は高い。

登拝習俗

下北半島の民間信仰の特徴は、婆様の活動と地蔵信仰で、死者や先祖に関わる恐山登拝が中核にあった。恐山の夏の大祭は七月二二日から二四日の地蔵盆で、死者供養の回向《えこう》が中心となり、「仏を買う」といって卒塔婆を建立し供養する。大間《おおま》・佐井《さい》・風間浦《かざまうら》・脇野沢《わきのさわ》では大祭の夏参りに登拝する。春参りは農作物の予祝《よしゅく》、秋参りは収穫感謝の様相も強い。春・秋・夏の三度お参りする地域はむつ市、大畑町・川内町の大部分、東通村の一部など周辺の地域に限定される。恐山信仰は、西部の脇野沢村寄浪《きなみ》の御舎利浜《おじゃりはま》や北西部の佐井村の仏ヶ浦《ほとけがうら》との関連が深い。御舎利浜には柔らかい黒石に硬い小さな白石がたくさん付着した「子持ち石」が散在し、子授けや安産の呪力を持つとされ、恐山の参詣者は寄浪まで行って「子持ち石」を拾って登拝が終了する。死者の世界から生者の世界への再生を果たして甦る。

一方、仏ヶ浦は奇岩が乱立する寂しげなところで賽の河原ともいい、多くの地蔵尊が祀られている。恐山の奥の院といわれ、恐山に参詣した後にこの地に巡拝する人もおり、海難者の供養も行われる。「海で亡くなった人は仏ヶ浦を通って、お山に行く」といわれていたので、二〇一一年の東日本大震災の後には、大津波にさらわれて亡くなった犠牲者の御霊《みたま》がみな連れ立って仏ヶ浦から「お山」を目指したかどうかと人びとは語りあった。また、恐山は漁民の信仰も篤かった。北前船の航海の目印のヤマアテ（山当）とされ大漁祈願や海上安全の願いが寄せられた。生者と死者の現当二世《げんとうにせ》の願いをこめた山であった。

円通寺と地蔵講

近世に恐山を差配して民間信仰を組織化していったのは田名部《たなぶ》の円通寺で、宗派は曹洞宗である。一般に下北の寺院は江戸時代初期の創建が多いが、宗派は曹洞宗・浄土宗・浄土真宗が大半で、天台宗や真言宗の寺は退転した。曹洞宗は近世の葬式の根幹を形成し、浄土宗・浄土真宗は阿弥陀信仰を中核に据えるなど、死者供養の普及の基盤が整いつつあった。

円通寺は幕府の宗教政策、特に檀家制度を巧みに利用して死者供養を展開するとともに、江戸時代中期以降は、京・大坂と交易する北前船（地元では弁財船《べんざいぶね》）の商人の寄進を受けて発展した。下北は幕府直営の輸出品の俵物《たわらもの》（海参《いりこ》、干鮑《ほしあわび》、昆布、スルメ等）の供給地となった。地域経済にも余裕ができて山麓の住人も豊かになり、地蔵講が恐山の登拝へと組織化されたのであろう。温泉に薬湯の効能を求めるだけでなく、遊山や湯治を楽しんで大衆化した。

円通寺は曹洞宗で、本来は慈覚大師とは関係がないが、恐山の開創伝説を巧みに利用して正統化や権威づけを図った。この動きは文化七年（一八一〇）に『奥州南部宇曽利山釜臥《おうしゅうなんぶうそりやまかまふせ》山菩提寺地蔵大士略縁起《やまぼだいじじぞうたいしりゃくえんぎ》』を刊行して伝承を歴史化して以後に加速し、文化九年には開闢《かいびゃく》九五〇年祭、文久二年（一八六二）に開闢一千年祭を執行した。丁塚《ちょうづか》・三十三観音・常夜灯・並木など参詣路や境内の整備が整った。

田名部の円通寺の民衆との接点は地蔵信仰である。恐山の地蔵堂では大祭の地蔵会、つまり夏祈禱《なつきとう》を七月二二日から二四日まで執行する。一方、自主運営の地蔵講が旧田名部町内の五町内（明神町《みょうじんまち》・横迎町《よこむかえまち》・小川町《こがわまち》・本町《ほんまち》・柳町《やなぎまち》）で組織され毎月二四日に円通寺で集まる。また、「御講《おこう》」という婆様の地蔵講が別に組織されて婆頭《ばばがしら》が運営する。一二月二四日は「恐山の年越の日」で特別の冬祈禱の「御講」が行われ、各地の婆講（地蔵講）が集まって、大きな鏡餅をついてお供えして混雑する。ただし、民衆と円通寺との関係はさほど強くない。地蔵講の拠点はテラやテラコと呼ばれるお堂や庵で、主役は老女たちであった。

賽の河原

宇曽利湖から正津川が東北へと流れ出し、ここも三途の川といわれ太鼓橋がかけられている。参詣者は橋を渡って境内へと入りあの世を彷徨《ほうこう》する。総門の先に地蔵堂があり西側が荒

宇曽利湖畔（写真：梅屋潔）

涼たる土地で賽の河原と呼ばれ、父や母は幼児に代わって石を積み、多くの地蔵菩薩像に化粧を施し、風車をたて、赤いよだれかけを掛けて賽銭《さいせん》をあげ、僧侶に追善供養を頼む。子どもが親より先に亡くなることは親不孝の罪とされ、死んだのちは鬼から責め苦を受けると信じられている。子どもは親の供養のために小石で仏塔を造ろうとするが、地獄の鬼が現れて積んでも積んでも鉄棒で崩してしまうため、幼児はこの世の親を慕って恋こがれると、地蔵菩薩が現れて、今日より後はわれを冥途《めいど》の親と思え、と抱きあげて救う。

江戸時代に作られた「賽の河原地蔵和讃《わさん》」はこの様子を説き聞かせる。「これはこの世のことならず　死出の山路の裾野なる　賽の河原の物語り　聞くにつけてもあわれなる　二つや三

つや四つ五つ　十にも足らぬ幼児が　賽の河原に集まりて　父恋し　母恋し　恋し恋しと泣く声は　この世の声と事変わり　悲しさ骨身に達すなり　かのみどり児の所作として　河原の石を取り集め　これにて回向《えこう》の塔を積む　一重積んでは父のため　二重積んでは母のため　三重積んでは故里《ふるさと》の　兄弟わが身と回向して　昼は一人で遊べども　日も入りあいのそのころに　地獄の鬼があらわれて　やれ汝《なんじ》ら何をする……」。

子どもを亡くした親にとっては胸をつかれる想いであったろう。元々の出典は『法華経』方便品《ほうべんほん》の「童子戯れに砂を聚《あつ》めて塔を造り、仏道を成《じょう》ず」を受けて造られた鎌倉時代の偽経『地蔵十王経』や解脱《げだつ》上人貞慶《じょうけい》作の『地蔵和讃』が原型のようである。「賽の河原地蔵和讃」は地蔵信仰の高まりとともに江戸時代に広がった。東北地方では冷たいヤマセ（北東風）が吹くと間違いなく冷害で凶作となり餓死者が多数出た。幼児や子どもの死亡者も数多く、恐山の地蔵信仰が強いのは当然であった。

釜臥山とお山懸け

恐山の登拝習俗は修験の影響を受けている。円通寺が管理に乗り出す前の恐山は修行の場の性格が強く、奥の院とされる釜臥山はその中心で、明治まで女人禁制を維持し、山麓の人びとが登拝する「山懸《やまが》け」が行われてきた。栗山《くりやま》・上川《かみかわ》・川守《かわもり》の各集落は毎年、先達《せんだつ》の案内で「六根清浄《ろっこんしょうじょう》」と唱えつつ山に登り、豊作祈願や大漁祈願を願った。大畑町小目名《こめな》では春参りには恐山に登って参詣した後に、釜臥山に登って大湊へ下る「山懸け」を行い、帰途に脇野沢村寄浪《きなみ》の御舎利浜《おじゃりはま》で小さな白石つきの「子持ち石」を拾わないと死者供養は終わらず成仏できないとされた。御舎利浜は恐山の極楽浜とつながっているとか、白石は仏像の額につける白毫《びゃくごう》（仏の眉間の巻毛）だとの伝承がある。「子持ち石」を茶碗《ちゃわん》に入れて湯をさして飲めば安産とされ、妊婦が腹帯に入れれば胞衣《えな》が容易に降りてお産が軽くなるという。石の持つ霊力による安産祈願である。死者の霊が満ちる山、新たな生命を宿す浜の石、山中他界《さんちゅうたかい》観と海上他界観の微妙な結合が、死から再生への新たな循環を生み出していた。

釜臥山は村々に定着した里修験の行場として継続したが、山岳信仰の中心は恐山の死者供養・先祖祭祀《さいし》へと移った。田名部には五つの修験寺院があり、特に大覚院《だいかくいん》は円通寺の力を借りて勢力を拡大し、釜臥山登拝の先達を務めるなど最も勢力があった。下北半島の修験のうち、一七世紀半ば以前の開基は目名不動院《めなふどういん》と田名部大覚院のみで、その他の修験は一七世紀後半以降の成立である（宮本・高松一九九五）。

大覚院の縁起によれば、神明の啓示で紀伊の熊野権現《くまのごんげん》を奉じて田名部に来たとあり由緒を誇る修験であった。釜臥山の支配を釜臥大明神勧請《かんじょう》の明暦《めいれき》年間（一六五五〜一六五八）に求めるのは難しいが、明和《めいわ》年間（一七六四〜一七七二）には指導的地位を確保した。明治以前は正月からの春祈禱で五ヶ院が各家をめぐって祈禱した。日中は権現様による門打ちで一年間の無病息災、五穀成就、家内安全を祈念して御札を配り、夜は集落の宿で能舞を演じて村人を楽しませた。ただし、神仏分離で修験道は崩壊し、大覚院は熊野神社に変わり僧侶は復《ふく》飾《しょく》して神職となり、他の修験寺院はすべて廃寺となった。恐山は円通寺、釜臥山は大覚院という協調関係は消滅した。そして、釜臥山は山頂にレーダーが設置されて自衛隊の基地によって管理されている。

地蔵会とイタコ

恐山といえば、現在は死者の霊を降ろすイタコと結びついている。イタコは盲目や弱視の巫女で、文献の初出は『平山日記《ひらやまにっき》』の安永《あんえい》元年（一七七二）の条で、「巫女」にイタコと振り仮名をふってある。

一九九〇年代までは夏の大祭に行くと、地蔵堂の脇に筵《むしろ》を敷き小屋掛けをして、イタコが依頼者の願いに応じて死者の霊を降ろして語る「口寄《くちよ》せ」の光景が見られた。数柱の死者を頼む人もいれば、死ぬ前に言い残したことがあると思う人だけをお願いする人もいる。長い行列ができ人気のあるイタコでは二～三時間待つことはザラであった。依頼者はホトケの語りに耳を傾け涙する。イタコの前に座っただけで涙を流す人もいる。数珠を手でもんで祭文《さいもん》を唱え霊が降りてくる。「よく会いに来てくれたね、ありがとう。いつも見守っているから、安心して自分の人生を思う存分に生きていきなさい」。それだけ聞けば十分である。「本当にホトケさんが降りてくるのか」といった問いは意味をなさない。「恐山には死者の霊がたくさん集まるのですぐに降りてくる」とイタコは言う。ここに来るイタコは津軽や南部のイタコで、地元の下北のイタコは来ない。もともとは津軽イタコしかいなかった。津軽イタコはハイヤ節のリズムを取り込んで明るさがあり、南部イタコはやや暗いが迫真にせまる。最盛期には多くのイタコが集まりイタコマチと呼ばれて祭（マチ）の体裁をとり、イタコは口寄せを「商売」と呼び、恐山は仕事の場と割り切るようになった。現在は一口三〇〇〇円が相場で一回は一五分程度、二〜三人降ろすことが普通なのでほどほどの収入にはなる。かつては盲人に関しては福祉や教育などの制度が整っておらず、自活の道を切り開く必要があった。現代とは事情が異なる。朝早くから夜遅くまで仕事に従事し、長い一日の後、夜は依頼者とともに湯に浸《つ》かり短い眠りにつく。

　元来、イタコは村や町に住み、活動の舞台は地域社会で、依頼者の依頼に応えて、遠くにいて会えない人や行方不明者を呼び出したり、病気治しや縁談の相談もするなど、ホトケ降ろしを専門に行うものではなかった。年中行事のオシラサマ遊ばせでは占いや豊作祈願もした。恐山にイタコが集まるようになったのはさほど古くはない。明治二九年（一八九六）六月一五日に三陸地震が起きて大津波が発生し、死者・行方不明者二万一九五九人を出した時には、亡き人にめぐり会いたいとして七月に遺族が恐山の参詣に訪れている。その時にはイタコはおらず、境内の地獄や賽の河原を歩きながら亡き人をしのび、似た人と出会い声を聞いたという。イタコが夏の大祭に現れたのは大正末期から昭和初期と推定されている（楠一九八四）。しかし、昭和二七年（一九五二）は三名しかおらず、昭和三九年は二一名、昭和四九年には三八名に増えた。

昭和三〇年代から四〇年代に新聞が「恐山のイタコ」として書きたて、ラジオ・テレビの普及で全国的に有名になり、昭和四三年（一九六八）の下北半島国定公園指定で観光化が加わって、交通路の整備で参詣者も増大した。当時は境内の砂をとって家の仏壇の線香立てに使って供養する慣行もあり、「恐山で小石を拾ってバスに乗ったら、エンジンが動かなくなった」など怪異譚《たん》が伝わる。現在では境内の砂や草木や奉納物の持ち帰りは厳禁である。祈願や信仰の内容は時代とともに変わる。イタコが有名になったのは、メディアの力によることが大きい。

現代への対応

旧六月二三・二四日に津軽の川倉《かわくら》地蔵堂（五所川原《ごしょがわら》市金木町《かなぎまち》）で行われる口寄せは、昭和五四年（一九七九）に「津軽のイタコの習俗」として、「記録作成等の措置を講ずべき無形の民俗文化財（国選択）」となった。「文化の客体化」はイタコについては早くから進んでいた。久渡寺《くどじ》（弘前市坂元《ひろさきさかもと》）で毎年五月一五・一六日（元は旧四月一五・一六日）に開催されているオシラ講でもイタコがオシラ祭文を唱えていたが、現在は皆無と聞く。ここも平成一一年（一九九九）に民俗文化財に指定された。オシラサマは旧家が祀る人形二体の家の守護神で養蚕《ようさん》の神としても知られる。イタコは昭和初期には全体で一〇〇人いたというが、現在は盲目のイタコはごく少数で、晴眼の若いイタコが出現して「最後のイタコ」と名乗るまでになった。少子化高齢化の波はイタコの世界に確実に押し寄せてきている。

恐山では平成二三年（二〇一一）の夏の大祭の七月二二日、震災の犠牲者を悼む地蔵菩薩像が新たに賽の河原の近くに建立され開眼供養が行われた。参加者の中には被災者もいて、三回忌を経ると一層悲しさが募るという人もいた。地蔵像の脇には遺品とともに人形やウエディングドレスが置かれていたという。結婚しないで亡くなった若者や娘たちの無念の想いをあの世でかなえさせる習俗は健在であった。恐山の荒涼たる風景は満たされぬ想いを持つ者にとって他界との接点であり続けている。

第七章　木曽御嶽山——神がかりによる救済

噴火以前

平成二六年（二〇一四）九月二七日午前一一時五二分、突如、木曽御嶽山《きそおんたけさん》は噴火した。南西斜面で水蒸気爆発が発生し、登山客が巻き込まれ死者・行方不明者は六三名に上り、平成三年の雲仙普賢岳《うんぜんふげんだけ》の火砕流による犠牲者数を上回って、戦後最大の火山の災害事故となった。木曽御嶽山の火山活動は昭和五四年（一九七九）一〇月二八日の剣ヶ峰《けんがみね》西南の地獄谷《じごくだに》での水蒸気爆発による噴火が、歴史上の記録に残る最初で、その後、平成三年と平成一九年に小規模な噴火があった。その間、昭和五九年九月一四日に御嶽山直下を震源とする長野県西部大地震が起こり、南斜面で大規模な山体崩壊が発生して濁川《にごりかわ》温泉が流出した。近年の御嶽山は大きな変動に見舞われている。

噴火によって木曽御嶽山のイメージは一変し、怖い山・恐しい山といわれるようになった。しかし、もともと、美しい山容の独立峰で「木曽のおんたけさん」として親しまれ、民謡

『木曽節』では「木曽のナァー　なかのりさん／木曽のおんたけ　ナンチャラホーイ／夏でも寒い　ヨイヨイヨイ」と歌われている。なかのりさんについては三つの説がある。①馬の真ん中に据える鞍《くら》（三宝荒神《さんぼうこうじん》）に乗った人、②木材を木曽川で筏《いかだ》で流した時に前後に対して真ん中に乗る人、③木曽御嶽山の信仰登拝《とはい》で行われる神がかりの儀礼の「御座《おざ》」で、「中座《なかざ》」を務めて神の言葉を託宣（ノル）する人、である。いずれも木曽御嶽山の生業《なりわい》や信仰の特徴を表し、民謡に歌い込まれる親しみやすい存在だった。東海の尾張《おわり》地方からは独立峰で大きな山容の木曽御嶽山は遠望でき、登拝する講社の御嶽講《おんたけこう》が発達し、多くの男性は一五歳になると参加した。濃尾《のうび》平野の農民は木曽川の水源の御嶽山を水分《みくまり》の山として尊崇していた。東海地方では小・中学校や高校の校歌で御嶽山を歌い込んでいる所も多い。それほど身近で親しまれる山であった。

木曽御嶽山は日本で最も信仰登拝が盛んな山で、夏の登拝期間中は御嶽講の講社の一般信徒が白衣《びゃくえ》で檜笠《ひのきがさ》や金剛杖《こんごうづえ》を持って登る。行者は行衣《ぎょうえ》を着る。白衣と山袴《やまばかま》を身にまとい、頭には白布を巻いて宝冠とする。「懺悔懺悔《さんげさんげ》、六根清浄《ろっこんしょうじょう》」の掛け声で、先達《せんだつ》が率いて山頂を目指す。登拝道沿いの拝所では「勤行《ごんぎょう》」や「おつとめ」と称して、印を結び仏菩薩の真言《しんごん》を唱え、神道《しんとう》の祝詞《のりと》を唱えて拍手《かしわで》を打つ。神仏習合の様相が顕著である。木曽御嶽山の登拝は修験《しゅげん》の影響を受けているがさほど格式ばらず、簡単な装いで参加し、老いも若きもゆっくりと歩いて講中の全員の登拝を目標にする。最近では女性の参加が多い。専門的な修行というよりも誰もが気軽に参加できる山岳登拝行といえる。

一方、山中の拝所では「御座《おざ》」による神降ろしが行われ、山頂や二の池でも頻繁《ひょうい》に執行される。「御座」とは「前座《まえざ》」の行者が、「中座《なかざ》」に対して神降ろしをして、中座が憑依状態の中で神仏の言葉を託宣で伝える。自らは神がからず神霊を降臨させる「前座」、身体に神霊を憑依させる器としての「中座」という二者併存の儀礼で、元々は「座を立てる」「座憑《ざつ》け」といい、御嶽講独自の儀礼である（菅原二〇〇二）。御嶽講には顕著な特徴があることから、講社の行者を特別に「御嶽行者《おんたけぎょうじゃ》」と呼ぶことも多い。

主な登拝口は江戸時代に、木曽側には黒沢口《くろさわ》と王滝口《おうたき》、飛騨《ひだ》側は小坂口《こさか》（飛騨口）が開かれ、後に木曽側に開田口《かいだ》が通じた。御嶽講は江戸時代に尾張出身の行者の覚明《かくめい》が開いた黒沢口と、武蔵《むさし》出身の修験の普寛《ふかん》が開いた王滝口を利用する。双方ともに道沿いに多くの神仏の像や祠《ほこら》、修行場や旧跡があり、木曽御嶽山で独自の発展を遂げた霊神碑《れいじんひ》（行者が亡くなった後に神位を得て祀《まつ》られる）が林立する。まさしく生きた山岳信仰の山である。

峰と池と滝

木曽御嶽山は長野県と岐阜県の県境にそびえ、中央火口丘の剣ヶ峰（三〇六七メートル）

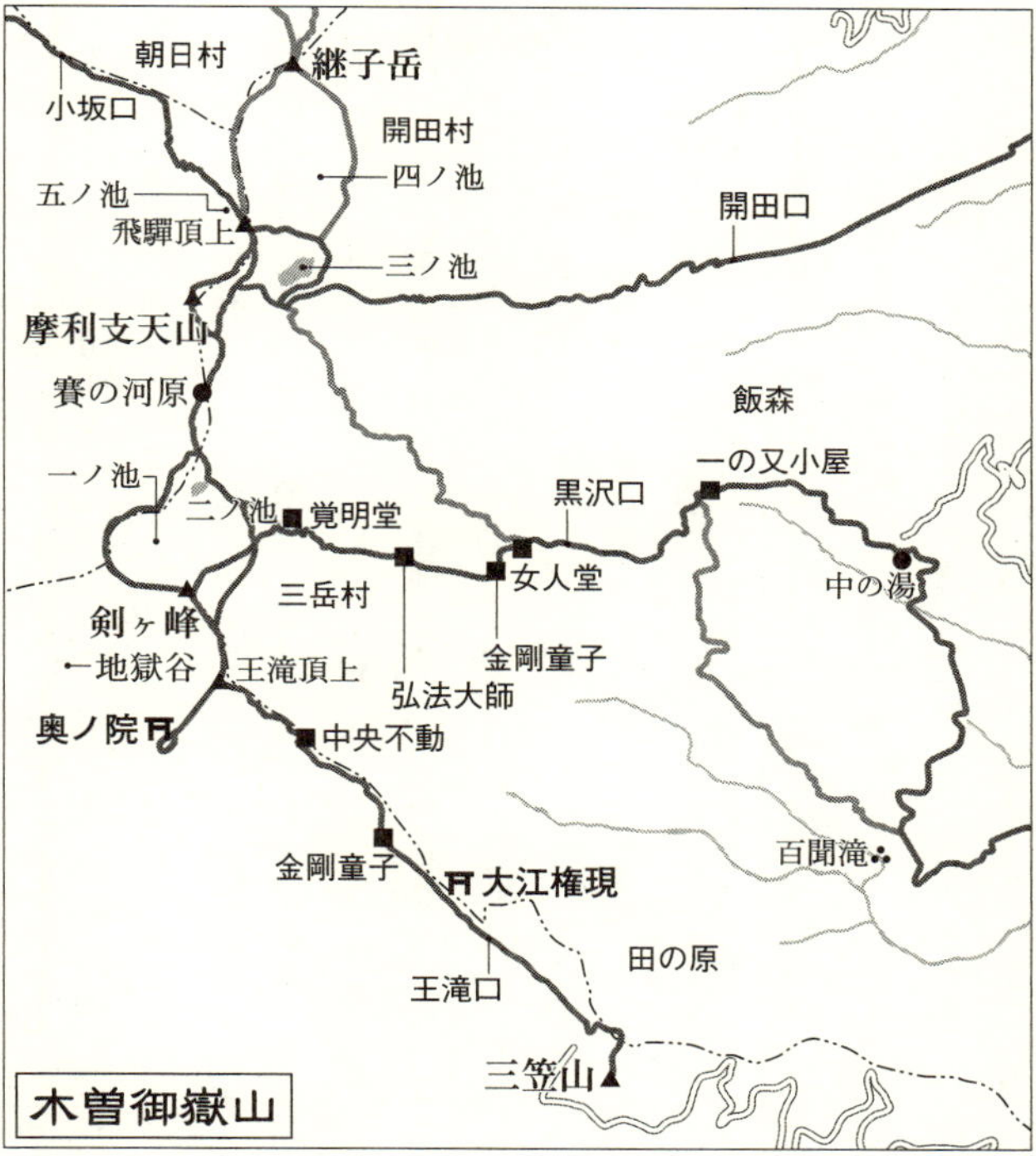
朝日村
継子岳
小坂口
開田村
四ノ池
五ノ池
開田口
飛騨頂上
三ノ池
摩利支天山
賽の河原
飯森
一ノ池
一の又小屋
黒沢口
二ノ池
覚明堂
中の湯
女人堂
三岳村
剣ヶ峰
金剛童子
一地獄谷
王滝頂上
弘法大師
奥ノ院
中央不動
百間滝
金剛童子
大江権現
田の原
王滝口
三笠山
木曽御嶽山

を主峰に、北から継子岳《ままこだけ》（二八五九メートル）、摩利支天《まりしてん》山（二九五九メートル）、継母岳《ままははだけ》（二八六七メートル）、王滝頂上（二九三六メートル）が外輪山をなし五峰と呼ばれる。江戸時代までは、絶頂の剣ヶ峰には座王権現《ざおうごんげん》、王滝口頂上には日権現《ひのごんげん》、二ノ池には士祖権現《しそごんげん》を祀って三権現とし、総称を御嶽大権現《おんたけだいごんげん》としていた。明治以降は大己貴命《おおなむちのみこと》、少彦名命《すくなひこなのみこと》、国常立尊《くにとこたちのみこと》を御嶽三神として祀る。山頂近くには五つの火口湖があって五湖といわれ、二ノ池は日本最高所（標高二九〇五メートル）の高山湖、三ノ池は最深高山湖（水深一三メートル）である。特に三ノ池は神秘的で最大の秘所とされ、水は祈禱《きとう》して服用すると万病に効くといわれ、講社は参拝して「お水取り」を行う。何年も腐らないという伝承もある。伝説では、白龍・黒龍・赤龍・青龍・黄龍の五つの龍が棲《す》んでいたが、人が登ってきて池を覗《のぞ》いたり、石を投げたり、いたずらをするので、龍は怒り出して池を壊し、一ノ池から五ノ池と各々に造って別々に棲むようになったとされる。

御嶽山を源流とする河川には滝が多い。地形が急峻《きゅうしゅん》で高低差があり、独立峰で山体が大きく、降水や積雪が多く森林を育み水が涸《か》れない。滝のいくつかは行者の修行場となる。黒沢口は百間《ひゃっけん》滝や日出《ひので》滝に御嶽講の根拠地がある。王滝口は清《きよ》滝と新《しん》滝が行場である。特に新滝は普寛《ふかん》や一心《いっしん》など名高い行者が修行したとされる行場で、滝にうたれ洞窟に籠って断食を行う者もいる。さらに、黒沢口には明栄《みょうえい》滝、大祓《おおはらい》滝、松尾《まつお》滝など、開田口には尾ノ島《おのしま》滝、小坂口の濁河温泉《にごりご》近くに仙人滝《せんにん》、緋《ひ》の滝、根尾《ねお》の滝などがある。

木曽御嶽山は三〇〇〇メートルを超える高峰だが、山中奥深くにそびえているために山全体を眺望する場所は周囲では限られている。遠方からの修行者が御嶽山を遥拝《ようはい》する場所が周辺の街道筋の峠や山中にあり、「御嶽の四門《しもん》」と呼ばれ、いずれも木曽谷に入って初めて御嶽山を望む場所である。四門とは仏教の修行の過程を意味するが、木曽御嶽山では聖域の結界のように、発心門《ほっしんもん》は中山道《なかせんどう》の岩郷《いわごう》村神戸《ごうど》(東)、菩薩門《ぼさつもん》は飛騨境の長峰《ながみね》峠(西)、修行門《しゅぎょうもん》は美濃境の拝殿山《はいでんやま》(南)、涅槃門《ねはんもん》は中山道の藪原《やぶはら》村鳥居《とりい》峠(東)である。

四門とは別に、木曽福島《ふくしま》から黒沢口への古道の合戸《あいど》峠には「御嶽正面見」と呼ばれる遥拝所がある。伊那谷《いなだに》と木曽谷を結ぶ権兵衛《ごんべえ》街道の姥神《うばがみ》峠にも遥拝所があり、霊神、蚕《かいこ》明神、摩利支天、大日如来《だいにちにょらい》、白山《はくさん》、不動明王などの石碑が立ち並び、御嶽信仰は多様な民間信仰と習合している。御嶽山は遠望する遥拝の山として長い歴史を持つ。

中世の諸相

大峯山《おおみねさん》の「金御嶽《かねのみたけ》」を頂点に、各国を代表する山が国御嶽《くにみたけ》と呼ばれる。木曽御嶽山は信濃《しなの》の国御嶽で、「おんたけ」と呼ばれていて、甲斐《かい》の御嶽、武蔵《むさし》の御嶽、陸前《りくぜん》の御嶽などの「みたけ」とは異なる特別の尊称である。各地で「おんたけ」と「みたけ」の呼称は混在するが、木曽御嶽山の影響が強い所が「おんたけ」である。元々は王御嶽《おうのみたけ》で、「おんたけ」に転化したといわれる（生駒一九六六）。

古記録の『王御嶽登山社礼伝祝詞巻』（永正《えいしょう》四年〔一五〇七〕、滝家文書）では、山中に三十八社があるとして神名を列記する。御嶽の山上には「座王権現《ざおうごんげん》」が六社で、王権現《おうのごんげん》（絶頂）、日之権現《ひのごんげん》（西頂上）、士祖権現《しそごんげん》（二ノ池）、八王子《はちおうじ》、栗伽羅《くりから》、金剛童子《こんごうどうじ》を祀る。『御嶽縁《おんたけえん》起《ぎ》』（天正《てんしょう》二〇年〔一五九二〕、滝家文書）には「座王権現と申《もうす》は現世にて弥勒菩薩《みろくぼさつ》也。今生にては権現也。後世にては釈迦如来《しゃかにょらい》と現して衆生《しゅじょう》を済度《さいど》したまう」と記す。内容は御伽草《おとぎそう》子《し》の「熊野《くまの》の本地《ほんじ》そうし」に近く、浄土思想を基盤とする大峯山や熊野の影響は明らかである。『御嶽縁起』（延享《えんきょう》五年〔一七四八〕、開藤本）では「未来にては九品《くほん》の浄土に生まれん」と記す。山中には賽《さい》の河原《かわら》や地獄谷の地名が残り、極楽浄土と地獄が同居する山中他界《さんちゅうたかい》である。推定される経緯は、元の名称は「王嶽《おうだけ》」で、吉野の金峯山《きんぶせん》から蔵王権現を勧請《かんじょう》した時に、「金御嶽《かねのみたけ》」にならって「王御嶽《おうのみたけ》」となった。蔵王権現と習合して「座王権現」という独自の表記が導入されたと推定される。山上には「王権現」として祀られた。

黒沢口の田中《たなか》に鎮座する里宮《さとみや》の創祀《そうし》は中世に遡《さかのぼ》る。神職の武居《たけい》家は諏訪《すわ》の大祝《おおほおり》家から派遣されたと伝え、『木曽御嶽山大権現禰宜之事《ねぎのこと》』という譲状を伝えて、徳治《とくじ》二年（一三〇七）に諏訪下社《しもしゃ》の武居家から分派したと伝える。若宮《わかみや》と本社があり、当初は若宮が木曽氏の守護神として崇敬を集め、至徳《しとく》二年（一三八五）に再興した時の棟札《むなふだ》と鰐口《わにぐち》によれば、御嶽蔵王権現と安気大菩薩《あんきだいぼさつ》を祀ったとある（棟札には座王でなく蔵王と表記）。創祀はそれ以前である。本社には木曽義康《よしやす》による天文《てんぶん》二三年（一五五四）の「大菩薩社」の社殿再興の棟札と安気大菩薩の鰐口が現存する。若宮に祀られる安気大菩薩は在地の神で、その後に蔵王権現を勧請し、本社に八幡《はちまん》大菩薩を勧請して本宮が創建されたと推定される。修験道の主神の蔵王権現と、源氏の氏神で武神の八幡を勧請して権威を高めたのであろう。黒沢の里宮は、代々、地元の木曽氏の庇護《ひご》を受け、神領が安堵《あんど》された。江戸時代までは本社に八幡大菩薩、若宮に安気大菩薩を祀り、「大菩薩社」と呼ばれていた（生駒一九六六）。

王滝口の上島《うわしま》には里宮が鎮座し神職は滝《たき》家である。王滝村の開発地主の三浦八郎兼重《かねしげ》の血筋と伝える。創祀は文明《ぶんめい》一六年（一四八四）とされるが（享保《きょうほう》一三年〔一七二八〕書き上げ）、同時代の記録はない。『王御嶽登山社礼伝祝詞巻』には、「王御嶽座王権現里社岩戸」とある。滝家には『王御嶽登山清女行法巻《おんみたけとうざんきよめぎょうほうのまき》』（文亀《ぶんき》三年〔一五〇三〕）を最古とする中世後期の祭文《さいもん》（祝詞）が数本伝わり、山麓《さんろく》での祭祀の状況がわかる。滝家に伝わる『王滝村大宮棟札写《おうたきむらおおみやむなふだうつし》』には、宝徳《ほうとく》二年（一四五〇）に先祖の三浦兼重が田畑を開いて八幡と諏訪を勧請したと記す。天正八年（一五八〇）には社殿が再興され、棟札に「岩戸権現」とある。里宮の創建は室町時代と推定され諏訪と縁が深い。江戸時代には岩戸権現と呼ばれた。本社・若宮・岩戸権現は登拝の精進潔斎《しょうじんけっさい》や参籠《さんろう》の行場でもあった。

重潔斎

木曽御嶽山の登拝が史料で確認できるのは室町時代後期である。永禄《えいろく》三年(一五六〇)六月一三日に木曽義昌《よしまさ》が武運祈願のために、百日の精進潔斎の後に従者を連れて登拝している(『木曽旧記《きそきゅうき》』『征矢氏旧記《そやし》』)。飛驒と尾張には江戸時代初期に活躍した美濃国出身の円空《えんくう》(一六三二～一六九五)が刻んだ「木端仏《こっぱぼとけ》」が数多く残り、御嶽山登拝を行った可能性もある(生駒一九八八)。円空仏は黒沢口の大泉寺《だいせんじ》に韋駄天《いだてん》像、屋敷野《やしきの》の山本家に観音像が残る。

江戸時代中期までは「重潔斎《じゅうけっさい》」という百日の前行を行わないと登拝はできなかった。神《かん》沢杜口《ざわとこう》の随筆『翁草《おきなぐさ》』(安永《あんえい》五年～寛政《かんせい》三年〔一七七六～一七九一〕)巻一六二によれば、御嶽登拝は「御山禅定《おやまぜんじょう》」といい、「百日精進」が義務で、その間は行場で修行して、昼夜を問わず光明真言《こうみょうしんごん》を唱えて水垢離《みずごり》をとる。料金は三両二分で、大きな願い事がある人をのぞいて、普通の人は登れなかったとある。当時の祭礼は六月一二日・一三日で、五穀成就の祈禱と大《だい》般若経《はんにゃきょう》の転読を行い、神仏混淆《こんこう》であった。松平君山《まつだいらくんざん》の地誌『吉蘇志略《きそしりゃく》』(宝暦《ほうれき》三年〔一七五三〕)によれば、登拝者は道者《どうしゃ》といい七十五日の精進潔斎を行い、六月一二日と一三日に祭礼があり、一四日に登拝して一五日の早朝に頂上に到達、その後に下山した。

登拝の詳細は王滝側の記録『御嶽登山儀式抄《おんたけとざんぎしきしょう》』（宝暦年間〔一七五一～一七六三〕、滝家文書）によれば、本精進は三月三日から別火《べっか》の生活に入り、四月八日からの百日間の行では湯《ゆ》道精進《どうしょうじん》、合力精進《ごうりき》を行う。内容は滝行、水垢離《みずごり》、湯立《ゆだて》、参籠、巡拝《じゅんぱい》などである。五月五日からは伊多《いた》道者（井田道者）という女性の七十五日の女精進が始まる。イタの名称は「いつく」（憑依）を意味し、東北のイタコと同じく巫女《みこ》の呼称であるが実態は不明である。女性の登拝は王滝口は六合目の湯権現《ゆのごんげん》・大江《おおえ》権現の女人結界《にょにんけっかい》までで、山中には泊まらずに、当日中に下山した。女性に寛容で湯の信仰があったことは熊野の影響を感じさせる。黒沢口は女人堂が八合目にあって女人結界で、明治五年まで女性の山頂登拝は許されなかった。

木曽御嶽山の登拝の特徴は山麓での長期の潔斎、「重精進《じゅうしょうじん》」の修行を経て、年一回だけ山頂を踏破するという緊張感に満ちたものであった。精進に関しては、開始・区切り・山頂登拝は、桃の節句、卯月《うづき》八日、端午《たんご》の節句、六月満月など暦の節日に従って進行し、春から夏へという季節の移り変わりを体感した。修験道の峰《みね》入りのように山々を経巡り死と再生の行を繰り返すのではなく、すべてを一回の登頂にかけた。その意味で禅定《ぜんじょう》の感動は大きく、終了後の満足感や高揚感も高かったと推定される。参加者は山麓から木曽谷一帯の「道者」が主体で、願掛けや代参の登拝もあった。木曽御嶽山では独立峰ゆえに独自の修行が生み出され、修験の峰入りとは異なる新たな世界観が生成された。

覚明の中興開山

厳重な潔斎を経ての修行では一般人の登拝は難しかった。そこで水行など短期の「軽精《けいしょう》進《じん》」での登拝を試みたのが覚明《かくめい》（一七一八〜一七八六）であった。「重潔斎《じゅうけっさい》」の内容対比すると、覚明の「軽精進」が革新的であり、地元に大きな衝撃を与えたことがわかる。

覚明は尾張国の春日井郡《かすがい》牛山村《うしやま》（現・愛知県春日井市）の生まれで幼名を源助、後に仁《に》右衛門《えもん》と改めた。商売を営んでいたが、ある時、困難な状況に陥り、突如巡礼に出て行者となった。小田切春江《おだぎりしゅんこう》の『聚聞雑書《しゅうもんざっしょ》』（文政《ぶんせい》元年〔一八一八〕）によれば、村を通りかかった時、剃髪《ていはつ》して柿色の衣を着て一本歯の下駄《げた》を履き、棒をついて弟子を一人同道させていたという。宝暦二年（一七五二）に四国遍路の巡礼に出て、これ以後は遍路を繰り返し、明和《めいわ》三年（一七六六）の第七回目に、第三八番札所の金剛福寺《こんごうふくじ》を巡拝した時、修行中に降臨した白川権現の託宣で御嶽開山を託されたという伝説がある（『西春日井郡誌』一九二三）。札所の番号は、御嶽山の山中に祀られる三十八社と符合する。各地に残る伝説から覚明は尾張と木曽を結ぶ中山道を行き来した形跡がうかがえる。御嶽山へ向かう途中で明和四年（一七六七）に美濃の恵那山《えなさん》を開山し、山中で七日間の断食を行ったという。

安永元年（一七七二）に黒沢村の庄屋の原家に登拝の協力を依頼したが得られず、天明《てんめい》二年（一七八二）に神職の武居家と山村代官に登拝許可を請願したが却下された。従来の登拝形式を変更することは神域を穢《けが》すことになり、尾張藩が寛文《かんぶん》五年（一六六五）に設けた巣《す》山《やま》・留山《とめやま》という森林保護の立入り禁止地域に入るので藩のお咎《とが》めを受けるという理由であった。しかし、覚明は天明五年六月八日に地元民八名、六月一四日には尾張の信者を三八名引き連れて強行登拝を行って登頂を果たした。登拝者は代官所へ召喚されて宿預かりとなり、覚明も二十一日間の拘束を受けたとされる。

天明六年（一七八六）に覚明は黒沢村の地元民などの協力を得て、武居家の反対を押し切って、再度、登拝を強行して道の改修を行った。しかし、六月二〇日（一説には七月二三日）に二ノ池畔で病いとなり、立ったまま往生したと伝えられる。遺体は九合目の岩屋に葬られ、後に覚明堂《かくめいどう》が建てられて、現在も御嶽講の聖地として信仰を集めている。覚明は信仰だけでなく村人に農耕や医薬の知識を与えるなど粘り強い交流の上に目的を達成した。覚明は中興開山といわれる。

覚明の軽精進の登拝は、山を多くの人びとに開放する契機を作り、その遺志を継いで地元の人びとの手で黒沢口からの登拝道は整備された。覚明の死で開放は中断するかにみえたが、軽精進は既成事実となり、一般の人びとの登拝が増加した。この結果、神職の武居家と一般の信者に軋轢《あつれき》が生まれ取り締まりが強化されたが、登拝者は確実に増加して地元は経済的に潤うことになった。寛政三年（一七九一）に至って、近郷十ヶ村の庄屋が連名で武居家に軽精進登山の請願を出し（「奉願上口上覚」武居家文書）、寛政四年には山村代官から許可が出て、六月一四日から一八日まで軽精進の入山を認め、入山料二百文を徴収するなど登拝が正式に認められた。当時は七十五日の精進であったが、富士山や羽黒山《はぐろさん》の講社の隆盛を察知した福島宿周辺の有力者が、信仰の維持も大事だが、地元の経済への寄与は無視できないと考えたのである。登拝の増加は、江戸時代後期に流通が活性化し、民衆の経済状況が上昇したことが背景にある。覚明は木曽御嶽山での修行の意味を大きく変え民衆へ開放した。

覚明没後

覚明の信者は東海地方を中心として関西方面に多い。尾張に御嶽講が結成され始めるのは覚明の死後五〇年がたった文化《ぶんか》年間から天保《てんぽう》年間（一八〇四～一八四四）である。尾張の愛《あい》智《ち》郡熱田《あつた》の儀覚《ぎかく》（一七六九～一八四一）による宮丸講《みやまるこう》、その弟子で丹羽《にわ》郡北島《きたじま》の寿覚《じゅかく》（一七八四～一八五六）による福寿講《ふくじゅこう》、名古屋古出来町《こできまち》の明寛《めいかん》（一八二三～一八八〇）による心願講《しんがんこう》が生まれた。覚明の出世地の春日井郡では遺徳や業績を受け継いで講が発展し、牛山《うしやま》の覚翁《かくおう》による牛山講（誕生講）、清洲《きよす》の清寛《せいかん》・理覚《りかく》による出生講などが起こされた。覚明系の講では、儀覚の影響は大きく、開山覚明行者、開闢《かいびゃく》普寛《ふかん》行者と並んで、「惣講社大先達《そうこうしゃだいせんだつ》」と呼びかける講もある（菅原・時枝・中山編二〇〇九）。儀覚は普寛の最初の御嶽登拝に同行した広山《こうざん》から御座《おざ》の座法を伝授された。成田山《なりたさん》から不動明王の眷族《けんぞく》の三十六童子を勧請《かんじょう》して一ノ池の「お鉢」（外縁部）に石標を建てて祀るなど修験の影響が色濃い（生駒一九六五）。一方、木曽福島を中心に活躍した義具《よしとも》（一八〇九～一八八六）は木曽谷を中心に覚明講を広め、空明《くうめい》（一八一五～一八九七）は全国の御嶽講社の結集に尽力した。覚明ゆかりの東海地方の各地では行者を「覚明さん」と親しみをこめて呼び、身近な人生の相談役として機能している。

普寛の登場

木曽御嶽山への軽精進が認められて、覚明に続いて、江戸の修験者の普寛《ふかん》（一七三一～一八〇二）が寛政四年（一七九二）に王滝口から登拝を試みて成功し、これによって御嶽信仰はさらなる展開を遂げた。普寛は武蔵国の秩父《ちちぶ》郡大滝《おおたき》村落合《おちあい》（現・埼玉県秩父市）の生まれで、青年期に江戸に出て剣術を修め、酒井《さかい》雅楽頭《うたのかみ》家に仕えたが、明和元年（一七六四）に剣を捨てて、三峯山《みつみねさん》高雲寺《こううんじ》の観音院の日照《にっしょう》のもとに入門して本山《ほんざん》派修験（天台宗聖護院《しょうごいん》末）に属した。同三年に権大僧都《ごんだいそうず》となり、本明院《ほんみょういん》と号して江戸八丁堀《はっちょうぼり》の法性院《ほっしょういん》（東京都中央区）を継いで天明二年（一七八二）には伝燈阿闍梨《でんとうあじゃり》となった。普寛は修験の祈禱技法に長《た》けていて、江戸を中心に広範囲の弟子や信者がいた。

『普《ふ》寛《かん》行《ぎょう》者《じゃ》道《どう》中《ちゅう》日《にっ》誌《し》』（埼玉県御嶽普寛神社蔵）によれば、寛政二年（一七九〇）に眼病平癒のために普寛のもとを訪れた木曽の王滝村出身の与左衛門を通じて、覚明による黒沢口の中興開山を知ったという（菅原・時枝・中山編二〇〇九）。そして御嶽山権現から「汝《なんじ》を頼み山を開き明後《あけ》、明後々年諸万人三日位精進にて登り候ように致しくれ候よう」（寛政四年三月二一日）と託宣を受けた。普寛は寛政四年（一七九二）五月に江戸の信者を多数引き連れて出発し、山麓の上島（王滝村）の与左衛門宅を拠点とし、六月八日に入山、六月一〇日に鳩や雷鳥に導かれて山頂を極めた。翌年も再び王滝側から登拝し、寛政六年からは信者を山頂や三ノ池に導くようになり、王滝口を軽精進で登れる道として開いた。

　普寛は当初から木曽御嶽山の信仰を江戸で広める意志があり、多くの信者が自由に登拝できる山にすることを考えていた。普寛は第一回目の登拝の時に、山中の各所で神降ろしの儀礼を行い、神仏の意思を直接に聞いて山中での拝所を定めていった。頂上では普寛を「前《まえ》座《ざ》」に和《わ》田《だ》孫《まご》八《はち》（のちの明《みょう》岳《がく》院《いん》広《こう》山《ざん》）を「中《なか》座《ざ》」にして「座《ざ》憑《つ》け」を行ったところ、「御嶽山座王大権現」が降臨して「世間に難あれば、我を勧請せよ。しからば応援せん」と告げた。これ以後、御嶽山の神霊を降ろす「座法」が定まり、後に「御《お》座《ざ》」と呼ばれるようになった。普寛は修験の儀礼を積極的に木曽御嶽山の登拝に取り込むという新しい方式によって信者を獲得したのである。しかし、王滝口を開いたことで、黒沢口との対立を激化させた。ただし、御嶽講の増加による地元での経済効果は大きく、寛政一一年（一七九九）に黒沢と王滝は福島宿の仲介で利益配分に同意して調停が成立し、御嶽信仰は隆盛に向かうことになったのである。

木曽御嶽信仰の江戸での広がり

普寛は覚明とは異なり、地元での修行の内容を大幅に刷新して新たな神霊観を導入し、木曽御嶽信仰を大都市の江戸に広げた。当時の江戸では富士講《ふじこう》が隆盛をきわめ、村上光清《むらかみこうせい》、特に食行《じきぎょう》身禄《みろく》の活躍以後に、江戸八百八講といわれるほど多数の講ができていた。不二道《ふじどう》の小谷三志《こたにさんし》も新たな再編に乗り出した。普寛は江戸に新たな講を作る布教活動を展開したのである。

普寛は御嶽の中興開闢と呼ばれる。木曽御嶽山の後も諸国を修行し、寛政六年（一七九四）には上野《こうずけ》の武尊山《ほたかさん》、寛政七年には越後《えちご》の八海山《はっかいさん》を開山した。享和《きょうわ》元年（一八〇一）九月に、回国《かいこく》の途次に立ち寄った武蔵国の本庄宿《ほんじょうしゅく》（埼玉県本庄市）で病いを得て米屋弥兵衛宅で遷化《せんげ》し、同所の安養院《あんようい ん》に葬られた。辞世の句は「なきがらは　いつくの里に埋むとも　心御嶽に　有明の月」で、一生を御嶽信仰に捧《ささ》げた。明治三年（一八七〇）に普寛堂《ふかんどう》が建立され、御嶽教の管理下に入って、現在の普寛霊場に発展する。

御座による神降ろし（写真：小林奈央子）

普寛の信者は江戸府内・武蔵・上州などで御嶽講を組織した。江戸市中や関東の農村部が基盤で武家にも信仰が広がった。その担い手は在俗の先達や行者であり、後の御嶽講の祖型が出来上がっていた。その原動力は「御座《おざ》」の儀礼にあり、木曽御嶽山に祀られる神霊や、各御嶽講の開祖である講祖と直接に対話できることが魅力で、多くの民衆の心を惹《ひ》きつけた。御座の成立に関しては埼玉県両神《りょうかみ》村御嶽神社や埼玉県高麗《こま》神社に所蔵されていた普寛の切紙《きりがみ》や手文《てぶみ》に基づいて近年になって明らかになった（中山二〇〇七）。

「御座」は修験道が密教の「阿尾奢法《あびしゃほう》」と呼ばれる流動的な霊を統御する手法を基本に作り上げた「憑祈禱《よりぎとう》」が原型である。修行を重ねて験力《げんりき》を持つ「修験者」が「憑坐《よりまし》」を憑依させて神がかりとし、出現した神霊の意思を聞いて、不幸の原因をつきとめ、病気治しや憑き物落としをする。基本は司霊者による悪霊調伏《あくりょうちょうぶく》の技法であるが、これを神降ろしの託宣の技法に転換したのが「御座」である。天明八年（一七八八）八月に初めて神仏を「中座《なかざ》」に降ろして託宣をきく「御座」の技法を編み出したとされる。普寛は実践を重ねて、「中座」と四方を囲んで結界する「四天《してん》」の役割を五大尊に比定するなど教理上の意味づけを加えて、寛政五年（一七九三）に『諸仏諸神現来秘法《しょぶつしょしんげんらいひほう》』として行法を完成した。普寛は「前座《まえざ》」にも「中座」にもなった。御座の原型は普寛が編み出し、御嶽講独自の儀礼として定着していった。普寛は修験の技法を介して木曽御嶽信仰を民衆化し徹底的に変革したのである。

御嶽講の展開（1）――泰賢と順明

普寛の弟子には泰賢《たいけん》（一七六七～一八〇五）や順明《じゅんめい》（一七五五～一八三八）などの修験者がいる。泰賢は普寛が亡くなった時に本庄に設けられた墓所の普寛堂（現在の普寛霊場）を拠点に活動を継続した。泰賢は越後国南魚沼《みなみうおぬま》郡大崎《おおさき》の八海山《はっかいさん》神社の分家に生まれ、得度《とくど》後に普寛について修行し絶大な能力を持つ中座として活躍し、過酷な木食行《もくじきぎょう》を実践した。享和三年（一八〇三）には八海山の大崎口の登山道を開いた。泰賢の座法は御座の時に信者と対面して加持《かじ》を行い、託宣して薬草を出すという御座で八海山独自とされる。

また、「飛び座」「神座」「引座《ひきざ》」などの座法も継承された。「飛び座」は神仏への勤行、滝行の修行、御嶽山の頂上、神霊の拝所などで、行者が突然に神がかって、神霊が飛び乗る座法である。行者が神霊の降臨を意図せずに偶発的に生じる。神がかると前座がこれを受けて託宣をきく。「神座」は前座が中座に神仏を降臨させて託宣を聞く座法で、通常に行われている「御座」にあたる。ともに御嶽講でよくみられる座法である。これに対して「引座」は、人間の生霊や死霊・動物霊・憑き物の霊などを専門的に憑依させる憑祈禱《よりぎとう》で泰賢独自の手法とされ、他の講社では行わない。通常は人間の死霊は穢《けが》れているとされて降臨しない。ただし、死後に霊神として祀られた場合、霊神を降ろす御座は行われている（菅原二〇〇二）。泰賢講は八海山・諏訪・松井田《まついだ》（群馬県安中市《あんなかし》）・奈良井《ならい》（長野県塩尻市《しおじりし》）などで活動している。

現在の王滝口五合目の黒石《くろいし》に鎮座する八海山神社は、普寛が開山した越後の八海山大頭羅《だいずら》神王《しんのう》と上野の武尊山の武尊王《ほたかおう》を勧請したとされ、境内に湧き出る御神水は眼病に効くとして信仰を集める。大頭羅神王は、般若十六善神の提頭羅吒《だいずらた》（持国天）に由来し、提頭羅《だいずら》神王とも表記する。御嶽講は、御嶽山座王大権現を主神とし、八海山大頭羅神王、三笠山忉利天《みかさやまとうりてん》（王滝口七合目）を合わせ祀るようになった。現在は、御嶽大神、八海山大神、三笠山大神の三神を祀る。八海山大神は黒沢口と開田口でも湧水地に水神として鎮座する。

泰賢の死後は順明が後を継いで普寛堂を拠点として活躍した。武蔵国の秩父郡薄《すすき》村の本山派修験、金剛院に生まれ、御嶽三九度、高野山一二度、四国霊場七度の修行や回国を行ったとされ、「天感感得法《てんかんかんとくほう》」という一人伺いの手法を伝えたという。北関東の各地や木曽谷に御嶽信仰を広めて講社を組織し、併せて文化七年（一八一〇）に「御嶽大権現誓詞《せいし》」などの諸規則を作って講中に示した。その内容は御嶽への深い信仰と五戒の順守とともに、忠孝や家業への精進など世俗倫理の順守を本義としている。一方で、在俗信者に九字護身法《くじごしんほう》（「臨《りん》兵闘者皆陳列在前《ぴょうとうしゃかいじんれつざいぜん》」の呪句を唱えて縦四本横五本の線を描く護身の行法）・五輪観之密法《ごりんかんのみっぽう》など、修験の秘儀を伝授した。順明は在俗生活の中で信仰を深めて修行を実践するという御嶽講の在《あ》り方の基本を形成したのである。

御嶽講の展開（2）――一心と一山

普寛の最後の弟子とされる一心《いっしん》（一七七一～一八二一）は信濃国の小県《ちいさがた》郡上本入《かみほんいり》村（長野県上田市）の生まれで、江戸に出て商売を営んでいたが、妻の死を契機に修験となった。普寛の行跡を慕って御嶽山中で三年間の木食行を行ったとされる。四天を置いて御座を行う「五行御座《ごぎょうおざ》」、中座が回転する「中座の位置替」、神仏の託宣に留まらず病名判断や薬草を処方する「神薬差し下し」など独自の御座を開発した。講中に対して「信者の死後の魂は死後に御嶽山に引き取られる」と説いて、後の霊神信仰につながる素地を作った。一心講は江戸で隆盛をきわめたが、幕府や名主層から警戒されて、一心は文政三年（一八二〇）に捕縛されて、流罪の遠島《えんとう》（島流し）に処せられた。当時幕府が弾圧していた富士講と同類とみなされ、俗人でありながら祈禱や呪法の伝授を行ったことが問題視された。一心は富士講の先達でもあり、深谷《ふかや》の並木一心《なみきいっしん》霊場では現在でも一〇月二日の例大祭の後、元富士塚の仙元山《せんげんやま》に登拝する。二つの山岳登拝の講は連携していた。

一心に次いで活躍したのは一山《いっさん》（一七七五〜一八五二）で、相模《さがみ》国の津久井《つくい》村（現・神奈川県相模原市）に生まれ、出家後に三峯山《みつみねさん》や木曽駒ヶ岳《こまがたけ》で修行し、木曽御嶽山で寒行を行った。修行中に民衆を救えという霊夢のお告げが下り、武蔵国荏原《えばら》郡嶺《みね》村（現・東京都大田区）で古い御嶽神社（天文四年〔一五三五〕創建）を発見し、神霊の示現の場所として庵を結んで「関東第一分社」を設立して布教し、大発展を遂げた。天保二年（一八三一）に社殿を新築し、御嶽塚を作り、登拝すれば本山と同じ御利益があると説いた。これは富士塚の先例に倣ったのである。活動の中心は登拝であったが、「感得の中座法」という一人伺いの祈禱を用いた。一山講は大きく発展した。現在は都会の喧騒《けんそう》の中に佇《たたず》む「嶺《みね》の御嶽山」は、民衆を熱狂させた御嶽講の根拠地であった。

御嶽講は在俗者の支持を得て広がり、木曽谷では覚明の系譜の講が多く、関東地方の各地では普寛の系譜を引く御嶽講が結成され、江戸では富士講とともに山岳信仰の講として広がった。木曽谷からは中部地方全体に伝播《でんぱ》し、覚明講は東海地方を中心に活発に活動を展開し

黒沢口女人堂（八合目）の霊神碑（写真：著者）

た。さらに東北地方や四国地方にも広がりをみせた。

幕末から明治の大きな動きは霊神の展開である。御嶽講の優れた行者や信者が亡くなると霊《れい》神号《じんごう》を授け、霊神の地元の霊神場や、御嶽山の山麓や中腹に霊神を祀る霊神碑を建てる慣行である。霊神は講社教会の神殿にも祀られる。霊神碑の建立は当初は覚明・普寛の石碑に限定されていた。覚明の名が刻まれた最古の碑は天保九年（一八三八）で黒沢口の大泉寺にある。講祖の霊神碑は、四合目の護摩堂原《ごまどうはら》にある弘化《こうか》三年（一八四六）の巴講《ともえこう》の講祖、亀翁霊神碑が最初とされている（生駒一九八八）。江戸時代は「覚明大菩薩」や「木食《もくじき》普寛行者」などと刻まれ、「御嶽山大権現」の碑と並んでいることが多かった。霊神碑が一般化するのは明治七年

（一八七四）以降で、御嶽教が成立して教派神道に組み込まれて仏教系の要素を払拭し神道化を進めた時期に盛んになったとみられる。霊神信仰は人を死後に神に祀り上げる人神信仰であるが、近代の信仰の変化を刻印している。

神仏分離以後

神仏分離で本社・若宮・岩戸権現などは、明治二年（一八六九）に御嶽大権現の権現号を廃し、本地仏《ほんじぶつ》を取り片づけて、社号を新たに御嶽神社とし、王《おうの》権現の祭神の大己貴命《おおなむちのみこと》、日《ひの》権現の祭神の少彦名命《すくなひこなのみこと》、講中の信仰する国常立尊《くにとこたちのみこと》を加えた御嶽三神の信仰に単純化して再編成された。早めの神道化で、修験主体の山のような混乱は避けられ、危機を乗り切った。元々、神仏習合で両部《りょうぶ》神道の様相が濃かった御嶽信仰であるが、神道的な要素や儀礼を積極的に取り込んで再編成を図り、時代の変化に素早く対応して存続を図った。御嶽講は活動継続のために教団の編成に乗り出し、新田邦光《にったくにてる》（一八二九〜一九〇二）を教祖とする神道修成派《しんとうしゅうせい》（一八七六年創始）や、芳村正秉《よしむらまさもち》（一八三九〜一九一五）を教祖とする神習教《しんしゅう》（一八八二年創始）など明治初期に結成された教派神道の教団に所属することが多かった。

明治一五年（一八八二）に一心講系の行者の下山応助《しもやまおうすけ》が尽力して、平山省斎《ひらやませいさい》（一八一五〜一八九〇）を管長とする「御嶽教《おんたけ》」が成立し、関東地方を中心とする御嶽講の多くが加入した。

御嶽教は東京に本部を置いていたが、昭和四〇年（一九六五）に奈良市に移転した。奈良市の本部を「里の本部」、木曽町の木曽福島駅前の大教殿《だいきょうでん》を「山の本部」という。昭和二一年（一九四六）には、黒沢口の御嶽神社を拠点として中部地方の覚明講が結集し、御嶽神社宮司の武居《たけい》誠《まこと》を管長とする「木曽御嶽本教《きそおんたけほんきょう》」が結成された。教団には独立性の高い宗教的職能者が所属することも多く、成功すれば独立するなど流動性に富む。木曽御嶽山に関わる講や教団は新宗教の母体ともなった。

明治政府は神道を、「国家の宗祀《そうし》」（国家が祀るべき公的施設）として天皇家の祖神、天照大神《あまてらすおおみかみ》を祀る伊勢《いせ》神宮を頂点にする神社神道と、教祖・教典・教会を持つ神道系の教派で政府公認の教団を教派神道として区別した。当初、教派神道は一四派であった（明治三二年〔一八九九〕に神宮《じんぐう》教が解散して、一三派）。明治以降の御嶽講は教派神道の枠組みの中に組み込まれて活動を行ってきた。教派神道は御嶽講にとっては政府公認の宗教団体であり、時にはこれを隠れ蓑《みの》に使って神仏習合を維持する講社も多かった。修験の山々が神仏分離で大きな打撃を被ったのとは対照的に、御嶽講は国家の政策を巧みに利用した。

御嶽教や木曽御嶽本教は各地の御嶽講を統括する組織であるが、個々の御嶽講の自立性は維持されてきた。御嶽教は、昭和二九年（一九五四）から、王滝頂上と剣ヶ峰の間の八丁ダルミで八月七日の夜に大御神火祭《だいごじんかさい》を執行し、昭和五四年（一九七九）の噴火まで行ってきた。

当初は御嶽不動尊が祀られていたが、昭和四七年（一九七二）に開教九十周年記念として御嶽大神像が建立された。御嶽不動尊は、御嶽教大和本宮に遷座された。大御神火祭は現在は御嶽教の御嶽山木曽本宮で行われ、旧御神火祭場でも平成一四年（二〇〇二）から雲上大御神火祭を継続し、御嶽講相互の交流の機会となっている。

黒沢口の御嶽神社では七月一〇日は開山祭で山麓の御嶽神社から頂上奥社（剣ヶ峰）まで御神霊渡御《ごしんれいとぎょ》がなされ、九月三日の閉山祭には還御《かんぎょ》する。王滝口の御嶽神社では七月一〇日は頂上奥社（王滝頂上）開山祭、九月初旬に閉山祭、九月一〇日が講祖（覚明・普寛）本社祭で、その間の七月二七日と二八日は例大祭で里宮から八幡堂まで神輿渡御《みこしとぎょ》をして、御幣剣鉾《ごへいけんぼこ》による男舞や鈴扇による巫女舞《みこまい》などが行われ、多くの信者で賑《にぎ》わう。教団の儀礼には神社の祭式に統一されている。

外国人と木曽御嶽山

明治時代に入ると外国人による近代登山が始まり、木曽御嶽山にも自由に登れるようになり、外国人の記録が豊富に残る。最初に登った外国人は明治六年（一八七三）のウィリアム・ゴーランドとエドワード・ディロンで、ゴーランドは冶金《やきん》技師で登山家、「日本考古学の父」と呼ばれ「日本アルプス」の命名者である。一八七四年に登山したワイウィー・ホースは『中部・北部日本旅行案内』（一八八一）を刊行し、御嶽山の登山路と自然の風景を描写している。この本は外交官アーネスト・サトウ（一八八一年登頂）と共著であった。

アメリカ人のパーシヴァル・ローウェルは明治二四年（一八九一）に登頂し、神がかりを見て感動して、『オカルト・ジャパン』（一八九四）に詳細な「御座《おざ》」の記録と頂上での写真三枚を掲載した。文中ではオリエンタリズムの眼差《まなざ》しで「東洋の神秘」として紹介している。後に天文学者になって冥王星《めいおうせい》を発見した『日本アルプス―登山と探検』（一八九六）で知られるウォルター・ウェストンは明治二四年と明治二七年の二回、御嶽山に登って行者の神がかりを観察し、感動を書き記している。当時の記録に「御座」の名はなく、神降ろしや神がかりと呼ばれていた。

戦後にイギリス人の宗教学者のカーメン・ブラッカーは昭和三六年（一九六一）以降、三度にわたって御嶽山に登山して、御座を観察し、『あずさ弓』（一九七五）に生き生きとした記録を残している。通常の御座だけでなく、前座と中座が役割を交替する事例や、霊力の獲得方法などが紹介されて事例研究として評価できる。外国人の記録や研究からは、異文化理解の情熱が伝わり、日本人が気づかない微細な観察の記録は貴重である。

御嶽講の現在

御嶽講は現在も活力を維持している。担い手は一般の人びとで登拝・修行・祈禱などの実践活動を日常的に行い、定期的に御座を立てる。儀礼には修験道に由来するものが多く取り込まれている。御嶽講は毎年、夏になると御嶽山に登拝し、大自然の草木や岩や滝や洞窟、雲や風などのすべてに神仏の働きを体感して一体化する。御嶽行者は講祖を祀る霊神場に赴き、御座をたてて霊神の意思を伺う。冬には清滝や新滝などで寒行を行い、新たに中座になるための修行も組み込む。中座の修行は厳しく何年間にわたる長期の修行を重ねるのである。各講の地元では鎮守の神社の祭日や寺院の行事に際して、柴燈《さいとう》護摩《ごま》や火渡りなどの儀礼を執行し、日常生活でも占いや祈禱を行い、地域住民の生活に深く関わってきた。特に尾張地方では御嶽行者の活躍が顕著である。関東地方でも不動信仰の盛んな成田山門前町では、御嶽行者が正月・五月・九月の年三回、家を訪れて祈禱し、暮れには正月飾りを整える。

御嶽講の大きな行事として本庄の普寛堂で年二回（四月一〇日・一〇月一〇日）行われる大祭がある。御嶽講の各講社の信者が多く集まり、修行で培った験力を競う。柴燈護摩・線香護摩・豆煎《まめい》り護摩・米煎《こめい》り護摩・釜鳴《かまな》り護摩・五行垂《ごぎょうだ》れ護摩・刃渡り・火渡り・御座などが行われ、特に刃の梯子《はしご》を素足で登る刃渡りは荒行である。

御嶽講では、行者の霊魂は死後も御嶽山で修行を続けているといわれる。黒沢や王滝の登山道沿いには多くの霊神碑が林立し、講ごとに管理され、講祖の霊神を中心として霊神場を形成している。特に黒沢口四合目の護摩堂原の霊神場には一万四千基の霊神碑があって壮観である。近くに日出滝、大祓滝、松尾滝などの滝場もあって、多くの信者や行者の修行場になっている。木曽御嶽山以外では、万延《まんえん》元年（一八六〇）に心願講の明寛《めいかん》と明心《めいしん》が創建した岩崎《いわさき》御嶽山（愛知県日進《にっしん》市）には四五〇〇基を超える霊神碑があり、東海地方最大の霊神場である（小林二〇〇八）。

霊神は御嶽大神（御嶽山座王大権現）を頂点とする神々のパンテオンに組み込まれ、覚明・普寛、講祖、行者の系譜に連なるとされ、修行を積むと高位に登る。御座で降臨する神霊は御嶽大神、八海山大神、三笠山大神、覚明行者、普寛行者、講祖や行者の霊神など様々である。東海地方の御嶽講では霊神と信者が親子関係の場合も多く、霊神の供養が先祖の供養になることもある。通常は神格化していない死霊を降ろすことは禁忌《きんき》だが、霊神となれば御座に呼べる。この柔軟な解釈が次世代への講の継承を促しているという（関二〇〇七）。

御嶽詣のお土産には生薬の「百草丸《ひゃくそうがん》」が好まれた。キハダの樹皮から抽出したオウバク（黄檗）を主成分とする胃腸薬である。この地域では木曽谷を領有していた尾張藩が本草学《ほんぞうがく》を推進して、薬草の採集と調査を地元の山村代官に命じるなど、薬の知識が蓄えられていた。普寛は山中の霊薬百種を採集して煎《せん》じて飲めば霊験があると村人に教え、弟子の寿光が生薬に調合したと伝える。「百草丸」は御嶽の「御神薬」として販売され、御嶽講を通じて各地に広まった。薬箱には御嶽講の象徴で、神社や霊神碑やマネキ（幡）に使用する「山三丸」のしるしを刻印する。山岳霊場と薬は密接な関係があり、吉野山《よしのやま》・大峯山《おおみねさん》・石鎚山《いしづちさん》の陀羅尼《だらに》助《すけ》や伯耆大山《ほうきだいせん》の煉熊丸《ねりぐまがん》などキハダを使う胃腸薬は、信仰と相俟《あいま》って効果を高めるとされた。信仰と医療と経済は切り離せない。

今後の展開

木曽御嶽山への登山者は明治以降に交通機関の利便性の向上と関連して増大した。明治二〇年（一八八七）頃は年間登山者は八〇〇〇人だったが、明治四三年（一九一〇）の中央線木曽福島駅の開業で名古屋と直接に結ばれて、大正三年（一九一四）に三万人、大正六年は五万人となった。その後は三万から四万人で推移し、昭和一四年（一九三九）に六万三〇〇〇人となった。戦時下においては、武運長久や戦勝祈願など、戦場での無事を祈る登拝が多かった。戦後はやや減少したが、昭和二六年（一九五一）は御嶽教開教七十周年で一挙に二万六九〇〇人になり、その後は三万人で推移してきた（生駒一九八八）。昭和四一年（一九六六）には王滝口の七合目の田の原《たのはら》（標高二一八〇メートル）まで林道が開通し、白装束の信者や行者が列を連ねて登った木曽御嶽山は、登山を楽しむ娯楽の山に変貌した。黒沢口は昭和四六年（一九七一）に林道が中の湯まで開通し、平成元年（一九八九）には七合目付近の飯《いい》森《もり》駅（標高二一五〇メートル）までロープウェイが開通し、王滝口の田の原と同じ標高まで歩かずに登ることができるようになった。昭和六〇年（一九八五）には年間三〇万人の登山客があったとされ、この年以降に山腹に四つのスキー場が開設されて、レジャー施設が整備されてきた。

現在の御嶽講は高齢化が進み、若年層の参加は減少して、後継者不足は否めない。御座が行われなくなると御嶽講の求心力は急速に弱まる。組織の維持は講元や中座の個人的な力に負うことが多く、つねに脆弱性《ぜいじゃくせい》を抱えている。平成二六年（二〇一四）の噴火は御嶽講に大きな影響を与えた。今後しばらくの間は山頂登拝は難しくなり儀礼の変化も予想される。木曽御嶽山信仰はその独自性により今後も活力を維持し続けるであろう。しかし、時代の変化に柔軟に対応していく智慧《ちえ》が、これまで以上に求められる。

第八章　石鎚山――修行から講へ

そびえたつ岩峰

石鎚山《いしづちさん》は西日本の最高峰である。山頂は細長い岩稜《がんりょう》で、石鎚神社頂上社が鎮座する弥山《みせん》（一九七四メートル）、南方に天を突くような天狗岳《てんぐだけ》（一九八二メートル）、岩峰の南尖峰《なんせんぽう》（一九八二メートル）が線上に並び、総称が石鎚山である。周囲は断崖絶壁で安山岩《あんざんがん》の柱状節理がほぼ垂直にそそり立ち、信仰を集めるにふさわしい個性的な山容である。石鎚山は眺望する方向によって姿が変化し、南の石鎚スカイラインからはピラミッド型、西の面河《おもご》からはギザギザの岩峰、東の瓶ヶ森《かめがもり》からは重厚などっしりした姿、北からは男性的な峰々の連なりを見せる。天候に恵まれれば、山頂からは道前《どうぜん》平野、道後《どうご》平野、瀬戸内海の島々、伯耆大山《ほうきだいせん》や九州の九重連峰《くじゅうれんぽう》、太平洋まで見渡すことができる。

独立峰に近いので、気候変動が大きく雲や雨が多く、冬季の積雪もかなりの量に達する。石鎚山は四国の大半の河川の水源である。南への流れは仁淀川《によどがわ》や吉野川《よしのがわ》になり、北への流れは加茂川《かもがわ》となる。西条《さいじょう》では「うちぬき」という地下水の自噴井《じふんせい》が湧く。農民にとってはかけがえのない水分《みくまり》の山で、五穀豊穣《ほうじょう》の願いをかなえる作神《さくがみ》として信仰を集めてきた。地元には「石鎚の雪鍬《くわ》の柄《え》と見ゆるとき、苗代時《なわしろどき》と知れよ三四郎」という諺《ことわざ》があり、鍬の柄の形の雪形《ゆきがた》が山に現れると苗代に水を引いて種籾《たねもみ》をまく。道後平野や道前平野では自然暦の基準となっていた。石鎚山は豊かな稔《みの》りをもたらす恵みの山であるが、時には洪水・雪崩《なだれ》・山崩れなど大きな自然災害を引き起こす。石鎚山を遠望する山麓《さんろく》には多くの古社寺があり、長い激動の歴史を刻んできた。

　松山地方には「石鎚は一度は来ても二度は来な　神の多いのに石鎚参り　魚の多いのに河豚《ふぐ》を食う」という諺が伝えられている。石鎚山は一度は登るべき山と見なされていて、周辺の男性は数え一五歳になると登拝《とはい》した。親は子どもが生まれると健康に育つようにと願掛けして、丈夫に育って一五歳に成長すると願解きとして登拝することも多かったという。一年で最も賑《にぎ》わう七月上旬の「お山開き」には多くの信者が白衣《びゃくえ》で登拝する。登拝者と下山者は、見知らぬ者でも「お上《のぼ》りさん」「お下《くだ》りさん」と挨拶をかわし、和やかさを通して連帯感が醸成される。弥山への登拝道には一の鎖（三〇メートル）、二の鎖（四九メートル）、三の鎖（六六メートル）の鉄の大鎖をたどる「鎖禅定《くさりぜんじょう》」の試練が課される。現在は神道風に「男のいのちの禊所《みそぎどころ》」で、邪心を捨て穢《けが》れを祓《はら》うと解釈されている。鎖の銘文に信徒講《こう》の名前が書かれていて、講中《こうじゅう》の寄進である。鎖のおかげで登拝者は容易に登れる。石鎚信仰を支える講中の力や信心の強固さを鎖場において知ることができる。

頂上では御神像を拝戴《はいたい》して熱狂的になる。信者は御神像を体に擦りつけ、神の加護を祈る。かつては御神像の争奪は修羅場のようであったという。個性豊かな男性的な山容に挑む、スリル溢《あふ》れる熱心な登拝によって、石鎚信仰は個性的な展開をしてきた。

石鎚山は日本七霊山の一つとして紹介されることが多い。しかし、この言葉を石鎚山以外で聞くことはない。七霊山とは富士山・立山《たてやま》・白山《はくさん》の三霊山に、大峯山《おおみねさん》・釈迦ヶ岳《しゃかがだけ》・伯耆大山・石鎚山を加えた総称で、白山に代えて木曽御嶽山《きそおんたけさん》、釈迦ヶ岳に代えて月山《がっさん》を入れる説もある。江戸時代には富士山・立山・白山を登拝する三禅定《さんぜんじょう》は行われていたので、それを基本に聖数の七に合わせて唱えられた説であろう。石鎚山の登拝には多くの講が組織されて活発な活動を継続し、西日本での山岳信仰の拠点となってきた。

開山伝承

『万葉集』（巻三・三二二）で山部赤人《やまべのあかひと》が「伊与《いよ》の高嶺《たかね》」と詠《よ》んだのは石鎚山と推定されている。石鎚山の文献上の初出は『日本霊異記《にほんりょういき》』（弘仁《こうにん》年間〔八一〇～八二四〕）下巻第三九話で、開山伝承が記されている。それによれば「伊与の国の神野郡《かみのかんのこおり》の部内《ぶない》に山有り。名を石鎚山《いしづち》

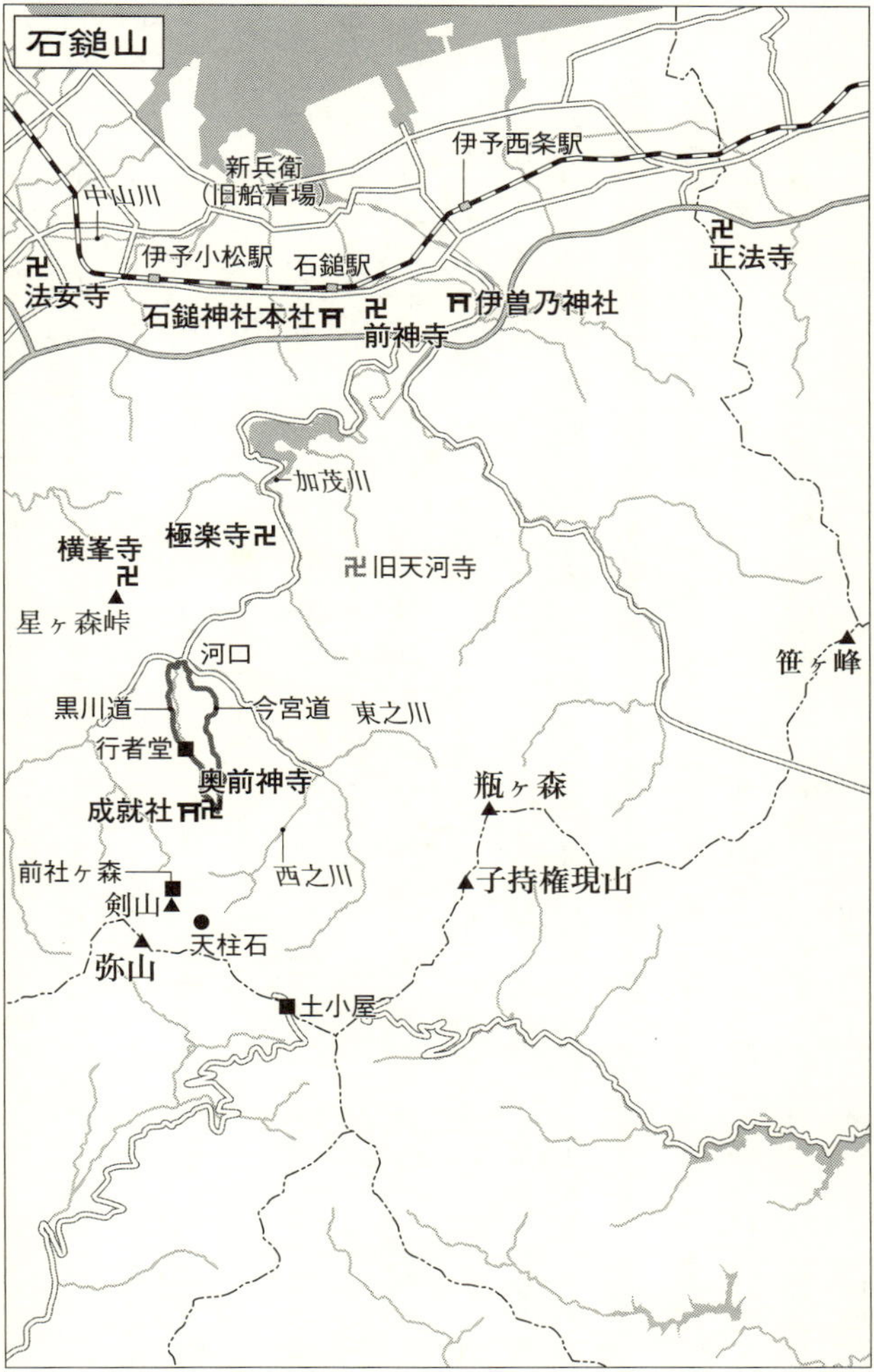
石鎚山
新兵衛
(旧船着場)
伊予西条駅
中山川
伊予小松駅
石鎚駅
法安寺
正法寺
石鎚神社本社
前神寺
伊曽乃神社
加茂川
極楽寺
横峯寺
旧天河寺
星ヶ森峠
河口
黒川道
今宮道
東之川
笹ヶ峰
行者堂
奥前神寺
瓶ヶ森
成就社
前社ヶ森
西之川
子持権現山
剣山
天柱石
弥山
土小屋

と号《なづ》く。是《こ》れ即《すなわ》ち彼の山に石鎚《いしづち》の神ありての名なり。其《そ》の山高くさかしくして、凡夫《ぼんぷ》は登り到《いた》ることを得ず。但浄行《ただしじょうぎょう》の人のみ登り到りて居住す」とある。山名は山に「石鎚の神」がいることにちなむとある。イシヅチのチは霊力の意味で、山頂の石の霊、岩峰そのものを祀ったのであろう。中腹にある「天柱石《てんちゅうせき》」の奇岩も印象深い。山は清浄な場とされ、精進潔斎《しょうじんけっさい》（浄行）をして心身を清めないと登拝はできなかった。

さらに、「その山に浄行の禅師《ぜんじ》ありて修行しき。その名は寂仙菩薩《じゃくせんぼさつ》といへり。その時の世の人道俗《どうぞく》、その浄行を貴《たっと》びしがゆゑに、美《ほ》めて菩薩と称《とな》ひき」と記す。菩薩としてあがめられた寂仙《じゃくせん》は、天平宝字《てんぴょうほうじ》二年（七五八）に、自分の死後、二八年後に生まれ変わり、神野《かみの》と名づけられるであろうと遺言して亡くなり、予言どおりに二八年後に桓武《かんむ》天皇に皇子が生まれて、神野《かみの》親王（後の嵯峨《さが》天皇）と命名された。人びとはその皇子を寂仙の生まれ変わりと考えたという。当時は転生が信じられた時代であった。寂仙は石鎚山の開山と見なされ、禅師とあるので、優婆塞《うばそく》（在俗の信者）か私度僧《しどそう》（官許を受けない僧）と見られる。

さらに類話があり『文徳実録《もんとくじつろく》』（元慶《がんぎょう》二年〔八七八〕）嘉祥《かしょう》三年（八五〇）条によれば、「神野郡に灼然《しゃくぜん》という高僧と弟子の上仙《じょうせん》がいた。上仙は山頂に住んで師以上の修行をして、諸鬼神を使役した。上仙は天子に生まれ変わりたいと願っていたが、もし再生したら郡名を苗字《みょうじ》とせよと予言して死去した。同郡橘《たちばな》の里にあって上仙を供養した橘の媼《おうな》も上仙の跡を追い、来世での転生を希望して死んだ。神野親王（嵯峨天皇）とその妃橘《たちばな》夫人（檀林皇《だんりん》后）はそれぞれの後身である。親王の乳母《うば》が神野郡出身の神野という名の女性であったので親王の名を神野とした。この地（神野郡）は郡名が天皇との同名を憚《はばか》って『新居《にい》郡』と改めたという」。寂仙、灼然、上仙の話は、仙人を養成するという神仙《しんせん》思想と、山林修行で特別な力を身につけるという修験《しゅげん》の実践を融合させた一群の山岳修行者の活動を示唆する。

山の古名であるイシヅチのツチは「鎚」「槌」「土」の表記を生み出す。石鎚山と関係が深い横峯寺《よこみねじ》と前神寺《まえがみじ》でともに用いる山号の「石鉄山」の「鉄」については『類聚名義抄《るいじゅうみょうぎしょう》』（観智院《かんちいん》本、鎌倉時代）にツチの訓がある。本来は斧《おの》や鉞《まさかり》の意味で、峰入《みねい》りで先頭に立つ行者が持つ法具であり、後世の修験の隆盛に伴って使われた。江戸時代の文献までは「石鉄」を使う文献が多い。役行者《えんのぎょうじゃ》の伝承の普及とともに文字も固定化していった可能性がある。

山麓寺院の開基伝承

前神寺と横峯寺は石鎚信仰の拠点で、役行者《えんのぎょうじゃ》と石仙《しゃくせん》の来山を伝える。前神寺は山頂に祀られる石鉄蔵王権現《いしづちざおうごんげん》の別当《べっとう》寺で石鉄山金色院《こんじきいん》といい、本尊は阿弥陀如来《あみだにょらい》、現在は石鉄山修験道の総本山である。寂本《じゃくほん》の『四国徧礼霊場記《しこくへんろれいじょうき》』（元禄《げんろく》二年〔一六八九〕）の前神寺の条に、「当州は和州《わしゅう》の大峯、伯耆大山《ほうきだいせん》と同じく役の行者霊験を見て籠り、同じく蔵王権現示現《じげん》の幽《ゆう》区《く》なり。役の行者最初此《ここ》に練苦《れんく》せりときこえたり」とあって、石鎚山は大峯山や伯耆大山と同様に役行者の開山で蔵王権現が祀られたという。

横峯寺は真言《しんごん》宗御室《おむろ》派に所属し、石鉄山福智院《ふくちいん》といい、本尊は大日如来《だいにちにょらい》、脇仏に石鉄《いしづち》蔵王権現と石仙を配する。平安時代末期の金剛蔵王権現の御正体《みしょうたい》の鏡を所蔵する。石鎚山の別当寺を主張して前神寺と競合した。『石鉄山横峯寺縁起《いしづちさんよこみねじえんぎ》』（宝永《ほうえい》年間〔一七〇四～一七一一〕写本）には、「行者、中天竺《ちゅうてんじく》にては毘経大士《びきょうだいじ》と号す。漢土《もろこし》に生れては香積菩薩《こうしゃくぼさつ》となづく。吾《わが》朝《ちょう》に生れては役《えん》の優婆塞《うばそく》と号する者なり。石土《いしづち》の峯には石仙菩薩《しゃくせんぼさつ》と現れ、大峯には金剛菩薩《こんごうぼさつ》と現れ、三徳山《みとくさん》には智積菩薩《ちしゃくぼさつ》と現れ、金剛山には法喜菩薩《ほうきぼさつ》と現れ、箕面山《みのおさん》には不動明王と現れ給ふ」とあり、役行者の本地《ほんじ》はインドで、中国、日本とたどり、石鎚山で石仙として垂迹《すいじゃく》し、次に修験道の根本《こんぽん》霊場の大峯山、次に伯耆の三徳山に垂迹したという。金剛山は葛城山《かつらぎさん》で役行者の生地と近い修行の場、箕面山は役行者が大滝《おおたき》の龍穴《りゅうけつ》に入り、龍樹《りゅうじゅ》から法を感得したとされる。石鎚山の開山は役行者で、石仙として現れたと説く。前神寺の縁起と類似する。

横峯寺の縁起は『三徳山縁起《みとくさんえんぎ》』（『金峯山創草記《きんぷせんそうそうき》』所載、鎌倉時代末期）を基に石鎚山に適応させて作り変えた可能性が高い。『三徳山縁起』は、役行者の前世の好積仙人《こうしゃくせんにん》は日本での仏法流布の霊地を知るために、中国から三本の蓮華《れんげ》を投じたところ、一本は伊予の石辻《いしつじ》（石鎚か）、もう一本は大和国《やまと》弥勒長《みろくちょう》（吉野金峯山か）、最後の一本は伯耆の三徳山に落ちたのでそれぞれを開山したとある。三徳山三仏寺《さんぶつじ》（鳥取県三朝町《みささちょう》）は平安時代後期に遡《さかのぼ》る寺院で、断崖絶壁に役行者が法力で投げ入れたという投入堂《なげいれどう》がある。現在の三徳山に伝わる開山伝承では役行者が慶雲《けいうん》三年（七〇六）に三弁の蓮華を散らしたところ、石鎚山と吉野山と三徳山に落ちたので堂宇《どうう》を建てて修験の道場としたとされ、蔵王権現を祀る。石鎚山・三徳山・金峯山・熊野山《くまのさん》は相互に密接に関連しあいつつ山岳霊地を生成した。

『四国偏礼霊場記』には「此石仙は役行者の再来とす」と石仙《しゃくせん》と役行者を同一人物に解釈している。前神寺と横峯寺は元々は石仙の開基を説いていたが、徐々に役行者の開基に変化したのであろう。寂仙《じゃくせん》、灼然《しゃくぜん》、上仙《じょうせん》、石仙の伝承は大峯修験や熊野信仰が広まる前の状況を伝え、役行者の開山伝承は石鎚信仰が修験化を強めるとともに広がったのであろう。

石鎚山の北方に点在する各寺院は独自の開基を主張してきた。石鎚山を正面に望む石鉄山往生院正法寺《おうじょういんしょうぼうじ》（新居浜市大生院《にいはまおおじょういん》）の縁起は上仙《じょうせん》の開基を説く。正法寺は七堂伽藍《がらん》の礎石の寺院跡が残り、伊予最古の寺跡とされる法安寺《ほうあんじ》（西条市小松町北川《こまつちょうきたがわ》）とともに古代以来の寺院である。石鎚山麓へは法安寺―横峯寺《よこみねじ》―星ヶ森《ほしがもり》峠―河口《こうぐち》、正法寺―前神寺―極楽寺《ごくらくじ》―河口の二つの道が伸びている。正法寺の開基は上仙、前神寺と横峯寺は石仙、石中寺《せきちゅうじ》（今治市《いまばり》中寺《なかでら》）は峰仙《ほうせん》（法仙）、今宮《いまみや》集落（西条市大保木《おおふき》）の修行者の法仙《ほうせん》など、開山や開基に関わる修行者には「仙」の名称が共通する。これらの修行者は、山中を神仙境として、法力の獲得や長寿の達成を目指して修行した。平安時代初期までの石鎚山では開山を仙人に仮託した神仙思想の影響が色濃く、その基盤の上に密教の影響を受けた修験道が展開したのである。

石鎚山と瓶ヶ森

一般に石鎚信仰は前神寺が支配した石鎚山を主体に考えられている。しかし、元々は、東にそびえる瓶ヶ森《かめがもり》を主峰とする山々も石鎚山と同様に信仰対象で、石鎚連峰は西と東の二つの中心を持つ楕円《だえん》形状の聖域であった。東に連なる山々は、瓶ヶ森（一八九七メートル）、笹《ささ》ヶ峰《がみね》（一八五九メートル）、子持権現山《こもちごんげんやま》（一六七七メートル）からなり、各々の山頂には蔵王権現が祀られている。『土佐郡本川《ほんがわ》郷風土記』（宝永三年（一七〇六））には「石鉄権現は最初に筒上山《つつじょうさん》に祀られ、ついで瓶ヶ森、そして石鎚山に移られた」とある。日野和煦《ひのにこてる》編『西条誌《さいじょうし》』巻一二（天保《てんぽう》一三年（一八四二））も「石鉄蔵王権現、往古《おうこ》は此嶺《このみね》にましましたりと云ふ」とし、石鉄権現は元々は瓶ヶ森に祀られていたが、西条の西之川《にしのかわ》の庄屋高須賀《たかすが》氏の先祖が権現様を今の石鎚山に背負って遷《うつ》したという伝説を伝えている。石鎚山祭礼の時は、庄屋は裃《かみしも》をつけ帯刀して人の背に負われて上席に着く慣例であったという。「瓶ヶ森は、石鉄山より扇だけ低し」として、石鎚山の瓶ヶ森に対する優越を説く。

瓶ヶ森は「氷見二千石原《ひみにせんごくばら》」（旧・氷見村の石高相当の広さ）と称される笹《ささ》原がある雄大な山である。名称は山頂西側の湧水が溜《た》まる瓶壺《かめつぼ》に由来する。男山《おやま》と女山《めやま》の二峰からなり、男山に蔵王権現が祀られ弥山《みせん》とも称した。瓶ヶ森の旧称は権現山ともいう。南に突き出た支脈にそびえる子持権現山は周囲が絶壁の急峻《きゅうしゅん》な岩峰で、頂上から真直に掛けられた鎖でよじ登る。山名は「子供を負ひたるような滝（嶽）」（『土佐郡本川郷風土記』）に由来し、霜月《しもつき》（旧一一月）亥《いぬ》の日に祭があったという。瓶ヶ森は夫婦、子持権現山は子どもで三山は一体とされた。

瓶ヶ森の北方の常住《じょうじゅう》には別当《べっとう》寺の天河寺《てんがいじ》、瓶ヶ森の西方の常住には坂中寺《さかなかじ》があって、瓶ヶ森への登拝道が伸びていたが、寺院はともに現存しない。江戸時代初期には衰退していた。天河寺は役行者《えんのぎょうじゃ》の開基と伝え、瓶ヶ森の別当寺で平安時代から鎌倉時代の七堂伽藍《しちどうがらん》を持つ大寺であったというが、詳細は不明である。天河寺は康永《こうえい》元年（一三四二、北朝年号）に戦火で焼失し（『予章記《よしょうき》』）、九品山極楽寺《くほんざんごくらくじ》（西条市大保木）が法燈を継いだとされる。極楽寺の本尊阿弥陀如来は天河寺の旧本尊と伝承される。併せて、役行者の石鎚山開山に際して、龍《りゅう》王山《おうさん》（極楽寺の前山）で感得して彫ったとされる蔵王権現三体を本尊として祀る。極楽寺は真言宗御室《おむろ》派に属していたが、戦後に石鎚山真言宗として独立した。

石鎚連峰は、西側の石鎚山では、道前平野の南東に位置する小松《こまつ》を拠点として横峯寺を経由して常住に至る道が表参道であった。登拝者の拠点は、昭和六年（一九三一）に小松―河口《こうぐち》間にバスが開通して、小松から河口に移った。河口は西之川と東之川《ひがしのかわ》の合流点で、ここからは今宮道か黒川道を選んで、常住から弥山（石鎚山）への経路をたどった。これに対して東側の瓶ヶ森は、河口―東之川―坂中寺（常住）―弥山（瓶ヶ森）、あるいは正法寺―天河寺（常住）―弥山（瓶ヶ森）の二つの登拝路がある。石鎚山の弥山に対しては天狗岳、瓶ヶ森の弥山に対しては子持権現山が、ともに奥の院のように尖峰《せんぽう》としてそびえている。

石鎚山と瓶ヶ森は相似の世界を形成していた。瓶ヶ森の別当寺は天河寺、笹ヶ峰の別当寺は石鉄山正法寺だという。正法寺の開基は神野郡の秦氏出身の上仙《じょうせん》で、法安寺の灼然《しゃくぜん》の弟子と伝え、笹ヶ峰で修行したという伝承が残る。笹ヶ峰の山頂には石鉄蔵王権現と大日大聖不動明王が祀られている。正法寺は高野山古義真言宗（御室派）で境内に鎮守として石鉄権現を祀る。一方、西側の前神寺と横峯寺は石仙《しゃくせん》、東側の正法寺は上仙、石中寺は峰仙《ほうせん》を開基とする。瓶ヶ森の信仰が衰退して石鎚山への信仰が優勢になり、修験化に伴い役行者の開山に統合されていったとみられる。

西条平野を潤す加茂川は、石鎚山を水源とする二つの川、西之川と東之川が河口で合流し、北流して里前神寺《さとまえがみじ》の近くに至り、東流して瓶ヶ森・笹ヶ峰からの水系を合わせて伊曽乃《いその》神社（西条市中野）の脇を通って瀬戸内海に注ぐ。海岸に近い伊曽乃神社は『延喜式《えんぎしき》』に名神大社と記される古社で、石鎚山と深い関係がある。

伝説によれば、昔、石鎚の神と伊曽乃の神は夫婦であった。ある日、石鎚の神が石鎚山に登ることになったが、伊曽乃の神は女人禁制のため一緒に行くことはできない。石鎚の神は自分が山頂についたら必ず石を投げるので、石の落ちた場所に宮居を建てて住むようにと指示し、約束の「石鎚さんの投げ石」が現在の神社の参道入口付近に残っている。伊曽乃神社は石鎚山を真正面に拝む位置にある。西の石鎚山と東の瓶ヶ森を主峰とする石鎚連峰は、西条平野の水分《みくまり》の山であった。降雨量の少ない瀬戸内海沿岸にあって、水量豊かな河川に恵まれ、各所に湧水が噴き出す西条平野は農業の適地であった。農耕民にとって大切な水を司《つかさど》る山々が、篤《あつ》い信仰対象となったのは自然なことであった。

空海と光定

石鎚山は仙人や聖《ひじり》たちの修行道場として知られていたが、高僧の空海《くうかい》(七七四~八三五)や光定《こうじょう》(七七九~八五八)も若き日に修行したと伝える。空海は『三教指帰《さんごうしいき》』(延暦《えんりゃく》一六年〔七九七〕)巻下で、「或《あ》るときは金巌《きんがん》に登って雪に遇《お》うて坎壈《かんらん》たり。或るときは石峯に跨《また》って粮《かて》を絶って轗軻《かんか》たり」(あるときは金巌に登り雪に遭って困窮した。あるときは石峯を踏破して断食の苦行をした)と記し、草稿本の『聾瞽指帰《ろうこしいき》』には「石峯」に「伊志都知能太気《いしっちのたけ》」と訓注をつけ「石峯」は石鎚山とみられる。文中の「金巌」は伊予喜多郡《いよきた》の金山出石寺《きんざんしゅっせきじ》と推定されるが、吉野の金峯山《きんぶせん》の説もある。空海は讃岐多度郡《さぬきたど》に生まれ、都に上って一八歳で大学寮に入り学問を修めたが、学業を放擲《ほうてき》して一〇年にわたる山林修行に入った。虚空蔵求聞持法《こくうぞうぐもんじほう》（無限の記憶と智慧《ちえ》を会得すること）の奥義を求めて、吉野山や高野山を経巡り、四国に渡り阿波《あわ》の大滝嶽《たいりょうのたけ》に登り、土佐の室戸崎《むろとざき》で修行し、石鎚山を踏破したと推定されている。空海の思想の根底には山岳修行で体得した自然との一体感や心身変容の体験があり、密教の教理で体系化した。室戸崎の洞窟で虚空蔵菩薩の真言を唱え続けていると、明星が口の中に飛び込んで行法を成就したという（『御遺告《ごゆいごう》』）。この体験は宇宙との感応を伝える。

天台宗の高僧として名高い光定は、石鎚山で修行したとされている。伊予国風早郡《かざはや》菅沢《すげざわ》（現・松山市）に生まれ、のちに比叡山《ひえいざん》第三世の法燈を継いだ。光定は幼少時に父母を失い、山林に隠遁《いんとん》して修行した後に、最澄《さいちょう》に師事して事業を助け、師の死後に再び山に入ったとされる。石鎚山での修行の確証はないが、横峯寺の縁起では光定が同寺開基の石仙について修行し、第二世になったとある（秋山一九六三）。真言宗や天台宗の形成基盤には山岳信仰があり、石鎚信仰は四国において大きな役割を果たしたといえる。

平安時代後期には石鎚山は山の霊験所として都に知られていた。後白河《ごしらかわ》法皇撰『梁塵秘抄《りょうじんひしょう》』（治承《じしょう》四年〔一一八〇〕頃）には、「聖《ひじり》の住所はどこどこぞ、大峯・葛城《かつらぎ》、いとのつち、箕面《みのう》よ、勝尾《かちう》よ、播磨《はりま》の書写山《しょしゃざん》、南は熊野の那智新宮《なちしんぐう》」と歌われている。「いとのつち」はイシノツチ（石鎚）で、石鎚山は聖が修行する山の霊地として、大和の大峯山や葛城山、熊野新宮などと並び称されていた。石鎚山は熊野権現と密接な関係があった。「熊野権現御垂跡縁起《くまのごんげんごすいじゃくえんぎ》」（『長寛勘文《ちょうかんかんもん》』長寛元年〔一一六三〕所載）は、唐の天台山《てんだいさん》の王子が日本に来て、九州の日子山《ひこさん》（彦山）から、「伊予の国の石鉄の峯に渡りたまふ」とあり、さらに淡路諭鶴羽山《あわじゆづるはさん》、紀伊切目山《きりめやま》、熊野新宮の神蔵峯《かんのくらのみね》、阿須賀《あすか》社北の石淵谷《いしぶちだに》、最後は熊野本宮の大湯原《おおゆのはら》に垂迹したと説く。平安末期に石鎚山に熊野権現が勧請《かんじょう》された可能性が高い。大峯山の影響で蔵王権現も勧請され、山上の「石の霊」と習合して石鉄蔵王権現として祀られた。熊野信仰は地方へと広がり、各地の山岳信仰を新たに意味づけ直していった。

役行者とその周辺

石鎚山には役行者《えんのぎょうじゃ》の後の五代目にあたる芳元《ほうげん》の開山伝承が伝わり、修験の浸透がある。文献上の初出は『諸山縁起《しょざんえんぎ》』（鎌倉時代初期）で、「伊与の芳元」「持経者《じきょうしゃ》」（法華経の信者）と記す。役行者の弟子の系譜は、『深仙灌頂系譜《じんぜんかんじょうけいふ》』（江戸時代末期）によれば、義学《ぎがく》、義元《ぎげん》、義真《ぎしん》、寿元《じゅげん》、芳元《ほうげん》、助音《じょいん》、黒珍《こくちん》で、各々が葛城山《かつらぎさん》、吉野山大峯山、摂津箕面山《せっつみのおさん》、彦山、石鎚山、譲葉峰《ゆずるは》、羽黒山《はぐろさん》に熊野権現を勧請したとされ、芳元は石鎚山にあてられた。彦山・

石鎚山・譲葉峰の序列は「熊野権現御垂迹縁起」と同じで、熊野の縁起が基盤にあったと推定される。芳元は『深仙灌頂系譜』には養老《ようろう》四年（七二〇）に讃岐に生まれ、天平勝宝《てんぴょうしょうほう》五年（七五三）に大峯山で修行して『大峯縁起《おおみねえんぎ》』を相伝し、「伊予国石撮峰」に熊野権現を勧請して、弘仁七年（八一六）に九七歳で没したと記す。伝承に留まるが、地方出身の行者が役行者以来の中央の修験の系譜に連なって開山に至った可能性はある。

役行者の開山伝承は鎌倉時代に各地の山々に広まる。愚勧住信《ぐかんじゅうしん》編の『私聚百因縁集《しじゅひゃくいんねんしゅう》』巻八「役行者事」（正嘉《しょうか》元年〔一二五七〕）に、「山臥《さんが》の行導尋源《ぎょうどうじんげん》皆役行者の始て振舞《ふるまい》しより起れり」とあり、役行者が修験道の祖に祀り上げられていった。一方、大峯山の熊野信仰は確実に地方へ伝播《でんぱ》した。『延喜式』に記載がある水主《みずし》神社（香川県大川郡大内町、現・東香川市）には、元々石鎚にあった大般若経《だいはんにゃきょう》六百巻が永延《えいえん》元年（九八七）に運ばれたと伝える。経筥《きょうはこ》には「石鎚社所奉安置御経也」とあり、元は石鎚社の宝物であったと記す。この経巻は天平時代の古写経で、石鎚山がいかに重要視されていたかがわかる。大般若経は水主神社の別当寺の大水寺《だいすいじ》（旧・神宮寺）に保管してあったが、明治の神仏分離に際して神社の管轄に移された。水主神社には増吽《ぞううん》僧正の勧請と伝えられる熊野三社が本殿の左右に祀られ、周囲の山が本宮・新宮・那智の熊野三山に見立てられている。石鎚の開山と熊野信仰が深く関わっていたことが推定される。

星ヶ森から望む石鎚山（写真：浅川泰宏）

四国霊場の札所でも修験の影響が強い所には役行者の伝承が浸透している。第二〇番鶴林寺《かくりんじ》（徳島県勝浦《かつうら》郡勝浦町）や第三八番金剛福寺《こんごうふくじ》（高知県土佐清水《とさしみず》市）には役行者堂がある。石鎚山中では、第六〇番石鉄山横峯寺は白雉《はくち》二年（六五一）の役行者の開基と伝え、役行者が石鎚山の星ヶ森で修行中、山頂付近に蔵王権現が現れ、その姿をシャクナゲの木に彫って、小堂を建てて安置したのが創建とされる。延暦《えんりゃく》年間（七八二～八〇六）には石仙《しゃくせん》が、桓武《かんむ》天皇の脳病平癒を成就したので金幣《きんぺい》と菩薩の称号を賜り、石仙は脳病に霊験あらたかな菩薩として信仰されたと伝える。弘法大師《こうぼうだいし》は大同《だいどう》年間（八〇六～八一〇）に星ヶ森で厄除星供《やくよけほしく》の修法を行って後、石鎚山に登って二一日間の修行をすると、蔵王権現が現れたので、大師は大日如来を刻んで本尊とし、堂宇《どうう》を整備して霊場としたという。星ヶ森は石鎚山の遥拝所《ようはいじょ》で、登拝道はここを通過する。本尊は大日如来、右脇侍《みぎわきじ》に石仙菩薩、左脇侍に蔵王権現を祀る。

第六四番の石鉄山前神寺は役行者の開基とされ、天武《てんむ》天皇五年（六七七）に、役行者が石鎚山で修行中に釈迦如来と阿弥陀如来が衆生《しゅじょう》の苦しみの救済のために蔵王権現となって現れたのを感得し、その尊像を彫って安置して祀ったという。その後、桓武天皇が病気平癒を祈願して成就したので七堂伽藍を建立し金色院前神寺とした。弘法大師も登拝して断食行や護摩行、虚空蔵求聞持法《こくうぞうぐもんじほう》を修して霊場に定めたとされる。横峯寺と前神寺の開基伝承は類似していて、石仙・役行者・弘法大師、桓武天皇などが登場する。その経過をみると、神仙思想から脱却して、修験と民間信仰へと範囲が拡大していった様相がみて取れる。

前神寺の隆盛

石鎚山は江戸時代までは前神寺が石鎚山頂に祀られていた石鉄蔵王権現《いしづちざおうごんげん》の別当寺として全山を支配していた。現在の石鎚神社本社の位置に里前神寺《さとまえがみじ》、中腹の修験の根拠地、常住《じょうじゅう》には奥前神寺《おくまえがみじ》があった。石鎚大権現や石土山大権現ともいう。山頂の弥山の名称は仏教の世界観の須弥山《しゅみせん》に由来し、世界の中心にある山を意味する。大峯山の中央にも弥山があり、各地に弥山の地名が点在する。国ごとの代表的な山を大峯山に倣って国御嶽《くにみたけ》とした時に中心となる山が弥山と名づけられたのである。石鎚山は前神寺を中心として修験の山に発展した。

前神寺が石鎚信仰の支配権を掌握したのは鎌倉時代以降と推測されている。七里四方の寺領を有したと伝えられ、桓武天皇が病気平癒を祈願し成就して以来朝廷の崇敬が篤く、文徳《もんとく》天皇・高倉《たかくら》天皇・崇徳《すとく》天皇・後醍醐《ごだいご》天皇などが帰依して仏像や経巻を奉納し、諸堂の修復や増築を行った。興国《こうこく》三年（一三四二、南朝年号）には後村上《ごむらかみ》天皇が朝敵退散の祈願のために勅使を遣わした。武家としては天正《てんしょう》年間に河野通直《こうのみちなお》、村上通聴が社領を寄進した。天正一四年（一五八六）に伊予の領主となった福島正則《ふくしままさのり》は常住で参籠したとされている。慶長《けいちょう》一五年（一六一〇）に豊臣秀頼《ひでより》が常住の神殿を造営した。明暦《めいれき》三年（一六五七）に西条藩第三代藩主の一柳直興《ひとつやなぎなおおき》が仏殿を建立した。寛文《かんぶん》一〇年（一六七〇）以降、西条藩主松平家の祈願寺になって庇護《ひご》を受け、境内に東照宮《とうしょうぐう》（現・西条神社）を祀るなど寺運は隆盛をきわめた。寺紋として三つ葉葵《あおい》の使用が許されていた。徳川家との関係は深く、将軍の厄除《やくよ》け祈禱《きとう》が行われている。小松藩主の信仰も篤く、宝物の奉納、寺院の修理や増築が行われた。

一般の民衆の石鎚登拝は江戸時代中期以降で、「お山講《やまこう》」と呼ばれる講中の拠点は二つの別当寺、前神寺（西条藩）と横峯寺（小松藩）であったが、前神寺が精力的に講中の組織化を進めた。この二寺は四国霊場の札所で、前神寺は第六四番、横峯寺は第六〇番であり、四国八十八ヶ所をめぐる遍路を介して、石鎚信仰は民衆の間に広まったと見られる。遍路が盛んになったのは、真念《しんねん》の『四国邊路道指南《しこくへんろみちしるべ》』（貞享《じょうきょう》四年〔一六八七〕）刊行以後で、延宝《えんぽう》年間（一六七三～一六八一）の石鎚信仰の講の生成時期と重なる。巡礼や山岳登拝の民衆化の基盤には貨幣経済の浸透に伴う民衆の経済的上昇があった。

明治の神仏分離に伴い、前神寺は明治八年（一八七五）に寺領を没収されて廃寺となり、跡地は石鉄神社が継承した。前神寺の住職は横峯寺の住職ともに還俗《げんぞく》して神職になった。しかし、前神寺は、明治一一年（一八七八）に末寺の医王院《いおういん》（西条市洲之内《すのうち》）の土地に前上寺《まえがみじ》として再建され、明治二二年（一八八九）には前神寺の旧称に戻して再興を遂げた。昭和二三年（一九四八）に真言宗御室派から離脱して、真言宗石鉄《いしづち》派総本山として独立した。本尊は阿弥陀如来、境内には大師堂、金毘羅《こんぴら》堂、お滝不動、薬師堂、石鉄権現堂などがある。前神寺のご詠歌は「前は神　後ろは仏　極楽の　よろずの罪を　くだく石鉄」である。石鎚山は登拝で罪障消滅をして阿弥陀の極楽浄土に到達する願いをこめた。熊野信仰や大峯修験の影響は大きい。前神寺は現在でも石鎚修験の根拠地で、伝統は変貌しながらも継承されてきた。

石鎚神社の成立

明治に入り、石鎚山では神仏分離政策に基づいて、祀られている蔵王権現像の取り調べが行われた結果、明治三年（一八七〇）に別当前神寺を領内にもつ西条藩は仏体として、横峯寺を領内にもつ小松藩は神として政府に届け出た。同年に神祇官《じんぎかん》の裁定が下って、正式に権現号が廃止され、明治四年四月五日に祭神を石土毘古命《いわつちひこのみこと》とする石鉄《いしづち》神社が創建されて、同年七月四日に県社の社格が与えられた。明治六年には横峯寺を廃して西遥拝所、明治八年には前神寺を廃して東遥拝所とし、寺域はすべて神社の所有となった。中腹の奥前神寺は成就社《じょうじゅしゃ》に改められ、寺の土地は社地となった。石鉄神社の名称は明治三五年（一九〇二）に石鎚神社に変更された。明治四一年（一九〇八）には東遥拝所を口之宮《くちのみや》に併合した。横峯寺は神社の西遥拝所横峯社となっていたが、明治四二年に横峯寺として再興された。

石鎚神社は明治四五年（一九一二）以降、各地に崇敬講《すうけいこう》を組織して、財政の再建に着手し、社殿の修復と新築を行って徐々に隆盛に向かった。従来の講は、崇敬講への加入と未加入に二分され、村の中に埋もれた講も多かった。昭和二一年（一九四六）に「石鎚教教派総本社」を設立して神社本庁に属し、別表神社に列せられた。昭和二四年（一九四九）に独立宗派「石鎚本教《いしづちほんきょう》」を創立して、教師免状の発行や教会設立の便宜を図り、神社の傘下で加持祈禱を行うなど神仏混淆《こんこう》を維持している。中腹の成就社は明治以降、再三にわたって焼失と再建を繰り返した。明治二二年（一八八九）の火事で社殿と宝物が焼失し、明治二六年（一八九三）年に本殿再建、明治三三年（一九〇〇）年に社殿が再建された。昭和五五年（一九八〇）年に全焼し、昭和五七年には復興して現在に至る。石鎚山の信者数は全国で三〇万人を超え、海外にも広まった。

現在の神社は、山麓の西条市西田《にしだ》に鎮座の石鎚神社本社、中腹にある常住の成就社、弥山山頂の頂上社の三社から構成され、総称を石鎚神社とする。昭和四五年（一九七〇）石鎚スカイラインの開通に伴って、昭和四六年に土小屋遥拝殿が終点に創建され（標高一四九五メートル）、石鎚神社は四社の構成になった。石鎚信仰の基本は、本宮―中宮―奥宮の体制である。祭神は石土毘古命《いわつちひこのみこと》で、石鎚大神《いしづちおおかみ》ともいう。『古事記』によれば伊邪那岐命《いざなぎのみこと》・伊邪那美《いざなみの》命《みこと》の第二の御子とされる。祭神は石土毘古命一神であるが、三つの御神徳を表すために「玉持《たまもち》」（和魂《にぎみたま》）、「鏡持《かがみもち》」（奇魂《くしみたま》）、「剣持《つるぎもち》」（荒魂《あらみたま》）の御神像を祀り、各々が「仁・智・勇」の御神徳を表すという。『西条誌』巻一二には山頂に「蔵王権現三体を安す」とあり、現在の御神像三体に変わった。七月一日のお山開きには頂上に担ぎ上げられ、七月一〇日まで頂上に安置され、信者が御神像に触れる拝戴《はいたい》の儀で賑《にぎ》わう。

明治三年に創建された石鉄《いしづち》神社は石土毘古命を祭神とした。この神名は、『延喜式』の土佐国に記載の石土《いわつち》神社の祭神、石土毘古神《いわつちひこのかみ》に由来する。新たな神社建立に際して、石鎚山の神を式内社記載の神と同定して権威維持を図った。石土毘古命は『古事記』に遡り、蔵王権現に代わる権威を持った神として登場した。『延喜式』と『古事記』を根拠に古代の神に復帰したという主張である。江戸時代は石鉄山の表記が多いが、石土山とも書くので、「いしづち」と「いわつち」を同一視した。そもそも石鎚山の祭神を『延喜式』の石土毘古神に同定する主張は、幕末期の国学者の半井《なからい》悟庵《ごあん》編『愛媛面影《えひめのおもかげ》』巻一「伊与の高嶺」条（明治二年〔一八六九〕）に引く「土佐高明志」が初出である。愛媛の名称も『古事記』の「伊予国を愛比売《えひめ》と謂《い》ふ」を根拠にして登場し、明治六年（一八七三）年に愛媛県が発足した。いずれも復古神道の強い影響下の「創《つく》られた伝統」である。

石鎚山は徳川将軍家との結びつきが強く、そのために明治の王政復古によって、政治の力学が反転し、石鎚信仰も連動して強引に捻《ね》じ曲げられてしまったのである。

お山開きの歴史

石鎚山が一年のうちで最も賑わうのは七月一日から七月一〇日までの夏の大祭で、「お山開き」、正式には「夏山開き大祭」と称している。多くの信者が山に登拝して賑わうので「お山市」とも呼ばれる。現在の一〇日間の日程は大正九年（一九二〇）以降に決まった。江戸時代までは前神寺がすべてを差配し、日程も旧暦六月朔日《ついたち》から三日までであった。

古い記録としては寂本《じゃくほん》の『四国偏礼霊場記《しこくへんろれいじょうき》』（一六八九）に「春冬は雪堆氷柱《ゆきつもりこおりはしら》にて、路通せず。六月朔日《ついたち》より三日まで登る。富士山に登るに異ならず。夜中続松《ついまつ》を燃し、二里の間に真言或《あるい》は弥陀の名号《みょうごう》を唱ふ」とある。当時、江戸では富士講が徐々に大きくなっていく時代でその情報があったのかもしれない。現世利益と欣求《ごんぐ》浄土の願いをこめた。『花橘《はなたちばな》』（正徳《しょうとく》三年〔一七一三〕）が引く伊予の俳人、坂上羨鳥《さかうえせんちょう》の俳書に「伊予の高根の雪の夕くれとなむ読し。石鉄山蔵王権現、本寺弥陀尊、役優婆塞《えんのうばそく》開起金峯山同躰の密場。山高ふして日近し。秋冬残雪深く、年毎水無月《みなつき》朔日三日参詣の定日也」とあり、役行者開基の吉野の金峯山と同じで秘密の道場と述べる。

『西条誌』（一八四二）は「石鉄山門明の祭礼と云《いう》は、奥は三月朔日より三日まで、里は三月朔日より十五日まで祭礼也。右門明には三月朔日より前神寺幷《ならび》に先達実相院《せんだつじっそういん》登山、常住山神殿に於《おい》て祭式執行。六月祭礼は、五月二十五日より六月三日まで也。五月二十四日より別当《べっとう》幷諸先達《しょせんだつ》登山」とあり、三月に奥と里の祭、五月・六月に山上の祭があった。登拝者数は、『小松藩会所日記』（安政《あんせい》四年〔一八五七〕）六月三日の条に、「石鉄祭礼」として「参詣人夥敷《はなはだしく》、先は廿《にじゅう》ヶ年参詣と相唱候《あいとなえそうろうよし》由。五月廿五日四千五十人、其《その》前後千人或は千五百人位、朔日二百人計《ばかり》、大凡一万二千五十人もこれあり。廿三日前にも少し登候趣《のぼりそうろうおもむき》、横峯寺も別条なく珍敷参詣人《めずらしきさんけいにん》の趣、委細承之」と記し多くの参詣者があり、江戸時代後期には隆盛をきわめた。西条藩は祭礼には藩士を派遣して警戒にあたらせた。

神仏分離以前、前神寺では旧五月晦日《みそか》に権現像三体を唐櫃《からびつ》に納め、信者の奉仕で常住の奥前神寺に遷し、六月朔日の朝は「お上り」で、鎖禅定を経て、最後に弥山に奉安した。奉遷《ほうせん》は道中奉行の差配によるが、石鉄山の御用会符《えふ》一号を所持する伊藤家（天徳院）の世襲で、土佐の信者の供奉が古式の慣例であった。「会符」とは信者の階級制度で免許証でもあるが、若い番号ほど権威がある。山頂の御神像拝戴では「若番で来い」と古会符を提示されれば、先客といえどもその信徒講中に御神像の権利を譲らなければならなかった。昔は「権衆《ごんしゅう》来たぞよ」と言いつつ拝戴する慣行だった。「権衆」とは石鎚大権現信徒衆の意味で、同信者意識を表す。黒川の宿で馴染《なじ》みの講中が到着して宿主と再会した場合にも発せられ、先達と宿主が健在と再会を祝福し合った。講中の相互の連帯意識の強さがわかる。弥山から権現像を里前神寺に遷す「お下り」では、里の山門に到着すると、長い参道に信者は土下座して「走り込み」を待ち、仏像を納めた唐櫃が信者の頭上を通過する時に、信者は一様に合掌して念仏を唱え、随喜の涙を流したという（『愛媛県史　民俗下』一九八四）。

女人禁制と山中の修行

明治の神仏分離で「お山開き」は石鉄《いしづち》神社（現在の石鎚神社）の主宰に変わり、大きく変貌した。石鎚山は女人禁制で、二本の表参道のうち、黒川道は「女人還《にょにんがえり》の行者堂」、今宮道は「矢倉の女人返し」が女人結界であった。明治五年（一八七二）の太政官《だじょうかん》布告で女人結界は解除になったが、石鎚山はお山開きの期間は女人の登拝は許さなかった。昭和二一年

（一九四六）に宮司の武智盛一郎は神社関係の役員を集め大激論の末に四分の三の賛成を得て、女人禁制の解除を決定した。当面は七月一日から五日までを禁制として中日以降を解禁とした。しかし、女性信者の要求の高まりを受けて昭和三六年（一九六一）には七月二日まで、昭和五七年（一九八二）からは七月一日のみの女人禁制となり、現在も継続している。信者の中には女性も多く全面解禁を求める声は続いている。

石鎚山の聖域は七里四方といわれた。山麓の本社から頂上社の間には眷属《けんぞく》にあたる三十六王子が、古木や岩石、小祠《しょうし》や石仏を拝所として祀られている。成就社から頂上までの間は特別の浄域で穢《けが》れを厳格に忌避した。成就社から、八丁坂《はっちょうざか》、禅定ヶ森《ぜんじょうがもり》（前社ヶ森）、夜明《よあかし》峠、一の鎖とたどる。八丁坂は「走り込み八丁」といい素早く抜け、禅定ヶ森は「無言の禅定」で無言の行が要求された。一の鎖の元では新しい草鞋《わらじ》に履き替え、古い草鞋の山ができていたという。ここから頂上までは特別に神聖視されていたのである。お山掛けした草鞋は、しらくも（白癬《はくせん》）、水虫、吹き出物、ホロセ（蕁麻疹《じんましん》）に効果があるとか、草履で患部をさすれば治る、草鞋をばらして稲田にまくと害虫除けになり米がよく稔る、家の門口に挿《さ》せば悪病災難除けになるといわれ、山の霊力をたっぷりと吸ったことで呪的効果が発揮されると信じられていた。

鎖禅定は危険に晒《さら》される修行であり、登拝者に試練を与える。念仏を唱え六根《ろっこん》を清め、危険な試練に挑む。この試練を乗り越えることで、弥勒の「都率《とそつ》の内院」、阿弥陀の「極楽浄土」「九品《くほん》の浄土」に到達した。前神寺の御詠歌「ありがたや鉄の鎖にとりつきて　弥陀の浄土へ往くぞうれしき」、極楽寺の御詠歌「石鎚の峰にのぼれば極楽の　祈り祈らん九品の浄土」は登拝の真髄を伝える。

山開きで鎖場を登る（写真：読売新聞社）

また、オハライ銭の風習があり、登拝者は登拝の前には海辺で潮垢離《しおごり》を取り、併せて賽銭《さいせん》も清めた。昔は黒川道では「行者堂」、つまり女人結界から上で便意を催した際は、紙を敷いてその上に用便し、終われば白紙をかぶせて銭一文を供える慣習になっていたという。山の浄域を穢したことにたいする贖《あなが》いがなされたのである。

頂上にノゾキ（覗）の岩場がある。現在は行われていないが、初山《はつやま》、つまり一五歳の初登拝者には岩壁上から吊《つる》るされて懺悔《ざんげ》させる試練が課された。『西条誌』には「山の張り出たる端《はし》に大石横たはる。その石の傍より見下せば千尋《せんじん》の谷なり。目眩《めまばゆ》きて身危うく魂飛びて股慄《ふる》う。攀《のぼる》べき枝なく、とるべき蔦蔓《つたかずら》もなし。見たき情と恐しき意と相半ばして一進一退躊躇《ちゅうちょ》頻《しき》りなり。故に此処《ここ》業場《ぎょうば》となりて遠国より来りたる道者の内、度数《どすう》なりて先達と称《とな》ふる頭のもの、初登の若き道者《どうしゃ》を苧縄《おなわ》にて縛り、此の谷に釣《つり》さげ、是《これ》までの隠悪を懺悔せしめ、心を改め、行いを新にせんと誓はしめ、しかして後引上げて縛《しばり》を解くといふ。野人等の為《ため》には手近き戒めなり」と記されている。何度も山で修行した先達が「親に孝行するか」「言うことを聞くか」「嘘《うそ》は言わぬか」などと絶壁上から問いつめて誓約させる。

同じ行は現在では大峯山の山上《さんじょう》ヶ岳《がだけ》の西のノゾキで行われている。死と再生の試練を経て、一人前の大人になることが社会的に承認された。いわゆるイニシエーションである。石鎚山麓、特に道後では石鎚登拝と四国遍路の体験が男一人前の前提条件であった。四国遍路の体験は広く世間を知って見聞を広める自己拡大へ向かい、山岳登拝は自己の内面に浸透して人間の成長を遂げる効果をもたらしたといえる。

現在のお山開き

お山開きの行事は前日の六月三〇日に始まる。西条市の本社（口之宮《くちのみや》）で午前八時に神輿《みこし》出御祭《しゅつぎょさい》が行われ、知・仁・勇の神徳を表すとされる金銅製の御神像三体が神輿に載せられて、旧大保木《おおふき》村（現・西条市）と旧石鎚村（現・小松町、旧・千足山《せんぞくやま》村）の氏子に担がれ午前九時に出御して、常住にある成就社（中之宮）に向かう。尾土居《おどい》・一之鳥居・極楽寺・大元神社・河口《こうぐち》など道中の御旅所では待ち受けていた信者が神輿の下を潜《くぐ》って無病息災を祈る。山麓の河口から成就社までは昭和四三年（一九六八）に開通したロープウェイを利用する。現在は今宮と黒川の参詣道は使われなくなった。登拝者の季節宿として賑わいをみせた今宮集落は廃村、黒川集落は過疎の村である。成就社には午後二時頃に着御《ちゃくぎょ》する。

七月一日は「お上り」で、午前六時三〇分に御神像成就社出御祭があり、信者の代表三人が、それぞれ三体の御神像を背負い、午前七時から一五分毎に一番、二番、三番と出御していく。白装束の信者が、法螺貝《ほらがい》の音に導かれ、念仏を唱和して登ってゆく。特に鎖禅定の行場では「六根清浄、ナンマイダンボ」を唱えつつ登る。登拝者のすれ違いでは「お上りさん」「お下りさん」と声をかけ道を譲り合って往来する。頂上社（奥之宮）に着御し、午前一〇時に本社・成就社・頂上社・土小屋遥拝殿の四社で一斉に初日祭が行われる。頂上社に登拝した信者は、御拝戴で御神像を身体に押し当てて神徳を授かり、無病息災を祈る。昔は神像を奪い合う荒っぽい行事であったという。

五日午前一〇時には四社で中日祭、七日に成就社で当病平癒祈願祭が行われる。一〇日は午前一〇時に終了祭、続いて一一時に御神像出御祭が行われ、「お下り」の神事となる。正午に頂上社を出御し、午後二時ころ神像が成就社に着御して信者から熱狂的に迎え入れられる。ここで一夜を明かし、一一日午前七時に御神像を載せた神輿の出御祭があり、同九時に出御して正午ころ本社に還宮《かんぐう》する。本社では恒例の御神体拝戴が老人・子ども・祈願者に対して行われ、境内は大勢の白衣の信者で賑わいをみせる。お山開きの人出は最盛期には一〇万人を超えたとされるが、信者の高齢化に伴い減少傾向にある。最近は西条祭と並ぶ観光行事として宣伝され、信仰よりも地域イベントとしての性格を強めている。

神社とは別に前神寺もお山開きを行っている。毎年の六月三〇日午前七時から、「石鉄山お山開き」の開白の柴燈護摩《さいとうごま》を厳修し、蔵王権現像三体が唐櫃《からびつ》に納められて御出座する。黒《くろ》瀬《せ》峠を越えて、ロープウェイの下谷《しもだに》駅にきて、安全祈願護摩厳修の後、ロープウェイ山頂の奥前神寺に向かい、内部に安置される。一〇日間の大祭終了後の七月一一日は下山日で、前神寺に還座《かんざ》し、結願柴燈護摩を厳修する。この期間を夏山入峰《なつやまにゅうぶ》という。五月にも春山入峰が行われる。毎月二〇日が権現様縁日で、石鉄権現堂の三体の蔵王権現像が御開帳され、信者の身体の患部にあてて病気平癒を祈願する。

石中寺《せきちゅうじ》（今治市清水）は寺伝では大宝元年（七〇一）役行者《えんのぎょうじゃ》開基と伝え、本尊は石土蔵王権現である。『石中寺縁起《せきちゅうじえんぎ》』によれば、瓶ヶ森に関して「男子は男山《おやま》（劒石）で権現を拝み、女人は女山《めやま》で権現を拝み、子持権現では身を潔《きよ》めて、心の垢《あか》を拭い精進して権現を拝み、天・地・人と一体になって利益成就、衆生済度をする」と、瓶ヶ森の男山と女山を夫婦、子権現山を子どもとする独自の解釈が施されている。石中寺は瓶ヶ森の別当寺と称し、石鎚山と同様にお山開きの七月一日には蔵王権現像を瓶ヶ森に担ぎ上げる。瓶ヶ森は石土蔵王権現と表記して、石鎚山の石鉄蔵王権現と区別する。石中寺は天台宗寺門派であったが、昭和二九年（一九五四）に独立して石土《いしづち》宗総本山となった。

神仏分離によってお山開きの形態も変化したが、神仏混淆を維持して、一般民衆の願いに応えて継続してきた。民衆側の担い手になったのは各地に展開した講中であった。

道者の精進と禁忌

石鎚山への登拝者は「道者《どうしゃ》」と呼ばれ、白衣《びゃくえ》（お山襦袢《やまじゅばん》）・脚絆《きゃはん》・手甲《てっこう》・白鉢巻《しろはちまき》を身に着け、錫杖《しゃくじょう》を持ち、鈴鐸《れいたく》・綱・草鞋《わらじ》を腰に吊す。お山開きではこうした昔からの装束で登る人が多い。道者は一般に七日間の精進潔斎が求められた。海や川などで水垢離《みずごり》を取り、魚肉を断ち、蚤《のみ》や蚊の殺生もしない。どんなに遠くても、最後は必ず海岸で潮垢離を取り、海藻を持ち帰り、登拝の賽銭を清める。精進潔斎して登拝しないと、不浄者は山の天狗《てんぐ》に放擲《ほうてき》されると信じられていた。各地の報告をいくつか紹介する（『愛媛県史　民俗下』一九八四）。

八幡浜《やわたはま》市川上《かわかみ》地区では、氏神の社殿に籠って別火《べっか》生活をして七日間の垢離を取り、夜半に出発して途中婦女子に会わぬように心がけた。登拝中は家族の者も精進潔斎して漁業は休業し、もし万一組内や親類に不幸があってもお山参りから戻るまでは弔問もしなかった。温泉《おんせん》郡重信町《しげのぶちょう》（現・東温《とうおん》市）では家の門口に門注連《かどしめ》を立て、殺生不浄を禁じた。海に出向いて潮垢離を取り、海藻を持ち帰って門注連につけた。

越智《おち》郡波方町《なみかたちょう》小部《おべ》地区（現・今治市）は一五歳で初山を踏む風習があり、二一日間の行をした。座敷口の土間に白砂を敷き、門注連を立てて座敷に籠り、竈《かまど》を構えて別火し、食事ごとに一日三回の潮垢離をとった。登拝のとき米粉製の焼餅を作って携行する慣《なら》わしで、それも潮で清めていた。留守中も家族の誰かが代って精進潔斎を続行し、昼寝もせずにひたすら無事の帰参を念ずる。

門注連を登拝中の頃合いを見て、少し抜きかけにする風があった。これを越智郡玉川町《たまがわちょう》（現・今治市）ではアシヤスメ（足休め）と称した。こうすると当人の足が軽くなるという。東予《とうよ》市河原津《かわらづ》（現・西条市）ではお山参りから戻ると直ちに注連縄を除く。そうすれば足の疲れがとれるという。また登拝中の豆煎《まめい》りは足に豆ができるというので忌《い》んだ。髪をすくと、殺生することは禁忌で、玉川町木地《きじ》では、糸針や臼《うす》の使用も禁じていた。

登拝に関わる間、月経時の女性を禁忌として隔離したり別火の生活をさせる習俗があった。西宇和郡《にしうわぐん》三崎町《みさきちょう》（現・伊方町《いかたちょう》）では、登拝中に妻が月経になると実家に帰って起居し、昼間の農作業だけ実家から通って来て従事した。月経時の女性が籠る月経小屋をヒマヤ・ベツヤといい、石鎚山の周囲の村には大正時代まで各家にヒマヤがあったという。しかし、お山開きには石鎚道者の民宿（季節宿）になるので、黒川集落では、生理中の女性は隣の有永《ありなが》集落のヒマヤ岩屋（共同ヒマヤ）に籠る。月経に関する禁忌や、月経小屋の習俗は、石鎚山が特別の浄域として神聖視され、その清浄さを保つための習俗であったが、現在は消滅した。

女性の生理を赤不浄、出産を白不浄として、神事や聖地から一定期間、遠ざける習俗は各地に残るが（『日本産育習俗資料集成』一九七五）、現在では柔軟に解釈されるようになった。死の穢れである黒不浄は現在も強く意識されている。山岳登拝は儀礼であり、禁忌によって成り立つ。石鎚山のお山開きの行事の間、七月一日だけは女人禁制を守るという強固な意志は、山岳信仰のコスモロジーを維持したいという願いがあるからである。穢れや不浄の概念は、仏教や神道の教理と融合して時代ごとに変遷を遂げ、山岳信仰の世界観を構成する原理として強固に継続されてきた。

石鎚講

石鎚信仰を支える組織は石鎚講《いしづちこう》である。一般には「お山講」と呼ばれ、先達が道者を率いて登拝した。史料上での初見は、成就社境内の灯籠の銘の「宝暦《ほうれき》九年（一七五九）新居《にい》郡講中」で、次いでは、石鎚神社の石鳥居の銘で「施主野間《のま》郡菊間《きくま》講中」とあり、宝暦一二年（一七六二）と刻まれ、宝暦年間（一七五一〜一七六四）ころには講の活動が活発化してきた。『石鉄山先達所惣名帳《いしづちさんせんだつのしょそうみょうちょう》』（明和《めいわ》六年（一七六九）、前神寺蔵）によれば延宝四年（一六七六）から明和五年（一七六八）までの間に活躍した先達として道後四三名、道前二二名が挙げられている。石鎚講の成立はこの史料を根拠に延宝年間（一六七三〜一六八一）からと推定される。安永《あんえい》四年（一七七五）に三津ヶ浜《みつがはま》（松山市）の木地屋市左衛門が鎖の寄進の功を求められて、石鎚講先達会符《えふ》第一号の交付を受け、福角《ふくずみ》村の勇八が安永五年に講頭《こうがしら》に任ぜられたという。また、安永八年（一七七九）の『石鎚山弥山鎖禅定筋之覚《いしづちさんみせんくさりぜんじょうすじのおぼえ》』には、お山開きの時に各講中に勧進帳《かんじんちょう》を回して資金集めをして翌年に作り変えたと記され、「予州《よしゅう》松山城下幷道後七郡及諸国当山信心講中《しんじんこうじゅう》」が施主とあり、地域は四国の道後・道前だけでなく、瀬戸内海を隔てた尾道《おのみち》や広島にまで広がっていた。組織化の中核は前神寺で、道前・道後の諸寺院を「先達所」として指定して「大先達」に任じ、村の有力者や指導者層を「講頭」（俗先達）に任命して、「講頭補任《ぶにん》状」や「院号、袈裟《けさ》補任状」を発行した。各地の講作りを推進し、お山参詣を奨励した。お山開きはそのよい機会で、講中の登拝者はこの時期に先達に率いられて登拝に参加し講同士も交流した。

石鎚講の日常の活動は、毎月の月並祭が基本である。正・五・九月の三回、年一回のお山開きのみという方式もある。宿元に講中が集まって権現像の軸を掛け、その前でオットメ（勤行《ごんぎょう》）して会食する。松山地方では宿元の床の間に不動明王と蔵王権現の軸物を掛けて供物を供え、大数珠繰りをした。先達が「六根清浄」と唱え、講員が「ナンマイダンボ」と唱和し、左回しに数珠を繰り（山に登る）、次に反対に右回しに繰る（下山する）。擬似登拝の数珠回しの後、数珠で先達が加持祈禱を行い、会食後に解散する。常夜燈の場所に集まって、石鎚山を遥拝して、組中を巡回し宿元で勤行する所もある。

お山開きの後は、村に戻ると「お山迎え」を行った。村境まで出迎えて酒肴《しゅこう》を供し、村人は加持を受け、土産をもらう。これを「坂迎え」ともいい、迎えの酒盛を「精進落とし」と呼び、日常生活に戻る儀礼であった。宿元で祝宴のドウグレマイを行う。この慣行は大盤振る舞い、無礼講の意味であるが、お山掛けで身体に憑依《ひょうい》した守護霊の護法を送り返す意味もある（近藤一九八二）。かつての熊野詣の道者が京都への帰還の直前に護法送りを行っていたのと同様である。お山掛けは儀礼そのものであった。石鎚道者をオヤマサンと呼んで呪力を持つ行者として畏敬し、道者に跨《また》いでもらって健康を祈願し、加持祈禱、家の清祓《きよはら》いを依頼した。お山掛けに使った草鞋で田の畔《あぜ》を踏むと豊作になるともいう。お山掛けで神仏と交流し、霊力を身につけたと観念されていたのである。

里での展開

石鎚信仰は里の信仰圏でさらなる展開をした。石鎚大権現の霊験を讃えるお山踊《やまおど》りが、南伊予の旧・東宇和郡とその周辺に伝わる。野村町惣川《のむらちょうそうがわ》(現・西予市《さいよ》)では、旧二月一五日にお山講員が、手に御幣《ごへい》を持ち、大太鼓、小太鼓を打ちながら、「石鎚参詣不動経」を唱えつつ踊り、一二回繰り返す。先達が歌詞を誦《じゅ》すると、ナンマイダンボと連中が唱和する。

そして最初と最後に四方固めを行う。「東が御在所で悪魔を払う、そこで運命を護《まも》らせなさる、南に軍荼利明王《ぐんだりみょうおう》の剣、祈り願うて幸となる、西に大黒 眼の光、悪事悪魔を払わせなさる、北に金剛 剣を持ちて、四方より来る悪魔を払う、中で不動が御縄を持ちて、悪事悪魔を戒めなさる」。いずれも一句ごとに「ナンマイダンボ」と唱える。

お山踊りの歌詞の一節を紹介する。「五穀も恵む踊り太鼓の聞こえるとこは 悪事災難除けさせなさる 心正直 身を清浄に お山参りをする人々は 子孫繁盛と守らせなさる 当る災難除けさせなさる すでにお山の御詠歌聞けば 砕く石鎚参りの罪を 心が誠で運びをなせば じきに御利生《ごりじょう》を現せなさる 親に第一孝行せいと 我慢邪慢の心を直せ 昔胞輩《ほうばい》

睦《むつ》まじゅうせいと　前の悪事は懺悔のもんよ　清く流れてお払いなさる五尺清浄で身を懺悔する　お山参りで心の玉を　磨きゃ光の出てくるものを、なぜに悪事の汚れた玉を　後へ残してまた何とする　直しゃ御利生でよい玉となる　玉を直さにゃその身に当る　鈴と数珠を手に持ちながら　般若心経や観音経や　ノウマクサンダでみな拝みます　ナンマイダンボ」。同町鎌田《かまんた》では「お山踊り」歌詞の最後に「お山は三十六王子　ナンマイダンボ」の文句がつく。総じて祈禱の踊りの様相が色濃く、お山開きだけでなく、涅槃会《ねはんえ》やお盆など様々な年中行事に合わせて行う柔軟さがある。お山踊りは、魔物を祓い、四方を結界し、神仏を讃えて加護を願い、子孫繁栄、五穀豊穣を願う。祈禱の芸能として展開した。

石鎚山の土産物にも特徴があった。登拝者は石鎚シャクナゲを「お山柴《やましば》」として土産に持ち帰り、神札とともに竹に挟んで田畑に立てて虫除けや、家の出入口に吊して魔除けとする。また、縫いぐるみの「助け猿」もお土産で、幼児の衣服の背につけたり、家の出入口に吊して災難除けにする。松前町中川原《まさきちょうなかがわら》では、男児が出生すると一五歳になれば必ず登拝すると願掛けして、猿を石鎚山から借り請けて帰り、願解きの時に二倍にして返す。病気を猿に託して山に預けて戻るともいう。

ニッケも石鎚土産で、肉桂《にっけい》の樹皮で、嚙《か》めば辛味がする。土産物には万能薬の「陀羅尼《だらに》助《すけ》」もある。吉野山や大峯山と同じ名称で、内容も類似し、胃腸薬、強壮剤、痛み止めに用いられる。キハダの樹皮にアオキの葉を加えて煮つめた黒っぽい塊である。僧侶が陀羅尼の呪文を読むとき、口に含んで睡魔を追い祓ったことにちなむ名称という俗説がある。

石鎚信仰は長い歴史を持っているが、民衆の登拝は江戸時代中期以降である。そして、活発に活動する石鎚講によって多様な信仰形態が生み出されてきた。そこには民衆と密着して生きる先達の活躍があり、修験も大きな役割を果たした。神仏分離の試練を乗り越えた原動力は石鎚講であり、制度上は神社に所属しても神仏混淆の形態を継続してきた。山麓の男性にとっては石鎚山登拝は一人前とみなされる人生儀礼であり、村落と講と石鎚山の相互連関はきわめて強固であった。さらに、弘法大師空海の同行二人《どうぎょうににん》を説く四国霊場の札所を別当寺として持ち、遍路を通じても石鎚信仰は広まった。石鎚山は四国の地域性を基盤に独自の展開を遂げたといえよう。

あとがき――体験知との出会い

羽黒修験《はぐろしゅげん》の秋峰《あきのみね》の修行に初めて参加してから三〇年ほどの歳月が流れた。その時の原体験は今も記憶の奥底にあって間歇的《かんけつ》に甦《よみがえ》ることがある。羽黒修験の修行地には湯殿山《ゆどのさん》や阿《あ》久谷《くや》など多くの秘所があるが、最高の秘所はどこか。それは三鈷沢《さんこざわ》である。法具の三鈷杵《さんこしょ》に似た岩峰が源流に屹立《きつりつ》する。秋峰で二の宿《しゅく》が終わり三の宿に入ると、護摩壇《ごまだん》の周囲に四門《しもん》が設定され、擬似葬式が行われる。柴燈護摩《さいとうごま》では自己の肉体の骨の数になぞらえられた護摩木が燃やされ、古い肉体はすべて焼きつくして新しく生まれ変わると観念される。宿の中は母胎と見なされ天井の天蓋《てんがい》から擬似的に骨と筋と血管が垂れ下がり、天地合体の大床揺《おおとこゆ》るぎとなる。その後に向かうのが秘所の三鈷沢である。三鈷沢は毎年行けるとは限らない。ある年の峰入《みねい》りでは、柴燈護摩の後、雷鳴が轟《とどろ》き閃光《せんこう》が走る夜道をたどった。神仏の導きかと思った。しかし、早朝に沢の入口に到着すると大雨となった。引き返す道の途中で振り返ると雨は止み、朝の光が差し込んできた。自然の力の不思議さを感じた一瞬であった。

月山《がっさん》を源流とする立谷沢《たちやざわ》を南方に遡《さかのぼ》り、途中から反転して北方の虚空蔵岳《こくぞうだけ》と火打山《ひうちやま》に源を持つ三鈷沢に入る。月山を背に北方へと沢を渡渉し、阿弥陀如来《あみだにょらい》の四十八願に喩《たと》えられた渡渉を何度も繰り返して、最後に尾根に登る。この地点から望む秘所は鋭い岩峰で、崩壊した岩壁がのしかかってくる。急傾斜の道をたどることしばしばで、月山を見遥《みはる》かす小さな平地に到達する。三鈷大悲遍照《さんこだいひへんじょう》如来《にょらい》の小さな仏像を布から取り出して頂きに据えて拝み、錫杖《しゃくじょう》を振って月山に向けて祈念する。月山の悠々たる姿が迫力を持って迫り不思議な感動がある。この仏は儀軌《ぎき》にはなく胎蔵界《たいぞうかい》大日如来と阿弥陀如来が一体になったものだという。つまり現世利益と極楽往生を合体させて拝む究極の仏であり、修験が山の神を仏教化して創《つく》り出した尊格と推定される。かつては洞窟があり、その中では人骨も見つかったというから、人里から隔絶したこの地でひたすら大自然と対峙《たいじ》して修行を積んでいた修験がいたことになる。昔の修験は山中奥深くに分け入り、我々の想像を遥《はる》かに超える修行を行っていた。この地では、崖の上から修行者を吊《つる》して懺悔《ざんげ》させるノゾキ（覗）の行を行ったという伝承も残る。三鈷沢はまさしく秘所の名にふさわしい。

修験の修行は山中での秘所への到達と秘儀の実践に重きを置く。その内容の一部は書き残されて峰中《ぶちゅう》の覚書や手文《てぶみ》として残されているが、本当に大事なことは口伝《くでん》のままで多くは消滅した。さらに神仏分離によって徹底的に破壊され、現在では断片的な知識として残るだけである。しかし、修験にとっては文字の知識に頼るよりも、重要なことは実践や体験であり、峰入り修行をできるだけ数多く積み重ねることが根本であった。自然の多次元的世界に没入する繊細な感性を持った人びとには教義は方便にすぎない。その意味で文字は無用であり、文書による過去の復元は限界がある。その本質に迫るには、かつての修行者が行法を重ねたであろう場所をひたすら歩き、自らが現場に立って追体験するしかない。社寺や祠《ほこら》のような建造物よりも、建っている場所自体が重要であった。そこには「場所の力」がある。眼前に広がる風景を見つめることで、想像力は無限に広がる。時間の経過に応じて万華鏡のように変わる場所に立ち尽くすことで見えてくる心の風景もある。修験の行法の成就は場所の体験を想像力に結びつける能力にかかっている。修験は自然を神や仏や菩薩《ぼさつ》そのもの、あるいは顕現とし、その中に分け入って一体となる。仏教的に表現すれば、その身そのままで仏になる即身成仏《そくしんじょうぶつ》であるが、実際には大自然のいのちに触れ、ともにいのちを共有する感覚や体験を通じて、身体に新たな力を宿す。言い換えれば、人間も自然もともにいのちを持つことに気づき、大自然そのものと自己が二つで一つの世界になることが修験の極意であった。この思考は修験に限らず、日本の山岳信仰に共通する。

地域ごとに個性豊かに展開する山岳信仰の根源にあるのは、大自然の中にいのちの顕《あらわ》れを読むことではないだろうか。人間は生まれた時から死ぬことを運命づけられている。しかし、どこかにこの運命に逆らう思考がつねに働いている。人間には霊魂があり、死後に自然の中に帰入して、山川草木すべてモノ言う「いのちの循環」の中に、人間の霊魂も組み込まれていく。かくして、人間も自然の一部であることを自覚し、いのちを共感しあう世界が回復する。日本の各地の山を歩いていると「いのちの循環」の体験知との出会いがある。

山では感覚が鋭敏になり独特の認識の世界が構築される。早朝の明るみ、劇的な日の出、燦々《さんさん》と降り注ぐ日の光、風のそよぎ、雲の動き、延伸する山の影、沈む太陽の残光、夕闇の淡さ、漆黒《しっこく》の闇、皓々《こうこう》たる月、無数の星、そして時折通る彗星《すいせい》まで、時間と場所によって風景は千変万化する。目に見える陰影の推移だけでなく、風の音、川のせせらぎ、樹木のきしみ、そして独特の匂いもある。しかし、気まぐれな自然現象は山の相貌を一変させる。雷鳴が轟き、川が荒れ狂い、木や岩を押し流し、山崩れが起こる。突然に大噴火する。千変万化の山の表情を見れば、山の持つ力に深い畏敬の念を持たざるを得ない。山は人びとの思考と行動の源泉になってきた。

信州で毎年冬に行われる遠山霜月祭《とおやましもつきまつり》では神々を迎える時に、「冬来ると誰が告げつら北国の時雨《しぐれ》の雲に乗りてましますと歌う。風と雲と雨に乗って神がやってくる。「峰は雪夜中はあられ里は雨　谷は氷の八重がさね」(かす舞・下栗《しもぐり》)。高い山に雪が降り、里は雨、谷に氷がはる季節、麦が芽吹き、里芋の串刺しや御幣餅《ごへいもち》で「山の神講」を終えた後に、霜月祭の準備が始まる。「山の神育ちはいづく奥山の　そやまの奥の榊《さかき》にましますし」「水の神育ちはいづく河下の　七瀬やしもの榊の葉にまします」（十六の御神楽《みかぐら》・木沢《きざわ》）。山神と水神を本源から呼び戻し村人とともに楽しむ。最後にヤマからタケへ高い山へ神送りして、元の場所に鎮まることを願う。ヤマはサト近くの生活の場としての森、タケとは遠くにそびえる聖岳《ひじりだけ》や赤石岳《あかいしだけ》をいう。「神はゆけモリは止まれこの里に　また来る冬も神呼び返す」（祓《はら》い・木沢）。遠くの山々に神は戻るが、モリ（杜・森・守）で祀《まつ》られ、村人を守護する。冬に訪れる神々が人びとの生活の支えになっている。祭が終わると「よいお年をお迎え下さい」と挨拶があり、新年を迎える。

祭は繰り返す自然の営みの循環の中で受け継がれてきたのである。そこに実現するのは、山川草木すべてモノ言う世界、呼べば応える世界であり、「いのちの哲学」「存在の哲学」が問われる。西欧由来の一元的な自然概念を解体し、大地と身体と宇宙が「いのち」を介して連関し、自然へ回帰する。出会いと驚きの不可視の力、その表現を日本語ではカミという。かつてはカミやモノやタマやオニとの刺激に満ちた遭遇が生活世界に埋め込まれ、想像力豊かな世界が広がっていた。昼と夜がくっきりと分かれ、真の闇の体験も身近であった。しかし、科学の発達で人類は引き返すことのできない人工的な世界、成長を目標に生きる現世中心の世界の構築に向けて突っ走っていく。人類が何百年もかけて、体験や経験に基づいて培ってきた豊かな智慧《ちえ》や知識は急速に衰退しつつある。この大きな押し止めようがない動きへのささやかな抵抗、それが本書である。

山を歩き始めて五〇年になる。プルーストの『失われた時を求めて』の主人公が紅茶に浸したプチット・マドレーヌの味がきっかけになって過去の記憶を呼び覚ましたように、本書の文章を書き山の写真を眺めていると、深い記憶の底に沈んでいた古い体験が一挙に浮かんできた。ひたすら山に登り、山岳書を読み漁《あさ》り、次の山行の計画に没入する。あの時代の至福の時が鮮明に甦ってきたのである。本書で書き記した山々はすべて若い頃に登ったことがあり、山頂の思い出、山麓《さんろく》の道、山中の池、風わたる草原まで、ひたすら懐かしい記憶がこみ上げてきた。まるで本書は成熟の時を待っていたかのようであった。全編ほぼ書き下ろしである。書き進むにつれ改めてそれぞれの山の歴史の奥深さに気づかせられた。

山岳信仰の世界に入り込んだのは、山歩きの時代からかなり後で、一九七四年に慶應義塾大学の大学院に入って宮家準先生に出会ってからである。修験道の研究者は当時はほとんどおらず、大著『修験道儀礼の研究』(一九七〇)を出版し、新進気鋭の学者であった。長い間のご指導と学恩に深く御礼申し上げる次第である。

私事になるが、私自身は二〇一五年三月をもって慶應義塾大学を定年退職する。その前に本書執筆の機会を与えてくれた中央公論新社の太田和徳氏に深く感謝したい。編集者との幸運な出会いと叱咤激励がなければ本書は書かれなかった。そして、日本の各地での数多くの人びととの一期一会の出会いも原動力であった。改めて御礼申し上げたい。

二〇一五年一月一五日

著　者

参考文献

序章

牛山佳幸「『女人禁制』再論」(『山岳修験』一七号、日本山岳修験学会、一九九六年)
小倉美恵子『オオカミの護符』新潮社、二〇一一年(新潮文庫、二〇一四年)
首藤善樹『金峯山寺史』総本山金峯寺、国書刊行会発売、二〇〇四年
鈴木正崇『神と仏の民俗』吉川弘文館、二〇〇一年
鈴木正崇『女人禁制』吉川弘文館、二〇〇二年
鈴木正崇『祭祀と空間のコスモロジー―対馬と沖縄』春秋社、二〇〇四年
平雅行「顕密仏教と女性」(『日本中世の社会と仏教』塙書房、一九九二年)
千葉徳爾『女房と山の神』堺屋図書、一九八三年
西口順子『女の力―古代の女性と仏教』平凡社、一九八七年
民俗学研究所編『綜合日本民俗語彙 第四巻』平凡社、一九五六年
徳永誓子「修験道史研究の視角」(『新しい歴史学のために』二五二号、二〇〇三年)
長谷川賢二「修験道史のみかた・考え方―研究の成果と課題を中心に」(『歴史科学』一二三号、一九九一年)
町田宗鳳『山の霊力―日本人はそこに何を見たか』講談社選書メチエ、二〇〇三年
和歌森太郎『山伏―入峰・修行・呪法』中公新書、一九六四年

第一章 出羽三山

阿部正己『出羽三山史』山形県、一九四一年(阿部久書店、一九七三年)
岩崎敏夫『本邦小祠の研究―民間信仰の民俗学的研究』岩崎博士学位論文出版後援会、一九六三年
岩鼻通明『出羽三山信仰の歴史地理学的研究』名著出版、一九九二年
北村皆雄監督『修験―羽黒山秋の峰』ヴィジュアルフォークロア、二〇〇五年

北村皆雄監督『精霊の山　ハヤマ』ヴィジュアルフォークロア、二〇〇六年
『熊野信仰と東北―名宝でたどる祈りの歴史』「熊野信仰と東北展」実行委員会、二〇〇六年
月光善弘『東北の一山組織の研究』佼成出版社、一九九一年
月光善弘編『東北霊山と修験道』名著出版、一九七七年
後藤赳司『出羽三山の神仏分離』岩田書院、一九九九年
『慈恩寺修験資料』山形県寒河江市教育委員会、二〇一三年
島津弘海・北村皆雄編『千年の修験―羽黒山伏の世界』新宿書房、二〇〇五年
島津伝道『羽黒派修験道提要』光融館、一九三七年（名著出版、一九八五年）
鈴木正崇『山と神と人―山岳信仰と修験道の世界』淡交社、一九九一年
鈴木正崇「冬の峰のコスモロジー」（島津弘海・北村皆雄編『千年の修験―羽黒山伏の世界』新宿書房、二〇〇五年）
對馬郁夫『房総に息づく出羽三山信仰の諸相』私家版、二〇一一年
『出羽三山史』出羽三山神社、一九五四年
『出羽三山の秘宝展―みちのくの神秘・ミイラ仏』京都新聞社、一九七一年
『出羽三山史料集―月山・羽黒山・湯殿山』（上・中・下）出羽三山神社社務所、一九九四～二〇〇三年
戸川安章『出羽三山修験道の研究』佼成出版社、一九七三年
戸川安章『出羽三山の絵札』東北出版企画、一九七六年
戸川安章校注『出羽三山』［神道大系　神社編三二］神道大系編纂会、一九八二年
戸川安章編『出羽三山と東北修験の研究』名著出版、一九七五年
内藤正敏『ミイラ信仰の研究―古代化学からの投影』大和書房、一九七四年（改題『日本のミイラ信仰』法蔵館、一九九九年）
内藤正敏『修験道の精神宇宙―出羽三山のマンダラ思想』青弓社、一九九一年
宮家準『羽黒修験―その歴史と峰入』岩田書院、二〇〇〇年
山内志朗「湯殿山即身仏考―一世行人における生と死の作法（一）（二）」（『現代思想』一九九三年一一月号、九四年一月号）
山澤学「一九世紀初頭出羽三山修験の覚醒運動―湯殿

山・木食行者鐵門海の越後布教を中心に」(『社会文化史学』五二号、二〇〇九年)
『六十里越街道にかかわる歴史と文化―出羽三山・湯殿山への道』六十里越街道文化研究会、二〇〇五年
渡部留治編『朝日村誌』第一［湯殿山］朝日村、一九六四年
バイロン・エアハート『羽黒修験道』鈴木正崇訳、弘文堂、一九八五年

第二章　大峯山

石田茂作・矢島恭介『金峯山経塚遺物の研究』帝室博物館、一九三七年
大阪市立美術館編『役行者と修験道の世界―山岳信仰の秘宝』毎日新聞社、一九九九年
小栗栖健治『熊野観心十界曼荼羅』岩田書院、二〇一一年
元興寺文化財研究所編『吉野山修験道関係資料調査報告書』元興寺文化財研究所、一九八三年
小山靖憲『熊野古道』岩波新書、二〇〇〇年
五来重『熊野詣―三山信仰と文化』淡交新社、一九六七年(講談社学術文庫、二〇〇四年)
『重要文化財大峰山寺本堂修理工事報告書』奈良県教育委員会、一九八六年
鈴木昭英『修験教団の形成と展開』［修験道歴史民俗論集　一］法蔵館、二〇〇三年
鈴木昭英『霊山曼荼羅と修験巫俗』［修験道歴史民俗論集　二］法蔵館、二〇〇四年
鈴木正崇「熊野信仰と湯立神楽」(『宗教民俗研究』一八号、二〇〇八年)
『増補吉野町史』吉野町役場、二〇〇四年
『天川村史』天川村役場、一九八一年
時枝務『霊場の考古学』高志書院、二〇一四年
豊島修『熊野信仰と修験道』名著出版、一九九〇年
豊島修『熊野信仰史研究と庶民信仰史論』清文堂出版、二〇〇五年
鳥越皓之『花をたずねて吉野山』集英社新書、二〇〇三年
根井浄・山本殖生編『熊野比丘尼を絵解く』法蔵館、二〇〇七年
萩原龍夫『巫女と仏教史―熊野比丘尼の使命と展開』吉川弘文館、一九八三年
林雅彦編『熊野―その信仰と文学・美術・自然』至文堂、二〇〇七年
藤田庄市『熊野、修験の道を往く―「大峯奥駈」完全踏

破』淡交社、二〇〇五年
宮家準編『熊野信仰』雄山閣出版、一九九〇年
宮家準『大峰修験道の研究』佼成出版社、一九八八年
『山岳修験』一六号［吉野山特集］日本山岳修験学会、一九九五年
『山岳修験』五二号［大峯山特集］日本山岳修験学会、二〇一三年

第三章　英彦山

相田二郎「起請文の料紙牛玉宝印について」（『日本古文書学の諸問題』名著出版、一九七六年、初出：一九四〇年）
朝日新聞西部本社編『英彦山発掘』葦書房、一九八三年
川添昭二・広渡正利編校訂『彦山編年史料　古代・中世篇』／同『近世篇』文献出版、一九八六／二〇〇三年
木村晴彦『香春・英彦山の歴史と民俗―ムラの祭りと生活誌』葦書房、一九八九年
『英彦山・求菩提山仏教民俗資料緊急調査報告書』元興寺文化財研究所、一九七八年
『小石原村誌』小石原村、二〇〇一年
重松敏美『豊前求菩提山修験文化攷』豊前市教育委員会、一九六九年
重松敏美『山伏まんだら―求菩提山修験遺跡にみる』NHKブックス、一九八六年
『添田町史』（上・下）添田町、一九九二年
田川郷土研究会編『英彦山』増補、葦書房、一九七八年
中野幡能編『英彦山と九州の修験道』名著出版、一九七七年
長野覚『英彦山修験道の歴史地理学的研究』名著出版、一九八七年
『英彦山の民俗』添田町教育委員会、一九七三年
広渡正利『英彦山信仰史の研究』文献出版、一九九四年
村上龍生『英彦山修験道絵巻』かもがわ出版、一九九五年
村上龍生『英彦山修験道考』海鳥社、一九九九年
森弘子『宝満山の環境歴史学的研究』太宰府顕彰会、二〇〇八年（岩田書院、二〇〇九年）
『山の神々―九州の霊峰と神祇信仰』九州国立博物館、二〇一三年

第四章　富士山

井野邊茂雄『富士の歴史』［浅間神社社務所編、富士の研究Ｉ］古今書院、一九二八年（名著出版、一九七三年）

井野邊茂雄『富士の信仰』［浅間神社社務所編、富士の研究Ⅲ］古今書院、一九二八年（名著出版、一九七三年）
岩科小一郎『富士講の歴史―江戸庶民の山岳信仰』名著出版、一九八三年
大高康正『富士山信仰と修験道』岩田書院、二〇一三年
大谷正幸『角行系富士信仰―独創と盛衰の宗教』岩田書院、二〇一一年
鈴木昭英編『富士・御嶽と中部霊山』名著出版、一九七八年
高埜利彦監修・甲州史料調査会編『富士山御師の歴史的研究』山川出版社、二〇〇九年
竹谷靱負『富士山の祭神論』岩田書院、二〇〇六年
竹谷靱負『富士山と女人禁制』岩田書院、二〇一一年
成瀬不二雄『富士山の絵画史』中央公論美術出版、二〇〇五年
西岡芳文「新出『浅間大菩薩縁起』にみる初期富士修験の様相」（『史學』第七三巻第一号、慶應義塾大学、二〇〇四年）
西海賢二『富士・大山信仰』［山岳信仰と地域社会・下］岩田書院、二〇〇八年
平野榮次編『富士浅間信仰』雄山閣出版、一九八七年
平野榮次『富士信仰と富士講』岩田書院、二〇〇四年
『富士山―その景観と信仰・芸術』國學院大學博物館、二〇一四年
『富士山縁起の世界―赫夜姫・愛鷹・犬飼』富士市立博物館、二〇一〇年
富士吉田市歴史民俗博物館編『富士の神仏―吉田口登山道の彫像』富士吉田市教育委員会、二〇〇六年
宮地直一・廣野三郎『浅間神社の歴史』［浅間神社社務所編、富士の研究Ⅱ］古今書院、一九二八年（名著出版、一九七三年）
『村山浅間神社調査報告書』富士宮市教育委員会、二〇〇五年
安丸良夫『日本の近代化と民衆思想』青木書店、一九七四年（平凡社ライブラリー、一九九九年）

第五章　立山

岩鼻通明「立山マンダラにみる聖と俗のコスモロジー」（葛川絵図研究会編『絵図のコスモロジー』下、地人書房、一九八九年）
木倉豊信編『越中立山古文書』立山開発鉄道、一九六二年
佐伯幸長『立山信仰の源流と変遷』立山神道本院、一九

七三年
高瀬重雄『古代山岳信仰の史的考察』[高瀬重雄文化史論集三]名著出版、一九八九年
高瀬重雄編『白山・立山と北陸修験道』名著出版、一九七七年
武井正弘「花祭りの世界」(三隅治雄・坪井洋文編『日本祭祀研究集成 四』[祭りの諸形態二、中部・近畿篇] 名著出版、一九七七年)
早川孝太郎『花祭』[早川孝太郎全集第一・二巻] 未来社、一九七一、七二年(初版:岡書院、一九三〇年)
林雅彦『日本の絵解き―資料と研究』三弥井書店、一九八二年(増補版、三弥井書店、一九八四年)
廣瀬誠・清水巌『立山』佼成出版社、一九九五年
廣瀬誠『立山黒部奥山の歴史と伝承』桂書房、一九八四年
福江充『立山信仰と立山曼荼羅―芦峅寺衆徒の勧進活動』岩田書院、一九九八年
福江充『近世立山信仰の展開―加賀藩芦峅寺衆徒の檀那場形成と配札』岩田書院、二〇〇二年
福江充『立山信仰と布橋大灌頂法会―加賀藩芦峅寺衆徒の宗教儀礼と立山曼荼羅』桂書房、二〇〇六年
福江充『江戸城大奥と立山信仰』法蔵館、二〇一一年
柳田國男「妹の力」[柳田國男全集第一一巻] 筑摩書房、一九九八年(初出:一九四〇年)
山本ひろ子「大神楽『浄土入り』―奥三河の霜月神楽をめぐって」(『変成譜―中世神仏習合の世界』新装版、春秋社、二〇〇〇年)
由谷裕哉『白山・立山の宗教文化』岩田書院、二〇〇八年
『山岳修験』二〇号[立山特集]日本山岳修験学会、一九九七年

第六章 恐山

石川純一郎『地蔵の世界』時事通信社、一九九五年
川村邦光『地獄めぐり』ちくま新書、二〇〇〇年
楠正弘『庶民信仰の世界―恐山信仰とオシラサン信仰』未来社、一九八四年
工藤睦男編『大畑町史』大畑町、一九九二年
櫻井徳太郎編『地蔵信仰』雄山閣出版、一九八三年
笹澤魯羊『大畑町史』下北郷土会、一九六三年
笹澤魯羊『下北半島町村誌』(上・下)復刻版、名著出版、一九八〇年
笹澤魯羊『宇曽利百話』下北郷土会、一九五三年
笹澤善八編『田名部町誌』下北新報社、一九三五年

内田武志・宮本常一編訳『菅江真澄遊覧記』（全五巻）平凡社、一九六五〜一九六八年（平凡社ライブラリー、二〇〇〇年）
内田武志・宮本常一編『菅江眞澄全集』（全一二巻・別巻二）未来社、一九七一〜八一年
高松敬吉『巫俗と他界観の民俗学的研究』法政大学出版局、一九九三年
高松敬吉『脇野沢村誌』臭社、一九九九年
宮本袈裟雄・高松敬吉『恐山』佼成出版社、一九九五年
森勇男『霊場恐山と下北の民俗』北の街社、一九九五年

第七章　木曽御嶽山

青木保『御岳巡礼—現代の神と人』筑摩書房、一九八五年（講談社学術文庫、一九九四年）
生駒勘七『御嶽の歴史』木曽御嶽本教総本庁、一九六六年
生駒勘七『御嶽の信仰と登山の歴史』第一法規出版、一九八八年
『村誌王滝』（上・下）王滝村、一九六一年
御嶽教大本庁宣教部『御嶽教の歴史』御嶽教大本庁、一九七九年
『木曽三岳村の民俗—王滝川ダム水没地区緊急調査』長野県教育委員会、一九六八年
小林奈央子「霊神碑は語る」（『山岳修験』第四二号、日本山岳修験学会、二〇〇八年）
菅原壽清『木曽御嶽信仰—宗教人類学的研究』岩田書院、二〇〇二年
菅原壽清編『木曽御嶽信仰とアジアの憑霊文化』岩田書院、二〇一二年
菅原壽清・時枝務・中山郁編『木曽のおんたけさん—その歴史と信仰』岩田書院、二〇〇九年
関敦啓「在俗行者の行法」（『山岳修験』第三九号、日本山岳修験学会、二〇〇七年）
中山郁『修験と神道のあいだ—木曽御嶽信仰の近世・近代』弘文堂、二〇〇七年
『三岳村誌』（上・下）三岳村誌編さん委員会、一九八七〜八八年
宮家準編『御嶽信仰』雄山閣出版、一九八五年
ウォルター・ウェストン『日本アルプス—登山と探検』岡村精一訳、創元社、一九五三年（平凡社ライブラリー、一九九五年）
カーメン・ブラッカー『あずさ弓—日本におけるシャーマン的行為』秋山さと子訳、岩波書店、一九七九年
パーシヴァル・ローエル『オカルト・ジャパン—外国人

の見た明治の御嶽行者と憑霊文化』菅原壽清訳、岩田書院、二〇一三年
『山岳修験』四二号［木曽御嶽特集］日本山岳修験学会、二〇〇八年

第八章　石鎚山

秋山英一『石鎚山略史―石鎚山にて修行したる四高僧寂仙・上仙菩薩・弘法・光定大師』石鎚山略史刊行会、一九六三年
『石鎚山麓民俗資料調査報告書』愛媛県教育委員会、一九六九年
石鎚神社編『石鎚信仰の歩み―石鎚神社改訂一千三百年史』石鎚神社頂上社復興奉賛会、二〇〇三年
愛媛県史編さん委員会編『愛媛県史　民俗』（上・下）愛媛県、一九八三～一九八四年
越智義邦・秋山英一著、武智昭典編『石鎚神社一千三百年史』石鎚神社奉賛会事務局、一九六七年
恩賜財団母子愛育会編『日本産育習俗資料集成』第一法規出版、一九七五年（日本図書センター、二〇〇八年）
黒田仁朗・きしちはる編『石鎚山への渇仰―石鎚本教六十年史』石鎚神社・石鎚本教、二〇〇七年
近藤喜博『四国遍路研究』三弥井書店、一九八二年
日野和煦『西条誌　稿本』新居浜郷土史談会、一九七七年
四国地域史研究連絡協議会編『四国遍路と山岳信仰』岩田書院、二〇一四年
真野俊和『旅のなかの宗教―巡礼の民俗誌』NHKブックス、一九八〇年
十亀和作『石鎚山―旧跡三十六王子社』改訂増補版、石鎚神社石鎚本教、一九七二年
「土佐郡本川郷風土記」（武藤致和編『南路志』［土佐国史料集成　第八巻］高知県立図書館、一九九五年）
西海賢二『石鎚山と修験道』名著出版、一九八四年（岩田書院、一九九七年）
西海賢二『生活のなかの行道―石鎚信仰の深層』福武書店、一九八七年
西海賢二『石鎚山と瀬戸内の宗教文化』岩田書院、一九九七年
星野英紀『四国遍路の宗教学的研究―その構造と近現代の展開』法蔵館、二〇〇一年
星野英紀・浅川泰宏『四国遍路―さまざまな祈りの世界』吉川弘文館、二〇一一年
宮家準編『大山・石鎚と西国修験道』名著出版、一九七

九年
森正史『石鎚山』佼成出版社、一九九五年
『山岳修験』二一号［石鎚山特集］日本山岳修験学会、二〇〇八年

全般（辞典・叢書・全集）

首藤善樹『修験道聖護院史辞典』岩田書院、二〇一四年
時枝務『山岳考古学―山岳遺跡研究の動向と課題』ニューサイエンス社、二〇一一年
西海賢二・時枝務・久野俊彦編『日本の霊山読み解き事典』柏書房、二〇一四年
宮家準編『修験道辞典』東京堂出版、一九八六年
宮家準『修験道小事典』法蔵館、二〇一五年
『山岳宗教史研究叢書』（全一八巻）名著出版、一九七五～八四年
『五来重著作集』（全一二巻）法蔵館、二〇〇七～〇九年

全般（修験）

浅田正博『仏教からみた修験の世界―「修験三十三通記」を読む』国書刊行会、二〇〇〇年
牛窪弘善『修験道綱要』名著出版、一九八〇年
大阪市立美術館編『山の神仏―吉野・熊野・高野』毎日新聞社、二〇一四年
五来重『高野聖』角川選書、一九七五年（角川ソフィア文庫、二〇一一年）
五来重『山の宗教―修験道』淡交社、一九七〇年（改題『山の宗教―修験道案内』角川ソフィア文庫、二〇〇八年）
五来重『修験道入門』角川書店、一九八〇年
川崎剛志編『修験道の室町文化』岩田書院、二〇一一年
神田より子『神子と修験の宗教民俗学的研究』岩田書院、二〇〇一年
久保田展弘『修験の世界―始原の生命宇宙』講談社学術文庫、二〇〇五年
時枝務『修験道の考古学的研究』雄山閣、二〇〇五年
時枝務・由谷裕哉・久保康顕・佐藤喜久一郎『近世修験道の諸相』岩田書院、二〇一三年
『山岳信仰の遺宝』奈良国立博物館、一九八五年
修験道修行大系編纂委員会編『修験道修行大系』国書刊行会、一九九四年
関口真規子『修験道教団成立史―当山派を通して』勉誠出版、二〇〇九年
宮家準『修験道儀礼の研究』春秋社、一九七〇年（増補決定版：一九九九年）

宮家準『修験道思想の研究』春秋社、一九八五年（増補決定版：一九九九年）
宮家準『修験道組織の研究』春秋社、一九九九年
宮家準『熊野修験』吉川弘文館、一九九二年
宮家準『修験道と日本宗教』春秋社、一九九六年
宮家準『役行者と修験道の歴史』吉川弘文館、二〇〇〇年
宮家準『神道と修験道―民俗宗教思想の展開』春秋社、二〇〇七年
宮家準『修験道―その歴史と修行』講談社学術文庫、二〇〇一年
宮家準『霊山と日本人』NHKブックス、二〇〇四年
宮家準『修験道の地域的展開』春秋社、二〇一二年
宮家準編『山岳修験への招待―霊山と修行体験』新人物往来社、二〇一一年
宮本袈裟雄『里修験の研究』吉川弘文館、一九八四年（岩田書院、二〇一〇年）
宮本袈裟雄『天狗と修験者―山岳信仰とその周辺』人文書院、一九八九年
村上俊雄『修験道の発達』畝傍書房、一九四三年（増訂版：名著出版、一九七八年）
村山修一『山伏の歴史』塙書房、一九七〇年
村山修一『修験の世界』人文書院、一九九二年
和歌森太郎『修験道史研究』河出書房、一九四三年（ワイド版東洋文庫、平凡社、二〇〇三年）
『山岳修験』別冊［特集　日本における山岳信仰と修験道］日本山岳修験学会、二〇〇七年

全般（民俗）

内藤正敏『鬼と修験のフォークロア』［民俗の発見二］法政大学出版局、二〇〇七年
大場磐雄『神道考古学論攷』葦芽書房、一九四三年
佐々木高明『山の神と日本人―山の神信仰から探る日本の基層文化』洋泉社、二〇〇六年
山村民俗の会『あしなか』（一輯～一六〇輯、一九三九～一九七八）復刻版、名著出版、一九八〇～八二年
新城常三『社寺参詣の社会経済史的研究』塙書房、一九六四年（新稿：一九八二年）
菅豊『修験がつくる民俗史―鮭をめぐる儀礼と信仰』吉川弘文館、二〇〇〇年
千葉徳爾『狩猟伝承』法政大学出版局、一九七五年
永松敦『狩猟民俗と修験道』白水社、一九九三年
野本寛一『神々の風景―信仰環境論の試み』白水社、一九九〇年（改題『神と自然の景観論―信仰環境を読

む』講談社学術文庫、二〇〇六年）
宮家準編『山の祭りと芸能』（上・下）平河出版社、一九八四年
長谷部八朗編『「講」研究の可能性』（一・二）慶友社、二〇一三・一四年
堀田吉雄『山の神信仰の研究』伊勢民俗学会、一九六六年（増訂版：光書房、一九八〇年）
松岡心平編『鬼と芸能―東アジアの演劇形成』森話社、二〇〇〇年
民俗文化研究所編・田中義広編著『山と日本人』宮城県社会福祉協議会、一九七四年（日本図書センター、二〇一四年）
安田喜憲編『山岳信仰と日本人』NTT出版、二〇〇六年
山の考古学研究会編『山岳信仰と考古学』同成社、二〇〇三年
山折哲雄『日本人と浄土』講談社学術文庫、一九九五年
ネリー・ナウマン『山の神』野村伸一・檜枝陽一郎訳、言叢社、一九九四年
アンヌ・ブッシイ『神と人のはざまに生きる―近代都市の女性巫者』東京大学出版会、二〇〇九年

全般（近代登山）

小泉武栄『登山の誕生―人はなぜ山に登るようになったのか』中公新書、二〇〇一年
田口二郎『東西登山史考』岩波同時代ライブラリー、一九九五年
菊地俊朗『山の社会学』文春新書、二〇〇一年
菊地俊朗『北アルプス　この百年』文春新書、二〇〇三年
桑原武夫『登山の文化史』創元社、一九五三年（平凡社ライブラリー、一九九七年）
深田久弥『日本百名山』新潮社、一九六四年（新潮文庫、二〇〇〇年）
安川茂雄『近代日本登山史』あかね書房、一九六九年（増補版：四季書館、一九七六年）
山崎安治『日本登山史』白水社、一九六九年（新稿：一九八六年）

史料

日本大蔵経編纂会編『日本大蔵経』第一七巻、第三七巻、第三八巻、一九一六～一九年（復刻版、名著出版、一九八五年）
日本大蔵経編纂会編『修験道章疏』（全三巻）、国書刊行

会、二〇〇〇年
『修験道』〔神道大系　論説編一七〕村山修一校注、神道大系編纂会、一九八八年
修験聖典編纂会編『修験聖典』修験聖典編纂会、一九二七年（歴史図書社、一九七七年。八幡書店、二〇〇三年）
行智『木葉衣・鈴懸衣・踏雲録事他　修験道史料一』〔東洋文庫二七三〕五来重編注、平凡社、一九七五年
首藤善樹『金峯山寺史料集成』総本山金峯山寺、国書刊行会発売、二〇〇八年
服部如實編『修験道要典』三密堂書店、一九七二年
宮家準編『修験道章疏解題』〔日本大蔵経編纂会編『修験道章疏』別巻〕国書刊行会、二〇〇〇年

URL
「日本山岳修験学会」http://www.sangakushugen.jp/

図作成・ＤＴＰ　市川真樹子

鈴木正崇（すずき・まさたか）

1949年，東京都生まれ．慶應義塾大学経済学部卒業．同大学大学院文学研究科博士課程修了．1996年より慶應義塾大学文学部教授．文学博士（慶應義塾大学、1995年）．専攻は文化人類学・宗教学・民俗学．2011年より日本山岳修験学会会長．日本山岳会会員．

著書『中国南部少数民族誌』（三和書房，1985）
『山と神と人』（淡交社，1991）
『スリランカの宗教と社会』（春秋社，1996，慶應義塾賞）
『神と仏の民俗』（吉川弘文館，2001）
『女人禁制』（吉川弘文館，2002）
『祭祀と空間のコスモロジー』（春秋社，2004）
『ミャオ族の歴史と文化の動態』（風響社，2012，木村重信民族藝術学会賞）
ほか多数

山岳信仰《さんがくしんこう》
中公新書 *2310*

2015年3月25日発行

著　者　鈴木正崇
発行者　大橋善光

本文印刷　三晃印刷
カバー印刷　大熊整美堂
製　本　小泉製本

発行所　中央公論新社
〒104-8320
東京都中央区京橋 2-8-7
電話　販売 03-3563-1431
　　　編集 03-3563-3668
URL http://www.chuko.co.jp/

Published by CHUOKORON-SHINSHA, INC.
Printed in Japan　ISBN978-4-12-102310-0 C1214

中公新書

宗教・倫理

b1

- 2293 教養としての宗教入門　中村圭志
- 2158 神道とは何か　伊藤　聡
- 1130 仏教とは何か　山折哲雄
- 2135 仏教、本当の教え　植木雅俊
- 134 地獄の思想　梅原　猛
- 1512 悪と往生　山折哲雄
- 1661 こころの作法　山折哲雄
- 989 儒教とは何か　加地伸行
- 1685 儒教の知恵　串田久治
- 1707 ヒンドゥー教—インドの聖と俗　森本達雄
- 2261 旧約聖書の謎　長谷川修一
- 2076 アメリカと宗教　堀内一史
- 2173 韓国とキリスト教　浅見雅一・安　廷苑
- 2306 聖地巡礼　岡本亮輔
- 48 山伏　和歌森太郎

2310 山岳信仰　鈴木正崇